MENTOR
PHOTOWORKS

멘토시리즈 포토웍스

초 판 발 행	2022년 06월 17일
초 판 5 쇄	2025년 09월 11일
발 행 처	코리아교육그룹 교육연구소
발 행 인	김영우
주 소	서울특별시 강남구 강남대로 286 3, 4층
전 화	02-525-5237
I S B N	979-11-89028-32-9
홈 페 이 지	http://www.koreaedugroup.com
이 메 일	kegbook@koreaedugroup.com

이 책에 대한 의견이나 오탈자 및 잘못된 내용에 대한 수정 정보는 이메일로 알려주십시오.
Copyright ⓒ 2025 ㈜코리아교육그룹

이 책의 저작권은 ㈜코리아교육그룹에 있습니다.
저작권법에 의해 보호를 받는 저작물이므로 무단 복제 및 무단 전재를 금합니다.

멘토시리즈 포토웍스
MENTOR PHOTOWORKS

16

이 책의 집필진 대표 **최용환**

PROLOGUE

디자인의 창작 향상을 위한,
디자인의 기술 향상을 위한,
디자이너로 한 발짝 다가설 수 있도록 만들어진
PHOTOWORKS(포토웍스) 교재입니다.

• 포토웍스 | 어디까지 사용해 볼까?

과거 떠도는 이야기로 '포토샵 기능은 개발자들조차 모든 내용을 알 수 없다.'라는 말이 있을 정도로 다양하고 활용도의 폭이 넓습니다. 또한 포토샵은 단순히 이미지의 편집 및 수정을 넘어 고퀄리티의 합성 작품, 예술 같은 그림을 그리는 작업 등 풍부한 작품 활동을 할 수 있습니다. 이제 막 디자인을 시작하는 새내기 디자이너에게 포토샵 툴은 힘들지만, 반드시 친숙해져야 하는 프로그램 중 하나입니다.
이번 멘토씨리즈 포토웍스 교재를 통해 학습자에게 맞는 포토샵 활용 방향을 찾아 나아가며 실무 감각을 익혀 보길 바랍니다.

COMMENT

첫째,
포토샵의 바램

다양한 분야에서 대부분 디자이너가 거쳐가는 포토샵은 실무에서 꾸준히 사용되는 프로그램입니다. 다만, 특정 분야에서는 포토샵 툴을 사용하지 않고 결과물을 만드는 경우도 있어, 잊혀져 가는 프로그램이 되어 버리기도 합니다. 하지만 포토샵은 결과물을 만들기까지의 과정 중 일부로 사용될 수도 있고, 디자이너가 다른 분야로 전향했을 때 반드시 요구되는 툴이므로 손에서 놓지 않고 꾸준히 사용하는 것이 좋습니다. 또한 포토샵은 다른 프로그램과 어우러질 때 가장 빛을 발하기도 합니다.

둘째,
어려움은 극복해야
나의 것이 된다.

심화 과정 이상의 학습 단계를 진행하다 보면 스스로 질문을 하게 됩니다. '잘 해내고 있는 건가?', '너무 어려운데 나만 이해를 못 하는 건가?', '이 길이 내가 가야 하는 길이 맞나?' 이런 질문 끝에 자책이나 포기와 같은 단어가 상기되기도 합니다. 대부분의 디자이너들은 이런 고민을 극복하고, 또는 아직도 고민과 싸워가며 자리를 지켜내고 있습니다. 학습자들은 이런 고민이 들 때 기존에 작업했던 예제들을 복습하며 처음으로 돌아가 다시 작업해 보는 것도 좋습니다. 목표가 뚜렷하다면 언젠가는 도착하기에 여유를 가지고 목표를 향해 나아가는 것이 결국 좋은 디자이너가 되는 길입니다.

셋째,
인정, 수렴, 수정, 참고

디자이너가 되기 위해서는 반드시 새겨야 하는 행동이 있습니다. 현재 자신의 능력에 대한 객관적인 인정, 상급자의 지적이나 가르침에 대한 수렴, 목표에 맞춰 퀄리티를 올리기 위한 수정, 다른 디자이너의 좋은 아이디어를 참고하는 것입니다. 디자이너로 일하다 보면 생각처럼 되지 않는 일이 많습니다. 특히 내가 디자인한 작품이 누군가에게 반드시 인정받아야 한다는 생각은 조금 멀리하는 것이 디자이너 생활을 유지하는 데 도움이 됩니다. 디자인은 예술과는 조금 다른 것이 내 생각을 상대에게 알리기보다 상대가 원하는 바를 맞춰주는 것입니다.

넷째,
Art와 Design?

예술과 디자인은 여러 방면에서 뜻을 같이 하지만, 엄밀히 따지면 다른 분야로 봐야 합니다. 목적과 결과에서 그 이유가 분명해집니다. 예술은 작가의 생각을 예술로 승화해 작가 본인의 생각을 대중에게 보여주지만 디자인은 클라이언트가 요구하는 바를 그대로 담아내 만들어 내는 작업입니다.

다섯째,
창작

필자는 개인적으로 창작의 능력이 없었다고 생각합니다. 아마 디자인을 처음 시작하는 이나 능숙한 디자이너를 막론하고 누구나 창작에 대한 고민이 있을 것입니다. 창작에 대한 고민으로 디자이너의 길을 포기하는 사람도 종종 볼 수 있습니다. 하지만 지나온 과거를 다시 생각해 보면 창작이란 오랜 경험을 바탕으로 만들어지는 결과물이라고 생각합니다. 즉, 학습과 복습 그리고 경험이 어우러져 창작물이 탄생하는 것입니다. 물론 재능을 타고난 사람들도 있겠지만 주위의 디자이너들을 보면 오롯이 재능이 있어야 하는 것은 아니라는 것을 알 수 있습니다. 창작이 힘들다고 느껴질 때는 작업을 잠시 멈추고 많은 것을 보고 느끼며 정리하는 시간을 가지는 것이 좋다고 생각됩니다. 창작이란 결국 지금까지 봐온 자료들을 기반으로 기존에 없던 것을 발견해 내거나 기존에 있던 좋은 소스들을 모아 새로운 결과로 만들어 내는 것입니다. 그러므로 창작 능력을 키우려면 훌륭한 기존의 작품들을 모작하거나 학습한 내용을 복습해 보는 것이 중요합니다.

여섯째,
발전

디자이너의 꿈을 가진 이들에게 가장 많이 받는 질문은 '어떻게 해야 디자인 능력을 키울 수 있는가?'입니다. 대부분의 실무자들은 '시간이 답이다. 많은 시간을 들이고 많이 따라 해보라'라고 대답을 합니다. 필자도 이 말에 공감하며 다른 답은 없다고 생각합니다. 디자이너의 능력 개발은 늘 필요합니다. 학습을 통해 발전하기도 하지만 실무에서 작업을 통해 얻기도 합니다. 디자인 능력을 빠르게 향상시키기 위해서는 많은 것을 찾아내고, 보며, 연습하고 결과를 얻는 데 시간을 투자해야 합니다. 하지만 무작정 시간을 들인다고 능력이 발전한다고는 생각하지 않습니다. 이 모든 과정이 결실을 맺으려면 상급자의 피드백이 필요하고 이를 받아들여 디자인에 반영할 수 있어야 합니다. 결과적으로 나보다 뛰어난 대상과 함께 일하며 그 안에서 많은 것을 배우고 능력을 키울 수 있습니다. 디자인은 혼자서 결정하고 해낼 수 있는 분야가 아니므로 다른 사람과 의견을 공유하며 함께 이뤄나가는 것을 추천합니다.

이 책의 구성

한 권에 담긴 포토샵 실무 테크닉

이 책은 PHOTOSHOP 입문 과정을 마스터한 사람들에게 실무에서 사용하는 예제들을 제시해 좀 더 능숙하게 디자인 테크닉을 배울 수 있도록 도와줍니다.

포토샵의 다양한 표현 기법과 아이디어를 Design Style의 실습 과정을 통해 전하고 있으며, Exercise를 통해 배운 기법을 스스로 연습할 수 있습니다. 사진을 원하는 스타일로 리터칭 하거나 작품을 위한 보정과 합성, 아트웍 작업 등 폭넓은 작업을 쉽게 이해할 수 있도록 구성되어 있습니다.

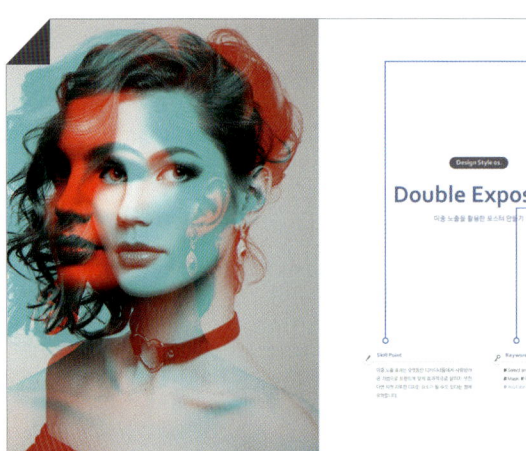

Skill Point
작품을 만들 때 중점을 두어야 할 사항들을 제시합니다.

Keyword
핵심 도구나 작업에 대한 키워드로 어떤 기능이 사용되는지 빠르게 확인합니다.

Tip
작업에 도움이 되는 내용을 알려줍니다.

Designer Gallery
다양한 분야에서 활동 중인 디자이너들의 작품과 실무에서 사용되는 작품들을 감상해봅니다.

Before you Design
실습에 들어가기 전, 해당 디자인의 개념 및 효과를 알아봅니다.

PLUS
해당 기능에 대한 추가 설명이나 정보를 알려줍니다.

MENTOR PHOTOWORKS

Production Concept / Purpose of production
작품의 컨셉 및 제작 의도를 키워드로 제시합니다.

완성 작품을 보여줍니다.

Key shortcuts.
빠른 작업을 위한 단축키를 알아봅니다.

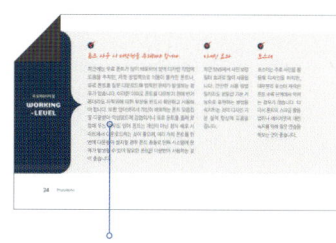

Main function.
주요 기능을 알아봅니다.

WORKING - LEVEL
현역 디자이너가 알려주는 실무에 유용한 노하우입니다.

Production Stage.
작업 과정을 알아봅니다.

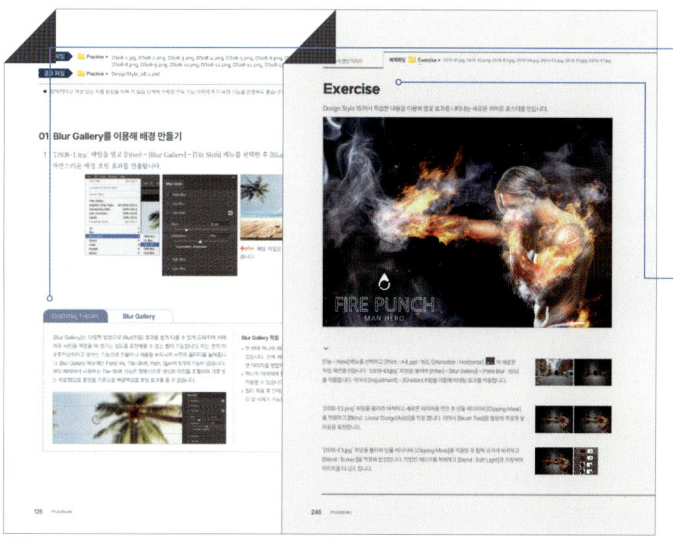

ESSENTIAL THEORY
본문에 나온 기능과 연관 지어 이해할 수 있도록 이론 설명이 기재되어 있습니다.

EXERCISE
이론과 실습으로 배운 내용을 토대로 교재에 사용한 예제 파일과 브러시, 텍스쳐 소스 등을 함께 제공해 또 다른 작품으로 자신만의 창조적 결과물을 재생산할 수 있습니다.

예제 & 완성 파일 다운로드 방법 및 경로 안내

01 교재몰
- **방법** : 이 교재에 사용된 예제&완성 파일은 교재몰(https://www.kedustore.com)에서 교재 구매 완료 후, 예제 파일 메뉴에서 이메일 주소를 입력하면 예제 소스 파일을 다운로드할 수 있는 웹하드 정보(웹하드 주소, 아이디, 비밀번호)가 전송됩니다.
- **경로** : 교재몰 접속 > 로그인 > 교재 구매 완료 후 > 예제 파일 탭 선택 > 해당 교재 선택 > 이메일 주소 입력 후 전송

02 웹하드
- **방법** : 좀 더 빠르게 다운로드하고 싶다면 아래 웹하드에서 다운로드받아 활용하기 바랍니다 .
웹하드(http://www.webhard.co.kr) > 아이디 : kegstore1~3 / 비밀번호 : (각 수강 지점 멘토에게 문의)
- **경로** : 웹하드 사이트 접속 > 로그인 > 게스트 폴더 선택 > 해당 교재 폴더 선택 > 해당 파일 선택 후 내리기

CONTENTS

Design Style 01 | **Double Exposure** — 12
이중 노출을 활용한 포스터 만들기

Design Style 02 | **Glitch Style** — 26
글리치 효과를 활용한 시스템 오류

Design Style 03 | **Banner** — 40
적재적소 홍보 배너 만들기

Design Style 04 | **Poster** — 56
시선집중 정보전달 포스터 만들기

Design Style 05 | **Text Effect** — 74
문자 디자인 테크닉 타이포그래피

Design Style 06 | **Paint Conversion** — 94
페인트 변환 효과를 이용한 Shoes 만들기

Design Style 07 | **World The Cup** — 108
컵 속의 세상 아트워크 만들기

Design Style 08 | **Fruit Juice poster 1** — 122
신선도 높은 과즙 주스 포스터 만들기 -1

Design Style 09 | **Fruit Juice poster 2** — 136
신선도 높은 과즙 주스 포스터 만들기 -2

Design Style 10 | **Water Bulb** — 150
전구 속 수중 세상 만들기

Design Style 11	**Retro Style** 복고풍을 가미한 레트로 스타일 만들기	168
Design Style 12	**Art Retouching** 아트 리터칭	184
Design Style 13	**Jewelry Retouching** 반짝반짝 빛나는 장신구 보정	198
Design Style 14	**Package Label** 패키지 라벨 디자인	214
Design Style 15	**Fantasy Production** 판타지 연출 (히어로 포스터) 만들기	232
Design Style 16	**Matte Painting 1** 매트 페인팅 기법을 활용한 가상세계 만들기 -1	248
Design Style 17	**Matte Painting 2** 매트 페인팅 기법을 활용한 가상세계 만들기 -2	264
Design Style 18	**Model Retouching** 인물 리터칭	280
Design Style 19	**Water Text 1** 상상 가득 물속 표현으로 워터 텍스트 만들기 -1	294
Design Style 20	**Water Text 2** 상상 가득 물속 표현으로 워터 텍스트 만들기 -2	308

Design Style 01.

Double Exposure

이중 노출을 활용한 포스터 만들기

 **Skill Point**

이중 노출 효과는 오랫동안 디자이너들에게 사랑받아 온 기법으로 트렌드에 맞게 효과적으로 살리지 못한다면 자칫 지루한 디자인 요소가 될 수도 있다는 점에 유의합니다.

 Keyword

\# Select and Mask \# Adjustment
\# Mask \# 이중노출
\# YouTube keyword : double color exposure

Before you Design

이중 노출 (Double Exposure)
디자인의 개념 및 효과

이중 노출은 서로 다른 두 장의 사진을 결합해 하나의 이미지로 표현하는 기법을 말합니다. 사진이 지니고 있는 컬러 모드에서 일부 컬러를 제거해 다른 사진과의 색상 혼합을 이루어 독특한 색감과 형태를 보여줍니다. 서로 다른 시간이나 공간에서 촬영한 이미지들을 사용할 경우 추상적이고 초현실적인 연출을 극대화시킬 수 있습니다. 사진에서 시작된 기법이었으나 영상에서도 특수 효과로 사용되는 기법 중 하나입니다. 포토샵 프로그램의 혼합모드, 마스크 등의 기능을 이용해 창의적인 이중 노출 작품을 더욱 쉽게 만들 수 있습니다.

이중 노출 (Double Exposure)
디자인의 특징 및 표현법

· 시각적 혼란을 유발하여 색다른 재미를 제공
· 두 장의 사진이 동시에 노출된 오버랩 상태를 표현

Designer Gallery

< Double Exposure >

< 최용환/그래픽디자이너 >

이중 노출을 활용한 포스터 만들기

Double Exposure

Production Concept.

이중 노출, 컬러풀

Purpose of production.

독특하고 추상적인 이중노출 포스터 만들기

Production Stage.

① 인물을 분리하여 어두운 배경 만들기
② 이미지 블렌딩하기
③ Adjustment 이용하여 이미지 보정하기
④ 패턴 이미지 합성하기
⑤ 사진에 비네팅 효과 적용하기
⑥ 텍스트 입력하여 포스터 완성하기

Main function.

[Select and Mask], [Layer Style], [Blend], [Adjustment], [Layer Mask]

Key shortcuts.

Curves (곡선)
Ctrl + M

Desaturate (채도 감소)
Shift + Ctrl + U

- 창의적이고 개성 있는 작품 완성을 위해 각 실습 단계에 수록된 주요 기능 이외의 추가 표현 기능을 반영해도 좋습니다.

01 인물을 분리하여 어두운 배경 만들기

이중 노출 효과는 이미지의 배경이 어두울수록 더욱 효과적인 작품을 만들어 낼 수 있습니다. 사용하는 이미지가 어두운 배경이면 상관없으나 그렇지 않다면 채도나 명도를 조절해 배경을 보정해줄 필요가 있습니다. 배경이 없는 인물과 인물을 합성할 경우에는 배경색을 흰색으로 만들어 주어야 효과적입니다.

1 'DS01-1.jpg' 파일을 불러와 [Quick Selection Tool] 로 배경을 선택합니다.

2 옵션 바에서 [Select and Mask]를 적용합니다.

ESSENTIAL THEORY — Select and Mask (선택 및 마스크)

Select and Mask는 선택 영역에 대한 추가적인 보정을 돕기 위해 만들어진 기능입니다. 다소 복잡한 구성의 가장자리를 선택할 때도 용이하게 사용되며 원하는 수준의 선택 영역 관리가 가능합니다.

Select and Mask 특징
- 선택 영역이 존재하거나 선택 영역이 지정된 마스크에서만 사용이 가능합니다.
- 지정된 영역의 가장자리부터 효과가 시작됩니다.

3 [Refine Edge Brush Tool] 로 머리카락의
지저분한 부분을 드래그해 선택 영역을 수정합니다.

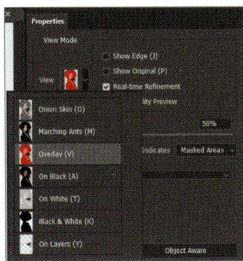

Tip
[Select and Mask]는 사진을 좀 더 쉽게 볼 수 있는 방법들을 제시합니다. 작업 상황에 맞는 [View]를 선택해 작업합니다.

4 [Image] - [Adjustments] - [Curves] `Ctrl`+`M` 메뉴를 선택하고 그래프를 드래그하여 배경을 회색으로 만듭니다.

➕plus Curves는 밝기와 컬러를 보정하기 위한 기능으로 [Levels]보다 더욱 세밀한 보정 결과물을 얻을 수 있습니다. 좌표에 표시된 선을 이동하거나 조절점을 찍고 드래그하여 보정하며, 곡선의 형태가 가파르면 대비가 강해지고 완만하면 대비가 약해집니다.

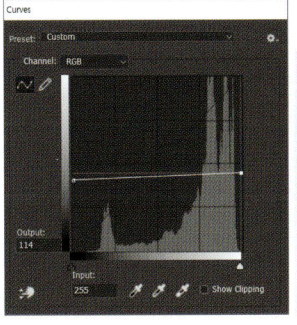

5 [Image] - [Adjustments] - [Desaturate] `Shift`+`Ctrl`+`U` 메뉴를 선택하여 채도를 낮춰 흑백사진으로 만듭니다.

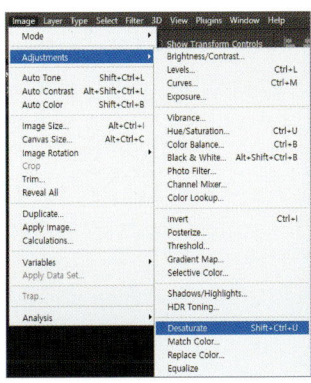

Design Style 01 - Double Exposure

02 이미지 블렌딩 하기

1 'DS01-2.jpg' 파일을 불러옵니다.

2 앞 단계에서 작업한 'DS01-1.jpg' 파일의 결과물을 현재 작업 창으로 가져옵니다.

➕plus 가져온 이미지는 [Transform]을 이용해 원하는 크기와 위치를 지정해도 좋습니다.

3 레이어 패널에서 'Woman' 레이어의 빈 공간을 더블클릭해 [Layer Style] 창을 활성화합니다.

4 [Blending Options]에서 [Advanced Blending] - [Channels]의 R 값❶ 을 체크 해제합니다. 해당 작업은 색상 모드인 RGB에서 Red 값을 제거하고 Green, Blue 색상만 남게 하여 아래의 이미지와 색상 혼합이 이루어지도록 만듭니다. 본 예제에서는 R값을 제거하였으나 작업자가 원하는 색상 값을 제거하여 다른 색감의 이미지를 얻을 수 있습니다.

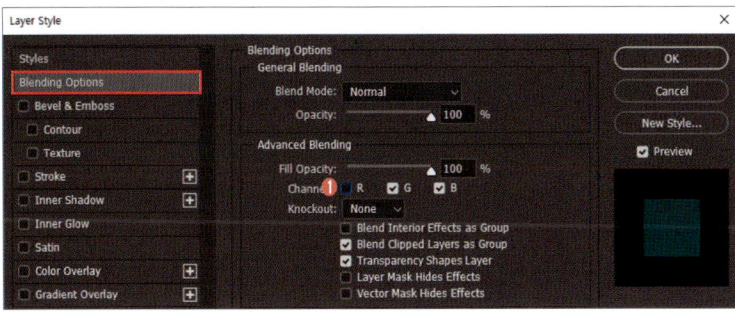 

03 Adjustment 이용하여 이미지 보정하기

1 레이어 패널에서 [Adjustment Layer] 아이콘을  선택하고 [Levels]를 적용합니다.

ESSENTIAL THEORY — **Adjustment (조정)**

사진을 주로 다루는 포토샵 작업에서 색상 보정은 필수 기능입니다. 색상 보정 작업 시 가장 도움이 되는 기능으로 Adjustment 효과를 뽑을 수 있으며, 초급자가 사용할 수 있는 기본 보정 효과부터 고급 보정 효과까지 다양한 색상 보정을 기대할 수 있습니다.

Adjustment 사용 방법

✓ Direct Adjustment : 메뉴에서 [Image] – [Adjustments]를 이용해 사진에 직접적으로 영향을 주는 방법입니다.

✓ Adjustment Layer : 레이어 패널에서 Adjustment 아이콘을 이용해 만드는 방법입니다. Adjustment Layer 타입으로 적용할 경우 수정 및 삭제를 할 수 있고 하위에 해당하는 모든 레이어에 효과를 적용할 수 있습니다.

 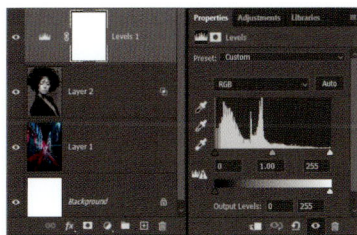

▲ Direct Adjustment　　　　▲ Adjustment Layer

2 [Levels]에서 원하는 수준의 색상을 조정해 사용하거나 [Red]❶ 채널로 변경해
   이미지를 보정합니다.

   ➕plus 해당 작업은 [Red] 채널만 보정했으며 수치는
   [13, 120, 255]를 설정했습니다.

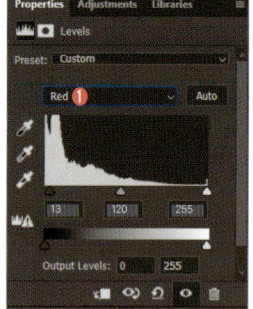

3 레이어 패널에서 [Adjustment Layer] 아이콘을 클릭하고 [Color Balance]를 선택하여 색상을 균형있게
   보정합니다. 해당 기능에서는 원하는 색상 범위 보정을 [Properties] 패널에서 [Tone]❶ 메뉴를 활용해 특
   정 영역에 대해 수정할 수 있습니다.

   ➕plus 해당 작업은 [Properties] 패널에서 [Tone : Midtones, Red : +29, Green : +5, Blue : +24], [Tone : Highlight, Red : +8,
   Magenta : -2, Yellow : -18] 로 설정했습니다.

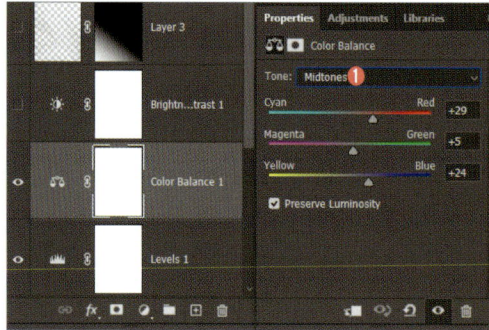

4 레이어 패널에서 [Adjustment Layer] 아이콘을 클릭하고 [Brightness/Contrast]를 선택하여 명도와 대비
   를 보정합니다. 상세 옵션은 속성 패널에서 이미지를 확인하며 조화롭게 연출될 수 있도록 조정합니다.

   ➕plus 해당 작업은 [Brightness : -20]으로 설정했습니다.

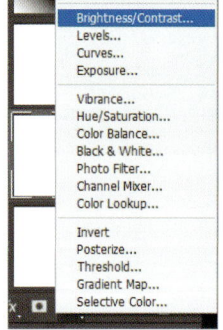
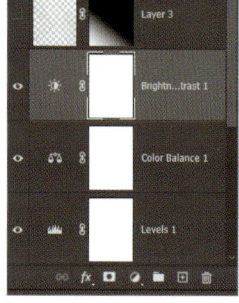

04 패턴 이미지 합성하기

1 'DS01-3.jpg' 파일을 작업 중인 화면으로 불러옵니다.

2 해당 레이어에 [Layer Mask] ◳ 기능을 적용합니다.

ESSENTIAL THEORY — Layer Mask (레이어 마스크)

포토샵뿐만 아니라 다른 프로그램에서도 마스크의 중요성은 항상 언급될 정도로 중요한 기능입니다. Mask는 크게 Clipping Mask와 Layer Mask가 사용되는데, 이 중 Layer Mask는 브러시나 그레이디언트를 이용해 투명도 조절이 가능해 합성에서 자주 사용됩니다. 이때 사용되는 색상은 Gray Scale로 명도를 활용한 색상만 사용할 수 있으며 흰색에 가까울수록 불투명도는 100%가 됩니다.

Layer Mask 특징
- 선택 영역이 존재하거나 선택 영역이 지정된 마스크에서만 사용이 가능합니다.
- 지정된 영역의 가장자리부터 효과가 시작됩니다.

3 Mask가 적용된 'Wave Line' 레이어에서 [Gradient Tool] ◳ 을 선택하고 옵션 바의 컬러 부분 ◳ 을 클릭해 [Gradient Editor] 창을 실행합니다. 이어서 [Basics] - [Foreground to Transparent]❶ 로 지정합니다.

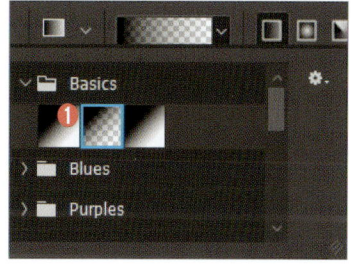

> **Tip**
> 그레이디언트의 Basics 항목에서 첫 번째와 두 번째 프리셋은 전경색과 배경색이 자동으로 입력되는 프리셋으로 편리하게 사용할 수 있습니다.

4 가운데에서 왼쪽 아래 대각선 방향으로 Gradient를
   적용합니다.

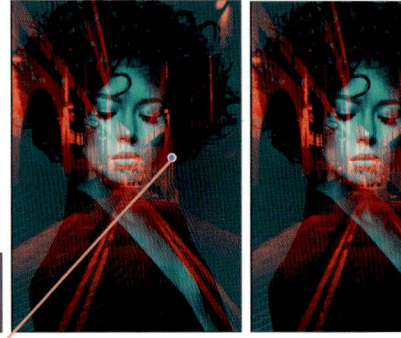

05 사진에 비네팅 효과 적용하기

1 전경색을 검은색  으로 지정한 후 레이어 패널에서 [Adjustment Layer]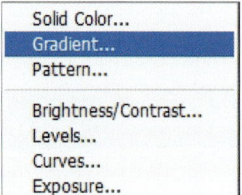
   아이콘을 클릭하고 [Gradient]를 적용합니다.

2 옵션 창에서 다음 값을 입력합니다.
   [Gradient : Foreground to Transparent❶,
   Style : Radial❷, Scale : 300%❸, Reverse❹]

 Tip
해당 작업은 비네팅 효과를 나타내기 위한 작업으로,
비네팅 효과란 사진을 찍었을 때 렌즈를 통과한 빛이
필름의 가장자리까지 도달하지 못해 맺히는 어두운
현상을 말합니다. 최근에는 독특한 분위기를 연출하
기 위해 사진에 일부러 효과를 적용합니다.

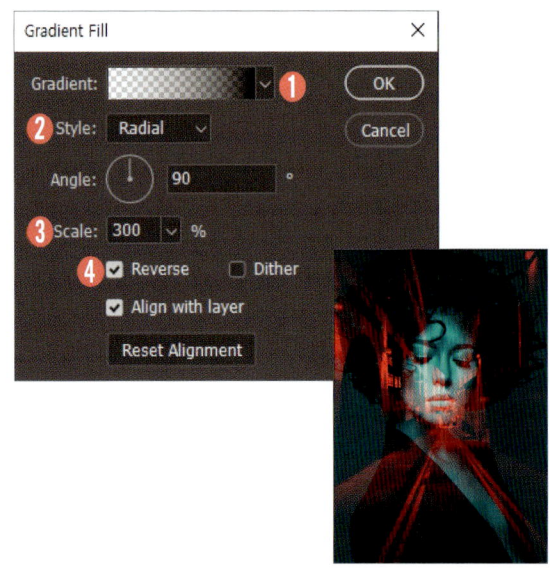

22 PhotoWorks

3 새로운 레이어를 만들고 전경색을 〈#808080〉❶으로 설정한 후 색상을 채웁니다. `Alt` + `Del`

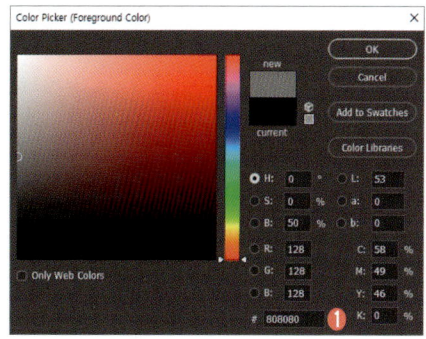

4 [Filter] - [Noise] - [Add Noise] 메뉴를 선택한 후 [Amount : 12.5%]❶ 로 설정합니다.

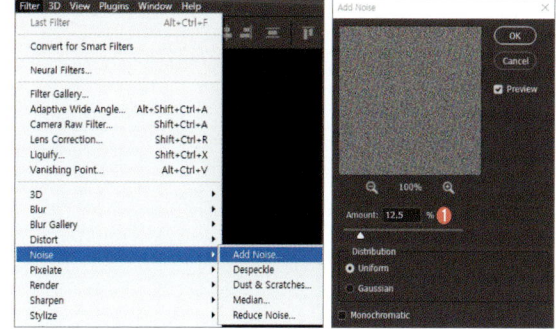

5 레이어 패널에서 블렌딩 모드를 [Soft Light]❶ 로 적용합니다.

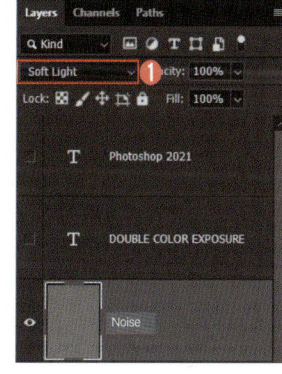 

Tip
해당 효과는 사진에 노이즈를 추가해 거친 질감을 주는 효과로 오래된 사진 표현이나 필름 효과를 주기 위해 사용합니다.

Design Style 01 - **Double Exposure**

06 텍스트 입력하여 포스터 완성하기

1. 사진과 어울리는 폰트를 선택해 텍스트를 입력하고 포스터를 완성합니다.

   해당 교재에서는 배포 및 저작권등의 이유로 주로 오픈소스인 고딕체를 활용했습니다. 실무에서는 결과물과 잘 어우러지는 폰트를 직접 찾아 작업하는 것을 추천합니다. 폰트 사용에 대한 고민이 있다면 시대의 트랜드를 살펴보기 위해 대형 포털 사이트에 접속해 나타나는 배너나 포스터 등을 참고하는 것도 좋습니다.

   폰트 무료로 다운받을 수 있는 오픈소스 사이트
   - 눈누 : https://noonnu.cc
   - 네이버 나눔 : https://hangeul.naver.com/2017/nanum
   - 카페24 : https://fonts.cafe24.com

꼭 살펴보아야 할 WORKING-LEVEL

폰트 사용 시 저작권을 주의해야 합니다.
최근에는 무료 폰트가 많이 배포되어 있어 디자인 작업에 도움을 주지만, 자칫 상업적으로 이용이 불가한 폰트나, 유료 폰트를 잘못 다운로드해 법적인 문제가 발생하는 경우가 있습니다. 이러한 이유로 폰트를 다운로드하기 전에 번거롭더라도 저작권에 대한 부분을 반드시 확인하고 사용해야 합니다. 또한 인터넷에서 개인이 배포하는 폰트 모음집을 다운로드해 악성코드에 감염되거나 유료 폰트를 몰래 포함해 두는 경우도 있어 폰트는 개인이 아닌 정식 배포 사이트에서 다운로드하는 것이 좋으며, 여러 개의 폰트를 한 번에 다운로드해 설치할 경우 폰트 충돌로 인해 시스템에 문제가 발생할 수 있어 필요한 폰트만 다운받아 사용하는 것이 좋습니다.

비네팅 효과
최근 SNS에서 사진 보정 필터 효과로 많이 사용됩니다. 간단한 사용 방법일지라도 포토샵 기본 기능으로 표현하는 방법을 숙지하는 것이 디자인 기본 실력 향상에 도움을 줍니다.

포스터
포스터는 주로 사진을 활용해 디자인하지만, 대부분의 포스터 제작은 폰트 수록 단계에서 막히는 경우가 많습니다. 따라서 폰트의 스타일 활용법이나 레이아웃에 대한 숙지를 위해 많은 연습을 해보는 것이 좋습니다.

기능 다시 한번 익히기 | 예제 파일 📁 Exercise > DS01-E1.jpg

Exercise

Design Style 01.에서 학습한 Double Exposure(이중 노출) 효과를 응용해 새로운 포스터를 만들어 봅니다.

두 장의 모델 이미지를 Quick Selection Tool을 이용해 배경을 흰색에 가깝게 보정합니다. 새 파일을 생성한 후 작업된 두 장의 모델 이미지를 가져옵니다. [Channels]항목의 색상 값 중 원하는 항목을 선택 해제하여 합성 결과를 만듭니다.

[Adjustment]의 [Levels, Color Balance, Brightness/Contrast]를 사용해 명도 및 색감을 보정합니다. 'DS01-E1.jpg' 파일을 원하는 위치에 배치한 뒤 [Layer Mask]를 이용해 일부분을 자연스럽게 지우고 필터를 활용해 노이즈 효과를 추가합니다.

[Gradient] 기능을 사용해 비네팅 효과를 적용하고 텍스트를 입력하여 완성합니다.

결과 파일 📁 Exercise > DesignStyle_01-2.psd

Design Style 02.

Glitch Style

글리치 효과를 활용한 시스템 오류

 **Skill Point**

글리치 효과는 풍경이나 여러 개의 개체가 있는 이미지 보다 단일 피사체에 적용하면 더 효과적입니다.

 Keyword

\# Marquee # Clipping Mask
\# Vanishing Point # Glitch
\# YouTube keyword : Glitch poster

디자인의 개념 및 효과

Glitch란 여러 가지 의미로 해석할 수 있습니다. '고장', '밀려나다', '오류'와 같은 의미로 쓰이며, 최근에는 시스템상의 오류가 나타났을 때의 현상을 일컫기도 합니다. 예를 들어, 게임이나 영화에서 해킹을 당한다거나, 관련된 일시적인 오류 현상에 관한 연출 장면을 본 적이 있을 것입니다. 이러한 느낌을 그래픽으로 표현하기 위해 같은 사진을 여러 장 겹쳐 각각의 컬러 모드를 다르게 적용한 후, 합쳐진 이미지를 직접 변형하여 깨진 듯한 이미지 효과를 주는 기법으로 활용합니다. 생각보다 간단한 방법으로 작업이 가능하며, 독특한 느낌을 표현하기 위해 사용합니다. 다소 한정적인 느낌을 표현한다는 점에서 사용처가 많은 편은 아니지만, 응용하여 사용한다면 다양한 분야에 걸친 많은 것들을 표현할 수 있을 것입니다.

시스템 오류 효과 (Glitch)
디자인의 특징 및 표현법

· 기계적인 오류
· 미래적인 느낌
· 직접 만드는 노이즈 효과

< Glitch Effect >

< Glitch Effect >

시스템 오류
이미지 만들기

Production Concept.
다중 노출, 사이버, 노이즈

Purpose of production.
시스템 오류 환경 느낌의 이미지 만들기

Main function.
[Layer Style], [Vanishing Point], [Gradient], [Clipping Mask]

Key shortcuts.

Stamp Visible (새 레이어로 병합)
Ctrl + Alt + Shift + E

Clipping Mask (클리핑 마스크)
Ctrl + Alt + G

Production Stage.
① 3중 노출 이미지 만들기
② 글리치 효과 적용하기
③ 노이즈 추가하기
④ 배니싱 포인트로 편집하기
⑤ 클리핑 마스크 적용하기
⑥ 글리치 효과 텍스트 만들기

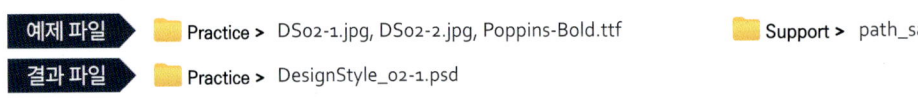

예제 파일 > Practice > DS02-1.jpg, DS02-2.jpg, Poppins-Bold.ttf   Support > path_sample_01.psd
결과 파일 > Practice > DesignStyle_02-1.psd

- 창의적이고 개성 있는 작품 완성을 위해 각 실습 단계에 수록된 주요 기능 이외의 추가 표현 기능을 반영해도 좋습니다.

01 3중 노출 이미지 만들기

3중 노출 효과는 이중 노출 보다 하나의 이미지 색상이 추가로 노출되는 기법으로, RGB의 색상이 겹치지 않도록 설정해 주는 것이 중요합니다.

1 'DS02-1.jpg' 파일을 열고 [Layer via Copy] `Ctrl` + `J` 를 실행하여 레이어를 두 번 복제합니다.

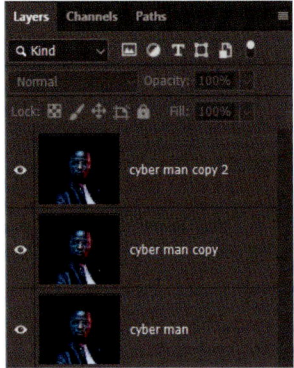

2 복제된 레이어 모두 레이어 패널에서 [Layer Style] 아이콘을 클릭하여 [Blending Options]를 선택하고 [Advanced Blending] - [Channels]❶의 RGB중 하나의 채널만 선택하여 적용합니다. 이때, 각각의 레이어가 같은 채널을 선택하지 않도록 주의합니다.

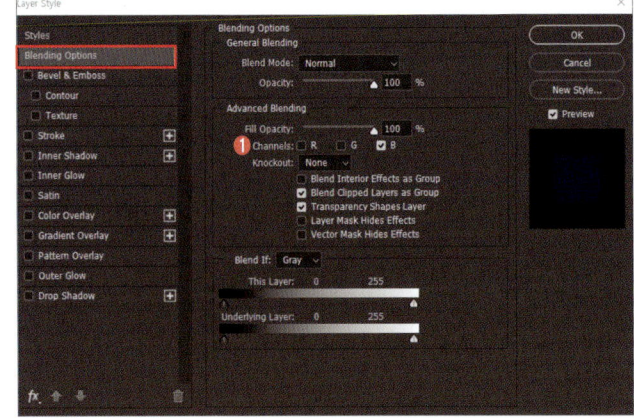

3 [Layer Style]이 적용된 이미지를 원하는 만큼 위치를 이동해 3중 노출 효과를 만듭니다.

4 레이어 패널에서 [Adjustment Layer] 아이콘을 클릭하여 [Color Balance]를 선택하고 속성 값을 변경해가며 균형있는 색감이 나오도록 연출합니다.

+plus [Tone] 항목의 [Highlights, Midtones, Shadows] ❶ 값을 각각 보정하면 좀 더 디테일한 보정이 가능합니다.

+plus 본 예제에서는 [Properties] 패널에서 [Tone : Midtones, Red : +3], [Tone : Highlight, Red : +16, Yellow : +18], [Tone : Shadow, Cyan : -2, Magenta : -9, Yellow : -5]로 설정했습니다.

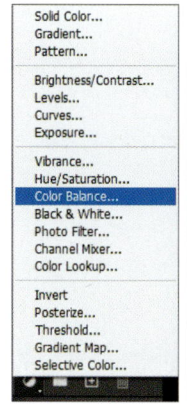
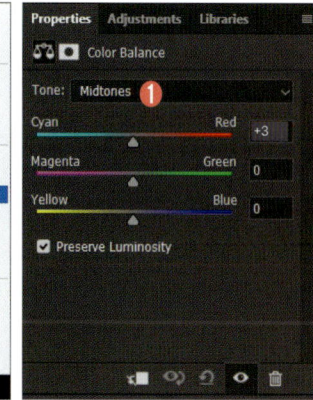

5 레이어 패널에서 [Adjustment Layer] 아이콘을 클릭하여 [Levels]를 선택하고 명도를 보정합니다.

+plus [Levels]의 컬러 영역 ❶ 항목을 각각 선택해 보정하면 더욱 세밀한 보정이 가능합니다.

+plus 해당 작업은 [Blue] 채널만 보정했으며 수치는 [0, 0.87, 255]를 설정했습니다.

Tip
색상 보정을 위해 다양한 [Adjustment] 효과를 이용할 수 있습니다.

02 글리치 효과 적용하기

1 작업된 모든 레이어를 `Ctrl` + `Alt` + `Shift` + `E` 키를 눌러 새 레이어로 병합합니다.

+plus [새 레이어로 병합]은 눈 아이콘이 켜진 모든 레이어를 병합해 새로운 레이어로 만들어 줍니다. 기존의 레이어를 유지하면서 합쳐진 이미지를 얻을 수 있기 때문에 수정 및 삭제가 용이합니다.

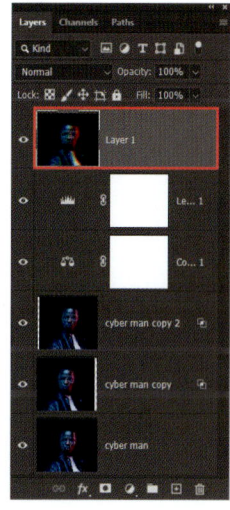

2 [Rectangular Marquee Tool] 을 이용해 오류를
　표현할 이미지의 일부분을 선택합니다.

3 [Move Tool] 을 이용해 선택한 영역을 수평 방향으로
　이동합니다.

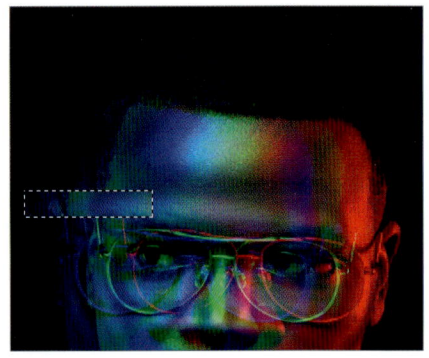

4 같은 방법으로 그림과 같이 글리치 효과를 완성합니다.

Tip
해당 효과를 빠르게 적용하려면 Shift
키를 누른 상태에서 [Rectangular
Marquee Tool]로 여러 영역을 선택한
뒤 한 번에 영역 이동을 합니다.

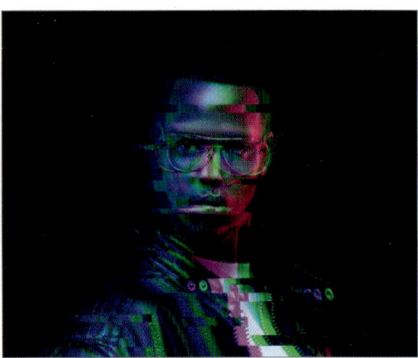

03 노이즈 추가하기

1 [Gradient Tool] ▇ 을 선택하고 옵션 바의 컬러 부분
▇ 을 클릭해 [Gradient Editor] 창을 실행합니다.
이어서 [Gradient Type : Noise]❶ 로 변경하고,
[Roughness : 100%]❷ 로 설정합니다.

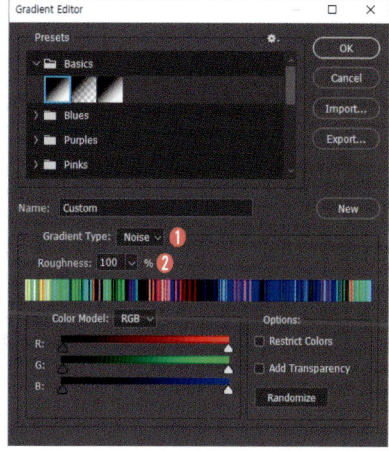

2 [Color Model] 항목에서 RGB 슬라이드의 흰색 화살표❶를 모두 검은색 화살표 방향으로 이동합니다. 이어서 [Add Transparency]❷ 항목에 체크한 후 [Randomize]를 눌러 원하는 수준의 색상 효과를 얻습니다.

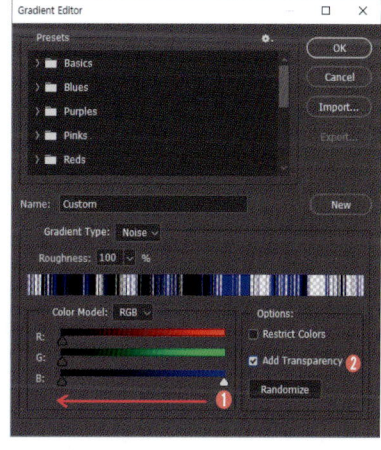

Design Style 02 - **Glitch Style**

3 새로운 레이어를 만들고 [Gradient]를 적용한 후 [Opacity] 를 원하는 값으로 설정해 투명도를 조절합니다.

 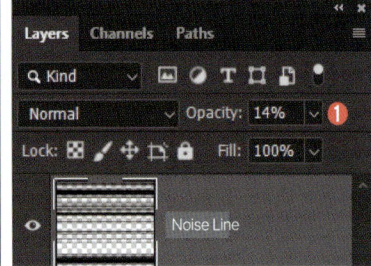

> **Tip**
> 합성하기 위해 사용하는 Texture들이 많이 존재합니다. 이미지의 퀄리티 향상을 위해 Texture와 Blend를 이용해보는 것도 좋은 방법입니다.

4 그림과 같이 문자를 입력한 후 작업을 마무리합니다. 이어서 [Vanishing Point]에 사용할 수 있도록 Ctrl + Alt + Shift + E 키를 눌러 새 레이어로 병합합니다.

04 배니싱 포인트로 편집하기

1 Ctrl + A 키를 눌러 합성된 레이어를 전체 선택합니다. 이어서 Ctrl + C 키를 눌러 복사합니다.

2 'DS02-2.jpg' 파일을 열고 새로운 레이어를 만든 후 [Filter] - [Vanishing Point] 메뉴를 선택합니다.

ESSENTIAL THEORY   **Vanishing Point (배니싱 포인트)**

Vanishing Point(소실점)는 Photoshop CS2에서 새롭게 추가된 기능으로 원근감이 있는 이미지를 자연스럽게 편집할 수 있는 기능입니다. [Transform] - [Distort] 기능으로도 비슷한 효과를 낼 수 있지만 여러 면을 한 번에 작업할 수 있고 비율 맞추기가 용이해 좀 더 편리하게 원근감을 줄 수 있습니다. 이와 같은 장점도 있지만 아직 사용 편의성이 높은 편은 아니기에 작업자의 성향에 맞게 사용하면 됩니다. 주로 미리 완성해 놓은 이미지를 활용해 목업 작업을 할 때 사용됩니다.

Vanishing Point 특징
- 투시가 들어간 이미지에서 자동으로 벽면을 캐치해 이미지를 얹을 수 있습니다.
- 사진은 언제든지 교체할 수 있습니다.
- 적용된 레이어를 저장하면 [Vanishing Point]의 정보도 함께 저장됩니다.

3 [Create Plane Tool] 로 원근감을 설정합니다. 휴대폰 액정 4개의 모서리에 하나씩 점을 찍어 Grid 영역을 만듭니다.

Tip
Grid 영역을 만들었을 때 파란 박스가 아닌 빨간 박스가 나타나면 인식을 못한 경우이므로 각 포인트를 다시 조절합니다.

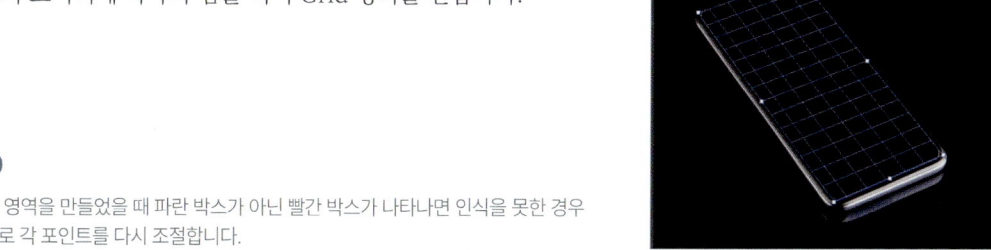

4 '04-1'에서 복사한 이미지를 붙여 넣기 Ctrl + V 한 후 [Transform Tool]  을 이용해 이미지의 크기와 위치를 조절하고 [OK]를 누릅니다.

05 클리핑 마스크 적용하기

1 클리핑 마스크의 영역을 만들기 위해 [Vanishing Point]가 적용된 레이어의 눈 아이콘을 끕니다.

2 새로운 레이어를 추가하고 [Pen Tool] 로 휴대폰 액정에 맞춰 [Shape] 영역을 그립니다.

➕plus Pen Tool 사용이 익숙하지 않다면 Support 폴더의 'path_sample_01.psd' 파일을 사용합니다.

Tip

[Pen Tool]의 사용 모드는 [Shape, Path, Pixels] 3가지가 있습니다. 작업 시 이미지가 가려져 불편할 경우에는 [Path]로 작업한 뒤 [Shape]로 변환하는 것도 좋습니다.

3 감춰 두었던 레이어를 다시 활성화한 후 만들어 놓은 [Shape] 레이어에 클리핑 마스크(Clipping Mask) Ctrl + Alt + G 를 적용합니다.

Tip

클리핑 마스크를 적용하는 방법에는 세 가지가 있습니다.
• 단축키 Ctrl + Alt + G 사용
• 적용 레이어에 마우스 오른쪽 버튼을 클릭한 후 [Create Clipping Mask] 적용
• Alt 키를 누른 상태에서 적용할 레이어와 영역 레이어의 경계를 클릭
위 세 가지 방법 중 단축키를 사용하는 방법을 추천합니다. 단축키를 사용하면 어떤 상황에서도 클리핑 마스크 기능이 적용되지만, 나머지 방법은 상황에 따라 적용이 안 될 수도 있습니다.

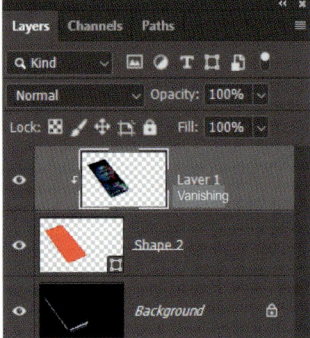

ESSENTIAL THEORY　　**Clipping Mask (클리핑 마스크)**

포토샵에서 [Clipping Mask]는 [Layer Mask]만큼 자주 사용되는 기능으로 필수 기능 중 하나입니다. 이미지의 특정 부분만 보여주기 위해서 사용하기도 하지만 [Adjustment]의 기능을 하나의 레이어에 적용하기 위해서도 사용합니다.

Clipping Mask 특징
- 하위에 존재하는 레이어에 상위의 레이어가 포함되는 방식입니다.
- 클리핑이 적용된 레이어와 영역으로 사용된 레이어는 이미지 자체의 변형은 없습니다.
- 여러 개의 이미지를 하나의 영역 레이어에 포함할 수 있습니다.
- 여러 개의 레이어가 연쇄적으로 포함된 경우나 중간에 포함된 이미지를 제거, 또는 해제할 때 상위의 모든 레이어가 동시 해제됩니다.

4 [Shape] 레이어에서 [Layer Style] 아이콘을 클릭하고 [Gradient Overlay]를 선택하여 휴대폰에 빛을 표현합니다.　＋plus 해당 작업은 흰색의 [Foreground to Transperant]를 설정해 작업했습니다.

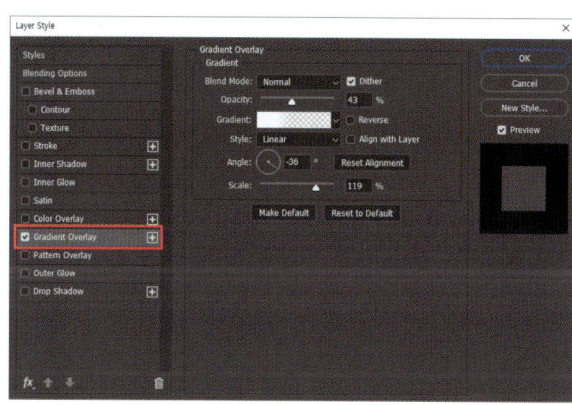

06 글리치 효과 텍스트 만들기

1 원하는 폰트를 활용하여 "GLITCH STYLE" 문구를 입력하고 두 번 복제 `Ctrl`+`J` 하여 3중 노출 효과를 적용합니다.

　＋plus [Poppins-Bold.ttf] 폰트 파일을 등록한 후 해당 폰트를 활용하여 "GLITCH STYLE" 문구를 입력하고 두 번 복제 하여 3중 노출 효과를 적용합니다.

2 작업된 텍스트 레이어를 Ctrl + Alt + Shift + E 키를 눌러 새 레이어로 병합한 후 글리치 효과를 적용합니다.

3 나머지 텍스트를 입력해 글리치 효과 작품을 마무리합니다.

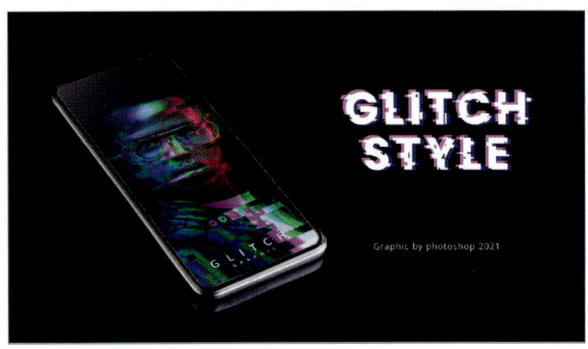

꼭 살펴보아야 할 WORKING-LEVEL

디자인 소스

포토샵으로 대부분의 디자인 소스를 직접 만들어 사용할 수 있으나 직접 제작할 경우 많은 시간과 노력이 필요합니다. 쉽고 빠른 처리를 요구할 때는 배포되어 쓰이는 이미지를 활용하는 것도 좋습니다.

클리핑 마스크

클리핑 마스크는 디자인 실무에서 유용하게 사용되는 포토샵 기능 중 하나입니다. 클리핑 관리 방법에 대해 제대로 숙지하는 것이 좋으며, 단축키를 외워 사용하는 것이 좋습니다.

단축키

단축키 사용은 포토샵 작업을 빠르게 도와주는 장점이 있습니다. 학습 초반부터 단축키를 모두 외우려고 애를 쓰기보다는 실무를 진행하면서 자연스럽게 단축키를 숙지해가는 것이 좋습니다.

기능 다시 한번 익히기 | 예제 파일 > Exercise > DS02-E1.jpg, DS02-E2.jpg

Exercise

Design Style 02.에서 학습한 Glitch(글리치) 효과를 적용해 또 다른 시스템 오류 이미지를 만들어 봅니다.

'DS02-E1.jpg' 파일을 열고 [Layer Style]에서 [Blending Option - Advanced Blending - Channels]를 선택해 3중 노출 효과를 적용합니다. 모든 레이어를 새 레이어로 병합한 후 [Marquee Tool]을 이용해 글리치 효과를 적용합니다.

새로운 레이어를 만들고 [Gradient]를 이용해 노이즈 효과를 추가한 후 [Opacity] 값을 설정합니다.

'DS02-E2.jpg' 파일을 열고 [Vanishing Point]와 [Clipping Mask], [Gradient]의 효과를 적용해 이미지를 합성합니다. 이어서 텍스트를 입력하고 3중 노출 효과를 적용한 후 이미지를 합성해 글리치 효과를 완성합니다.

결과 파일 > Exercise > DesignStyle_02-2.psd

Design Style 03.

Banner

적재적소 홍보 배너 만들기

Skill Point

Banner는 광고, 홍보에 목적이 있으므로 주목성을 위한 레이아웃 작업에 기초를 두며, 활용처에 맞는 정확한 사이즈와 공간 활용, 정보 전달을 위한 주제 선정이 필요합니다.

Keyword

Banner # Web # X-Banner # Font

YouTube keyword : Web Banner, X-Banner

홍보용 현수막 (Banner)
디자인의 개념 및 효과

홍보는 글, 그림, 음성, 영상 등 다양한 시청각 매체를 동원해 다수의 소비자에게 상품, 또는 서비스 등의 존재를 알리고 판매를 촉진하는 역할을 합니다. 다양한 홍보 매체 중 배너는 인터넷 사용자가 급속히 증가하면서 홈페이지에 띠 모양으로 만들어 노출시키는 웹 배너와 천, 종이 등으로 만들어 옥외에서 사용되는 현수막, X-배너가 있습니다. 배너 광고는 짧은 시간 동안 작은 공간에 많은 정보를 담아 전달하므로 주목성과 가독성에 높은 주의를 두고 디자인되어야 합니다.

홍보용 현수막 (Banner)
디자인의 특징 및 표현법

· 가독성이 뛰어난 폰트
· 한 눈에 담을 수 있는 정보 전달

< Web Banner Design >

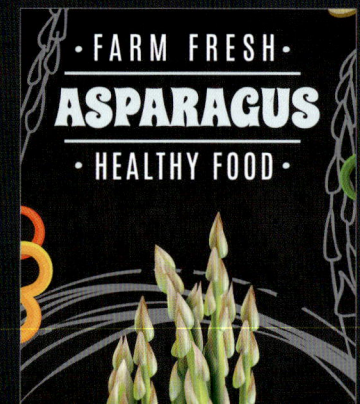

적재적소
홍보 배너 만들기
Web Banner

Web Banner

Production Concept.

시선 집중, 가독성

Purpose of production.

실무에서 사용되는 웹 배너 만들기

Main function.

[Type Tool], [Layer Style], [Shape Tool], [Pattern], [Pen Tool]

Key shortcuts.

Pen Tool : Load of as a selection
(패스 시작점 연결)

Type Tool : Commit Text (문자 입력 완료)
Ctrl + Enter

Layer Via Copy (레이어 복제)
Ctrl + J

Production Stage.

① 웹 배너 배경 만들기
② 사진 배치하고 그림자 연출하기
③ 텍스트를 이용해 정보 전달하기

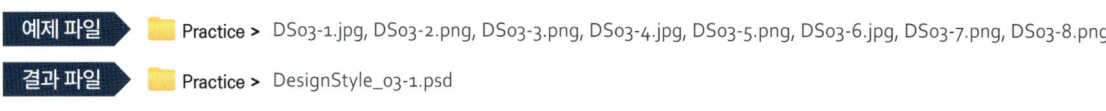

- 창의적이고 개성 있는 작품 완성을 위해 각 실습 단계에 수록된 주요 기능 이외의 추가 표현 기능을 반영해도 좋습니다.

01 웹 배너 배경 만들기

1 [File] – [New] `Ctrl`+`N` 메뉴를 선택하고 [W : 750px, H : 135px, 72ppi]의 새로운 작업 화면을 만듭니다.

> **Tip**
> 웹 배너 작업 시 해상도는 72ppi를 설정합니다. 웹 사이트라는 특성상 배너 사이즈는 달라질 수 있음에 유의합니다.
> 본 교재의 배너 작업 사이즈는 포털사이트 네이버의 메인 배너 사이즈를 참고했습니다.

2 배경으로 사용할 'DS03-1.jpg' 파일을 불러와 배치한 후 'DS03-2.png' 파일을 불러와 왼쪽에 배치합니다.

3 [Layer Style] 아이콘을 클릭하고 [Color Overlay]를 선택한 후 색상을 〈#455346〉로 설정합니다.

 plus 레이어패널의 [Lock Transparency Pixels]를 통해 색상을 변경해도 좋습니다.

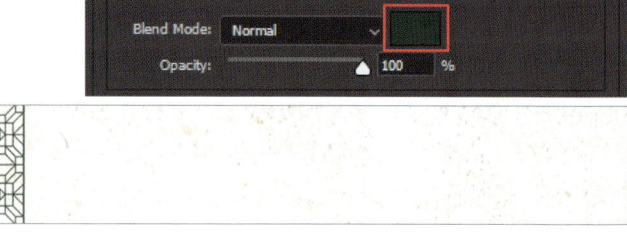

4 레이어를 복제 하고 오른쪽에 배치합니다. 이어서
[Object] - [Transform] - [Flip Horizontal] 메뉴를 적용해
좌우 반전을 합니다.

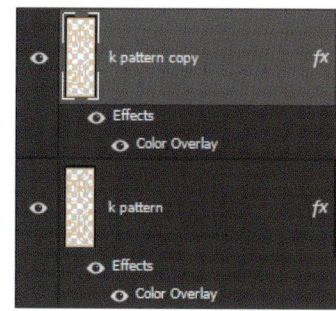

Tip

Transform(변형) 단축키
Free Transform(자유 변형) Ctrl + T
Free Transform 적용 후 단축키
- 왜곡 : Ctrl + 드래그
- 원근 왜곡 : Ctrl + Alt + Shift + 드래그
- 중심 고정 왜곡 : Alt + 드래그
- Flip Horizontal(가로반전) / Flip Vertical(세로반전) :
  마우스 오른쪽 버튼 클릭

5 'DS03-3.png' 파일을 불러와 그림과 같이 왼쪽에 배치합니다. 이어서 [Layer Style] 아이콘을 클릭하고
[Color Overlay]를 선택하여 색상을 〈#455346〉으로 설정합니다.

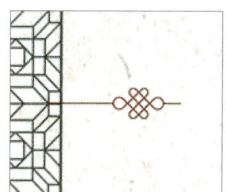 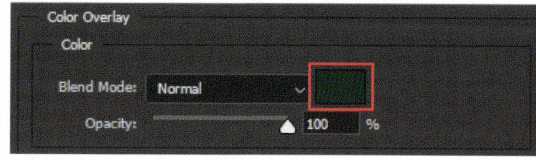 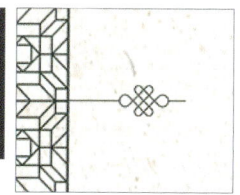

6 지금까지 작업한 선 무늬 레이어들을 모두 선택한 후 [Opacity]를
'50%'로 설정합니다.

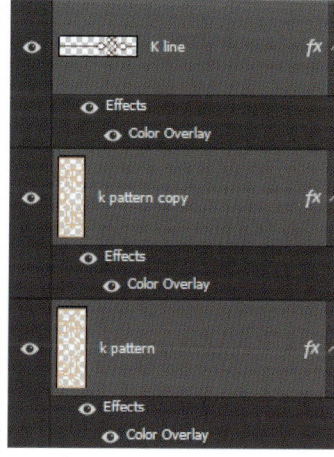

7 [Rectangle Tool]을 선택한 뒤 옵션 바에서 [Fill] 색상을 〈#515e52〉로 적용합니다. 작업 화면을 클릭한 뒤 [W : 375px, H : 124px]를 입력해 사각형을 만듭니다.

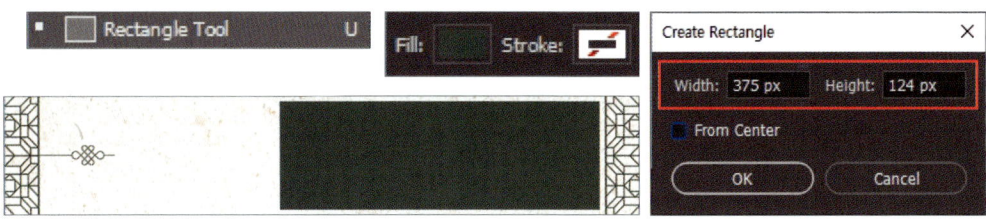

8 [Ellipse Tool]을 선택한 뒤 옵션 바에서 [Fill] 색상을 〈#515e52〉로 설정합니다. 이어서 작업 화면을 클릭한 뒤 [W : 16px, H : 16px]을 입력해 원을 만들고 사각형 모서리에 배치합니다.

9 원을 복사해 사각형의 각 모서리에 배치합니다.

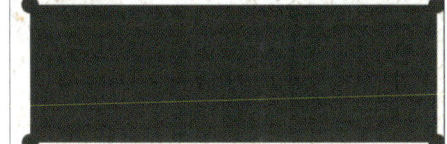

10 사각형과 원형 레이어를 모두 선택한 뒤 Ctrl + E 키를 눌러 새로운 레이어로 병합합니다.

ESSENTIAL THEORY — 패스 레이어 병합

'일러스트레이터'에서는 'Pathfinder'라는 기능을 활용해 벡터 오브젝트를 합치거나 나눌 수 있습니다. '포토샵'은 'Pathfinder' 기능이 없어 벡터를 다루기에 불편함이 있습니다. 이를 해결하기 위해 '레이어 병합' 기능을 활용하는데, 병합된 레이어는 하나의 레이어로 보이지만 패스는 따로 관리할 수 있습니다. 또한 [Path Selection Tool]을 이용해 패스를 선택한 후, 옵션 바에서 패스 속성 을 변경할 수도 있습니다. 만약 위와 같은 방법으로 처리하기 힘든 경우에는 '일러스트레이터'에서 벡터 작업을 한 뒤 복사한 후 '포토샵'으로 가져오는 방법도 있습니다.

11 [Path Selection Tool] 을 활용해 원 패스를 모두 선택하고 옵션 바의 [Path Operation]에서 [Subtract Front Shape]를 선택해 사각형에서 원을 빼냅니다.

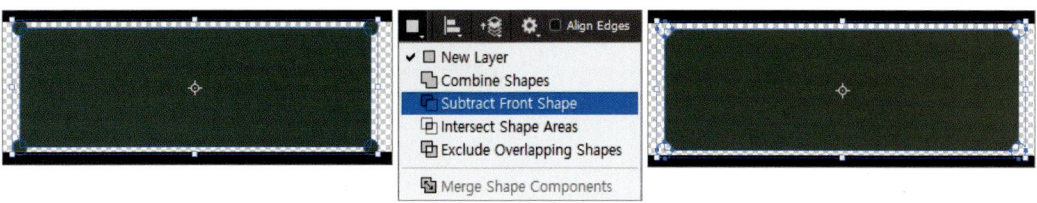

12 이어서, [Merge Shape Components]를 선택해 도형을 하나로 합칩니다.

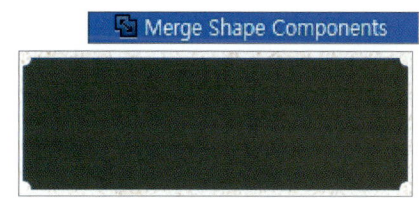

13 'DS03-4.jpg' 파일을 불러와 [Edit] - [Define Pattern] 메뉴를 선택해 패턴을 등록합니다.

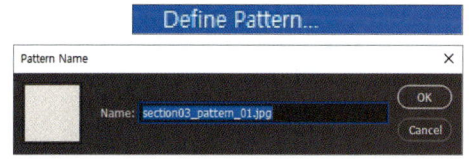

14 만들어 둔 사각형 레이어에 [Layer Style] 아이콘을 클릭하고 [Pattern Overlay]를 선택하여 [Blend Mode : Multiply❶, Opacity : 65%❷, Scale : 50%❸]로 설정하여 패턴을 적용합니다.

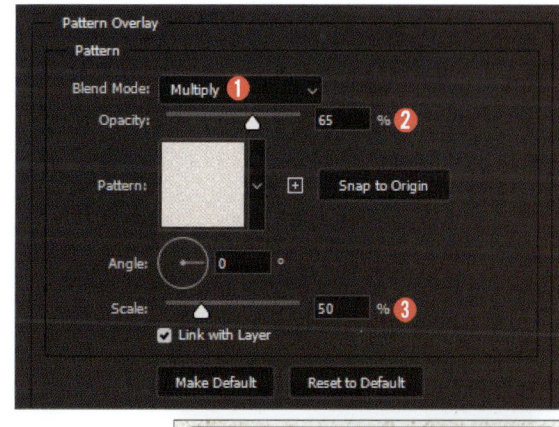

15 'DS03-5.png' 파일을 불러와 사각형 위에 배치합니다.

02 사진 배치하고 그림자 연출하기

1 'DS03-6.jpg' 파일을 불러와 [Pen Tool]을 활용해 이미지를 패스로 선택하고 `Ctrl`+`Enter` 키를 눌러 선택 영역으로 전환합니다. 이어서 레이어를 복제 `Ctrl`+`J` 합니다.

ESSENTIAL THEORY — Pen Tool (펜 도구)

[Pen Tool]은 정교한 이미지 추출을 위한 필수 도구입니다. 초급자에게는 사용이 까다롭고 귀찮기만 한 툴로 느껴지다 보니 대부분 처음에는 [Pen Tool]의 사용보다는 자동으로 선택이 가능한 다른 툴을 다루는 것을 선호하게 됩니다. 하지만 다른 선택 도구에 비해 정교하게 이미지를 추출할 수 있고 언제든지 수정이 가능해 실무에서 가장 많이 쓰이는 도구이므로 충분한 연습을 통해 자유롭게 다룰 수 있도록 익혀두는 것이 좋습니다.

Pen Tool 사용 Tip

✓ 이미지 추출을 목적으로 사용할 때는 [Path] 모드를 사용하는 것이 좋습니다.
✓ 곡선을 그릴 때는 핸들을 끊지 않고 유지되어야 부드러운 곡선이 표현되고 수정할 때 또한 번거롭지 않습니다.
✓ 기준점(Anchor Point)의 수는 최소로 하는 것이 좋으며 기준점 간의 거리가 있어야 원하는 형태를 만들 수 있습니다.
✓ 방향선은 원하는 방향으로 우선 당겨준 뒤 좌우 방향을 적용해 보는 것이 좋습니다.
✓ 곡선을 그릴 때는 베지어 곡선의 바깥으로 방향선 양쪽을 빼내면 매끄럽게 곡선을 그릴 수 있습니다.
✓ [Path]를 먼저 완성한 후 [Direct Selection Tool]을 사용해 수정하는 것이 좋습니다.
✓ [Pen Tool]을 사용해 추출한 패스를 선택 영역으로 전환하는 방법은 세 가지가 있습니다.
  - 패스가 완성된 후 [Ctrl]+[Enter]
  - [Ctrl] 키를 누른 상태에서 [Path] 패널의 섬네일 클릭
  - [Path] 패널 하단의 [Load path as a Selection] 적용
✓ 패스 레이어의 순서가 잘못 정리될 경우 우선순위가 변경되어 정확한 패스 결과물을 얻지 못할 수 있어 주의해야 합니다.

2 추출 된 이미지를 기존 작업창으로 가져와 [Tranform] [Ctrl]+[T] 을 실행하여 크기를 변형해 배치합니다. 해당 이미지의 크기는 '45%'로 축소하였습니다.

3 비빔밥 레이어에서 [Layer Style] 아이콘을 클릭하고 [Drop Shadow]를 선택하여 [Opacity : 50%❶, Angle : 120˚❷, Distance : 6px❸, Size : 16px❹]로 적용하여 그림자를 연출합니다.

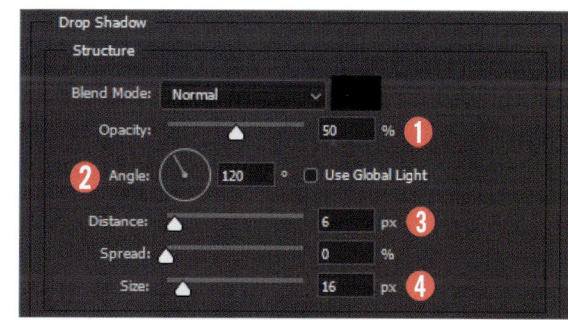

4 'DS03-7.png' 파일을 불러와 배치합니다.

03 텍스트를 이용해 정보 전달하기

1 [Type Tool]을 이용해 '한국인의 밥상'을 입력하고 폰트와 크기를 설정합니다. 이어서 '비빔밥' 문구를 입력하고 색상을 〈#a53535〉로 설정한 후 폰트와 크기를 변경합니다.

   ➕plus '한국인의 밥상'은 [배달의민족 주아체.ttf] 폰트를, '비빔밥'은 [강한공군체 Medium.ttf] 폰트를 사용했습니다.

2 [Rectangle Tool]을 이용해 검은색 박스를 만들고 [Opacity]를 '40%'로 수정합니다. 이어서 'K-BIBIMBAP'을 입력하고 폰트 색상을 흰색으로 적용합니다.

3 나머지 정보를 입력하고 'DS03-8.png' 파일을 불러와 배치한 후 [Transform] Ctrl + T 을 적용해 크기를 변형하여 배너를 완성합니다.

적재적소
홍보 배너 만들기
X-Banner

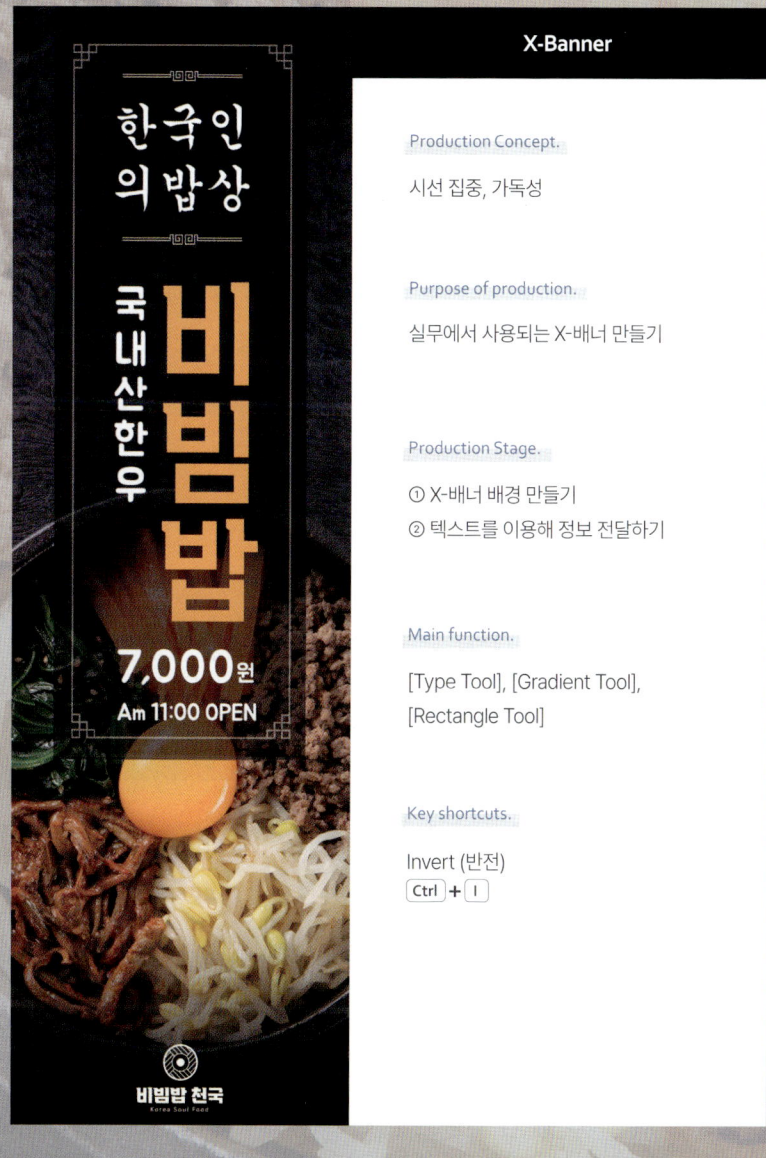

X-Banner

Production Concept.
시선 집중, 가독성

Purpose of production.
실무에서 사용되는 X-배너 만들기

Production Stage.
① X-배너 배경 만들기
② 텍스트를 이용해 정보 전달하기

Main function.
[Type Tool], [Gradient Tool],
[Rectangle Tool]

Key shortcuts.
Invert (반전)
`Ctrl` + `I`

| 예제 파일 | Practice > DS03-9.jpg, DS03-10.png, DS03-11.png, DS03-12.png |
| 결과 파일 | Practice > DesignStyle_03-2.psd |

● 창의적이고 개성 있는 작품 완성을 위해 각 실습 단계에 수록된 주요 기능 이외의 추가 표현 기능을 반영해도 좋습니다.

01 X-배너 배경 만들기

1 [File] - [New] 메뉴를 선택하고 [W : 250mm, H : 800mm, 150ppi, Color Mode : CMYK]의 새로운 작업 화면을 만듭니다.

> **Tip**
> 현수막이나 X-배너와 같은 인쇄물은 일반적인 인쇄물보다 사이즈가 크기 때문에 실측된 사이즈로 포토샵에서 작업할 경우 과부하가 발생할 수 있습니다. 이에 실제 사이즈에 비례하여 크기를 줄이거나 해상도를 낮추어 작업하기도 합니다.

2 'DS03-9.jpg' 파일을 불러와 배치하고 [Rectangular Marquee Tool]로 사진 상단 부분을 선택한 후 [Transform]을 실행해 작업 화면을 채우도록 변형합니다.

3 새로운 레이어를 만들고 전경색을 검은색으로 지정한 후 [Gradient Tool]을 선택하고 옵션 바에서 [Foreground to Transparent] 프리셋을 선택합니다.

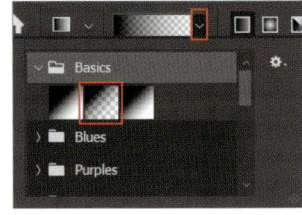

> **Tip**
> 그레이디언트의 기본 프리셋에는 설정되어 있는 전경색과 배경색을 그대로 그레이디언트로 적용해 주는 [Foreground to Background]와 전경색과 투명도를 적용해 주는 [Foreground to Transparent] 메뉴가 있습니다.

4 [Gradient Tool]을 활용해 작업 화면의 하단과 상단을 어둡게 만듭니다.

5 [Rectangle Tool]을 선택한 뒤 화면을
클릭해 설정창이 나타나면
[W : 1100px, H : 3200px]로 설정하고
화면 상단에 사각형을 배치합니다.
이어서 [Fill]을 검은색으로, [Opacity]를
'50%'로 설정합니다.

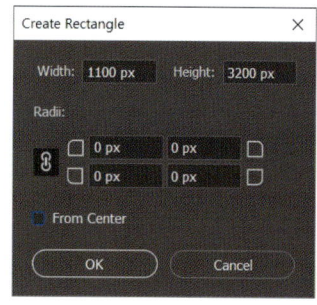

6 'DS03-10.png' 파일과 'DS03-11.png' 파일을 불러와
사각형 위에 배치합니다.

Tip
눈에 잘 보이지 않거나 선택이 힘든 이미지를 이동할 경우 레이어 자체를
선택해 이동해주거나 [Move Tool]의 [Auto Select]를 끄고 이동하는 것
이 좋습니다.

02 텍스트를 이용해 정보 전달하기

1 [Type Tool]을 선택하고 '한국인의 밥상' 문구를 입력하고 흰색으로 변경한
후 배치합니다.
   plus 해당 예제에서 사용한 폰트는 [Gungsuh]입니다.

2 [Vertical Type Tool]을 선택하고 '국내산 한우'와 '비빔밥' 문구를 해당 위치에 입력합니다.

 plus [배달의민족 주아체.ttf] 폰트와 [ROKAF Slab Serif] 폰트를 사용했습니다. '비빔밥'은 <#f09f25>의 색상을 적용했습니다.

Tip
영문을 작성할 때는 세로쓰기를 추천하지 않습니다. 세로쓰기에 익숙한 우리와 달리 영문은 줄이 바뀌어 단어가 입력되면 내용 자체를 이해할 수 없으므로 영문을 세로로 작업해야 하는 경우에는 가로쓰기를 한 뒤 회전시켜 작업합니다.

3 나머지 문구도 입력한 후 'DS03-12.png' 파일을 불러와 하단에 배치합니다. 이어서 색상을 반전 Ctrl + I 하여 배너를 완성합니다.

꼭 살펴보아야 할 WORKING-LEVEL

 인쇄용 파일 컬러 모드
인쇄용 파일은 CMYK 컬러 모드를 사용합니다. RGB 모드에서 작업한 후 CMYK로 변환할 경우 색상 변화가 일어나 최종 작업물이 원하는 색상의 결과가 아닐 수 있습니다. 따라서 처음부터 컬러 모드를 적용한 후 작업하는 것이 중요합니다.

 CMYK 모드
CMYK 모드에서는 필터 효과의 일부 기능이나 PNG 파일 저장 등 포토샵의 일부 기능을 활용할 수 없으므로 이를 이해하고 작업하는 것이 좋습니다.

 해상도
웹과 같은 디지털 그래픽 작업물의 경우 모니터나 휴대폰을 주로 사용하여 출력물을 보기 때문에 가시거리가 짧은 편입니다. 이러한 작업물은 해상도가 높아야 하지만 현수막처럼 비교적 가시거리가 먼 출력물은 해상도에 크게 영향을 받지 않습니다.

| 기능 다시 한번 익히기 | 예제 파일 📁 Exercise > DS03-E1.jpg |

Exercise

Design Style 03.에서 학습한 웹 배너 작업 시 주의사항들을 지켜 새로운 웹 배너를 만들어 봅니다.

[File]-[New] 메뉴를 선택하고 [W : 350px, H : 200px, 72ppi]의 새로운 작업 화면을 만든 후 'DS03-E1.jpg' 파일을 불러와 배치합니다. 이어서 새로운 레이어를 만들고 [Gradient Tool]을 활용해 상단을 검은색으로 처리합니다.

[Shape Tool]을 활용해 사각형 디자인을 만들고 [Layer Style] - [Stroke]를 선택해 라인을 추가합니다. 이어서 [Drop Shadow]를 적용해 그림자를 만듭니다.

도형과 문구를 추가하여 웹 배너를 완성합니다.

| 결과 파일 📁 Exercise > DesignStyle_03-3.psd |

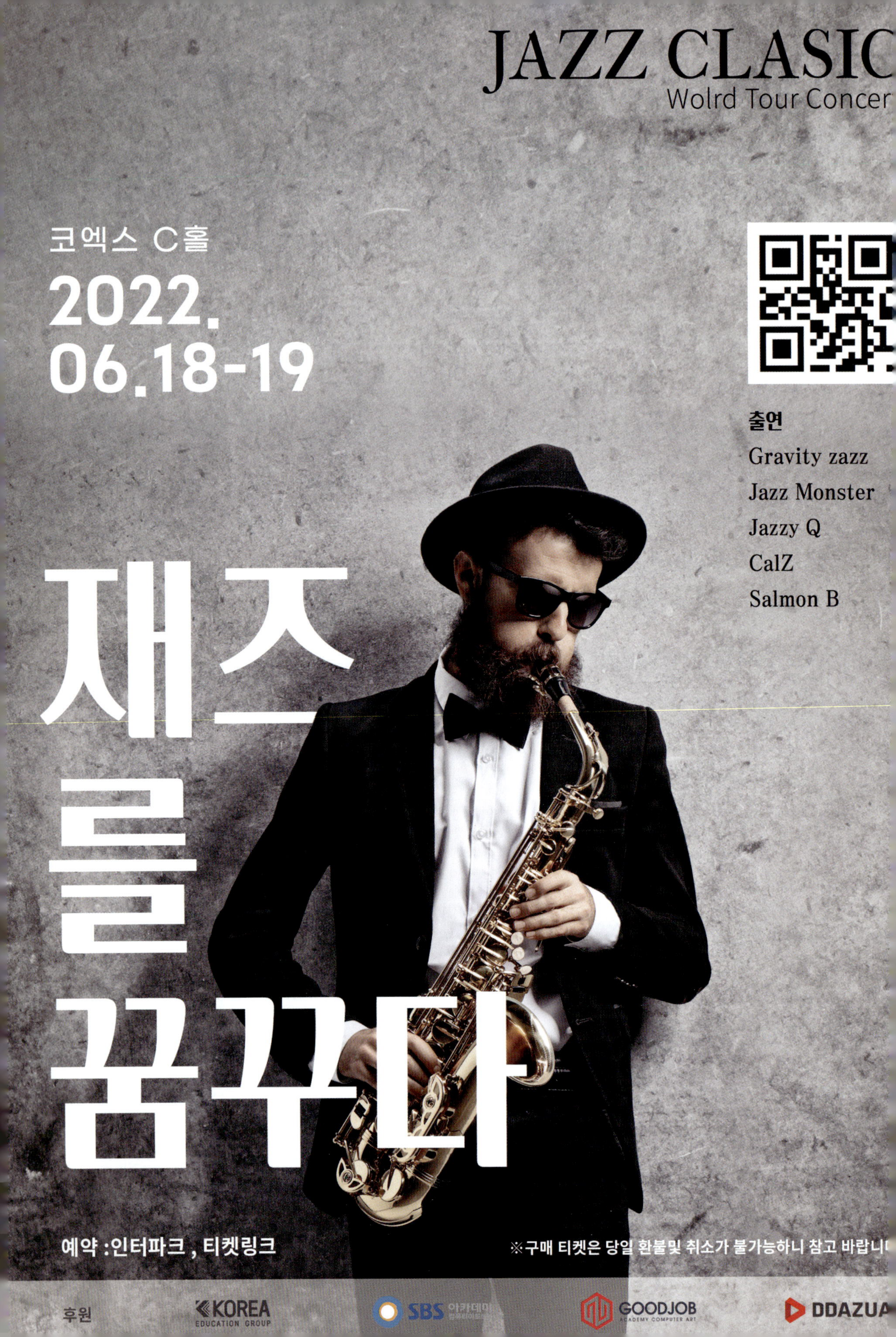

JAZZ CLASIC
Wolrd Tour Concer

코엑스 C홀

2022. 06.18-19

출연
Gravity zazz
Jazz Monster
Jazzy Q
CalZ
Salmon B

재즈를 꿈꾸다

예약 : 인터파크 , 티켓링크

※ 구매 티켓은 당일 환불및 취소가 불가능하니 참고 바랍니다

후원 KOREA EDUCATION GROUP   SBS 아카데미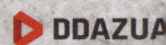

Design Style 04.

Poster

시선 집중 정보전달 포스터 만들기

 **Skill Point**

광고물 포스터의 경우 메시지를 정확하게 전달하여 대중이 봤을 때 바로 이해할 수 있도록 표현해야 합니다. 논리적인 설명보다는 감각적이고 인상적인 방법을 사용하는 것이 효과적입니다.

 Keyword

Poster # Layout # Concept # Font
YouTube keyword : Poster

Before you Design

포스터 (Poster)
디자인의 개념 및 효과

포스터(Poster)는 특정 이벤트 관련 정보를 불특정 다수에게 전달하기 위해 만들어진 광고물입니다. 상품이나 기업 홍보부터 공공캠페인에 이르기까지 다양한 종류의 포스터가 존재합니다. 또한 선전용 포스터뿐만 아니라 벽면을 장식하는 예술적 용도로도 사용되고 있습니다. 광고 산업이 발전하면서 포스터의 종류와 표현 기법이 다양해지고 그에 따른 수요도 늘어나 전문적인 포스터 작가들이 등장하게 되었고 현재는 하나의 그래픽 전문 분야로 나아가고 있습니다.

포스터 (Poster)
디자인의 특징 및 표현법

· 정보 전달과 함께 시각적 효과 극대화
· 주제 관련 우선순위를 고려한 기획

Designer Gallery

< 이태하/그래픽디자이너 >

< 출처 https://sbsart.com/community/seminar.asp >

시선 집중 정보전달
행사 포스터 만들기 -1

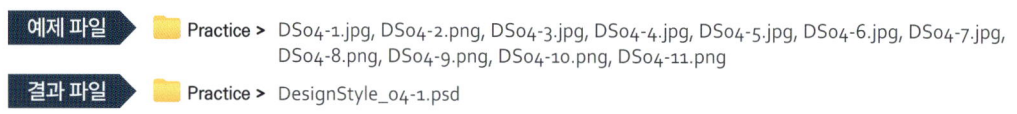

예제 파일 Practice > DS04-1.jpg, DS04-2.png, DS04-3.jpg, DS04-4.jpg, DS04-5.jpg, DS04-6.jpg, DS04-7.jpg, DS04-8.png, DS04-9.png, DS04-10.png, DS04-11.png

결과 파일 Practice > DesignStyle_04-1.psd

- 창의적이고 개성 있는 작품 완성을 위해 각 실습 단계에 수록된 주요 기능 이외의 추가 표현 기능을 반영해도 좋습니다.

01 행사 포스터 배경 만들기

1 [File] - [New] 메뉴를 선택하고 [Print : A4, Color Mode : CMYK]의 새로운 작업 화면을 만듭니다.

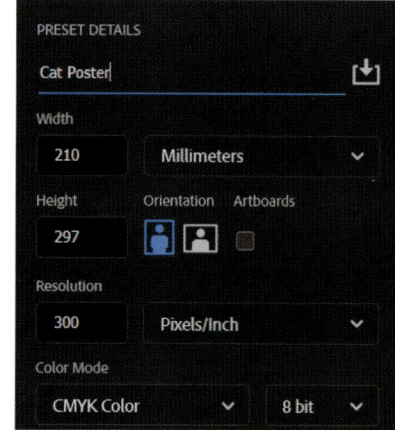

> **Tip**
> 인쇄용 파일은 색상 모드를 'CMYK'로 설정하고 작업해야 정상적으로 출력할 수 있습니다. 만약 미리 설정하지 않았다면 인쇄 전, 반드시 변경해야 하는데 이때 'Don't Flatten'을 선택해 병합이 이루어지지 않도록 주의해야 합니다.

2 'DS04-1.jpg' 파일을 불러와 하단에 배치합니다.

3 새로운 레이어를 만들고 전경색을 〈#cdd4da〉로 지정합니다. [Gradient Tool]을 선택하고 옵션 바에서 [Foreground to Transparent]를 선택한 후 그레이디언트를 적용합니다. 이때 경계가 있는 부분부터 짧은 영역을 채워줍니다.

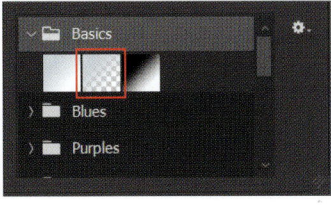

02 텍스트를 이용해 행사 정보 입력하기

1 [View] - [New Guide] 메뉴를 선택하고 [Vertical]에 체크한 후 [Position]을 '13mm'로 설정해 가이드를 생성합니다. 이어서 [Vertical]을 '197mm'로 설정해 가이드를 추가합니다.

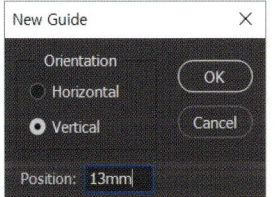

2 [Type Tool]을 선택하고 가이드 라인에 맞춰 'WE ARE TOGETHER AT HOME' 문장을 입력합니다.

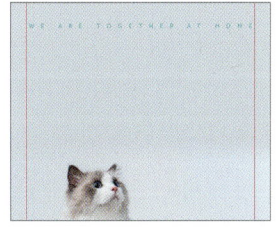

+plus 폰트는 [Noto Sans CJK KR], 색상은 <#32b6a3>, 크기는 '13pt', 자간은 '1100'을 적용했습니다.

| ESSENTIAL THEORY | 폰트 정보 관리 |

실무 작업 시 키보드와 마우스간의 전환이 많을수록 작업자의 피로도는 높아집니다. 작업을 효율적으로 하기 위해 폰트 관리를 위한 단축키를 알아 두는 것이 좋습니다.

폰트 관리 단축키
- 글 완성 : [Ctrl] + [Enter]
- 글 크기 조정 : [Ctrl] + [Shift] + [<] [>]
- 자간 조정 : [Alt] + [←] [→]
- 행간 조정 : [Alt] + [↑] [↓]
- 문장 전체 선택 : [Ctrl] + [A]

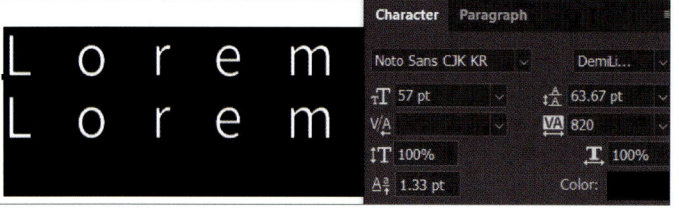

3 [Type Tool]을 선택하고 가이드 라인에 맞춰 'CATCH CAT' 문장을 입력합니다.

　plus 　폰트는 [Alphakind], 색상은 <#32b6a3>, 크기는 '98', 자간은 '40'을 적용했습니다.

4 [Rectangle Tool]을 선택한 후 작업 화면을 클릭해 [W : 410px, H : 73px]로 사각형을 생성해 줍니다. 이어서 색상을 흰색으로 지정한 뒤 [Opacity]를 '50%'로 설정합니다.

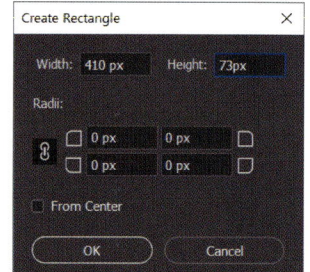

5 [Type Tool]을 선택하고 가이드 라인에 맞춰 '고양이용품박람회' 문장을 입력하고 폰트와 크기를 설정합니다.

6 'DS04-2.png' 파일을 불러와 그림과 같이 배치하고 레이어의 위치는 'CATCH CAT' 레이어 하단에 배치합니다.

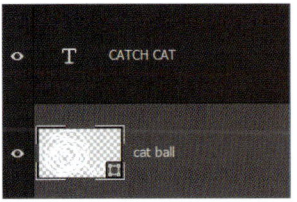

7 [Ruler]를 Ctrl + R 이용해 고양이 귀 위치에 맞추어 가로 가이드선을 만들어 줍니다.

8 가이드라인 아래 원하는 폰트와 사이즈, 자간 등을 설정하여 날짜와 장소 등 정보 문구를 작성하여 완성합니다. 이어서 'DS04-3.jpg' 파일을 불러와 QR코드 이미지를 알맞게 배치합니다.

03 하단에 추가 정보 알리기

1 [Type Tool]을 선택하고 하단 중앙에 'CAT ITEM'의 문구를 입력하고 폰트와 크기를 지정합니다. 이어서 [Pen Tool]을 선택하고 옵션 바에서 [Mode : Shape, Fill : None, Stroke : White, '6px']로 설정해 양쪽 끝에서 중앙까지 선을 그립니다.

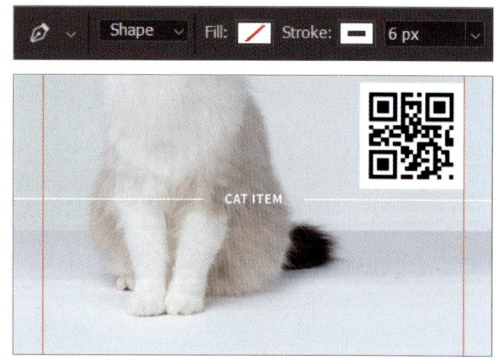

2 [Rectangle Tool]을 선택한 뒤 작업 화면을 클릭해 [W : 495px, H : 495px, Radius : 50px]로 설정하여 모서리가 둥근 사각형을 만듭니다.

> **Tip**
> 2019 이전 버전에서는 'Radius' 값이 노출되지 않으므로 [Rectangle Tool]이 아닌 [Round Rectangle Tool]을 활용해 작업합니다.

3 [Move Tool]을 선택하고 Alt 키를 눌러 둥근 사각형을 3개 복사하여 4개의 둥근 사각형을 만듭니다. 이어서 4개의 사각형 레이어를 모두 선택하고 [Move Tool]의 옵션 바에서 [Distribute Horizontally] 을 선택해 정렬합니다. 이때 첫 번째 사각형과 마지막 사각형은 좌우 가이드에 맞춰 있어야 합니다.

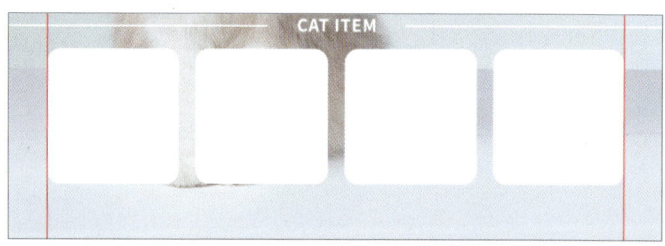

4 'DS04-4.jpg' 파일을 불러와 첫 번째 사각형 위에 배치하고 [Clipping Mask] Ctrl + Alt + G 를 적용합니다.

5 [Rectangle Tool]을 이용해 흰색 사각형을 그린 후 [Clipping Mask]를 적용합니다. 이어서 [Type Tool]을 선택한 후 '캣타워' 문구를 입력하고 사각형과 함께 가운데 정렬합니다.

6 같은 방법으로 다른 사각형 레이어도 'DS04-5.jpg' ~ 'DS04-7.jpg' 파일을 불러와 배치하고 [Clipping Mask]를 적용한 후 문자를 입력해 완성합니다.

7 포스터 하단에 'Support' 문구를 입력한 후 'DS04-9.png' ~ 'DS04-11.png' 로고 이미지를 불러와 배치하고 포스터를 완성합니다.

시선집중 정보전달 포스터 만들기 -2

Hanbok Poster

Production Concept.

주제 전달, 시선 집중

Purpose of production.

실무에서 사용되는 포스터 만들기

Production Stage.

① 이미지 합성으로 배경만들기
② 텍스트를 이용해 타이틀 디자인하기

Main function.

[Quick Selection Tool], [Clipping Mask], [Deaturate], [Invert]

Key shortcuts.

Invert (반전)
`Ctrl` + `I`

Clipping Mask (클리핑 마스크)
`Ctrl` + `Alt` + `G`

| 예제 파일 | Practice > DS04-12.jpg, DS04-13.jpg, DS04-14.png, DS04-15.jpg, DS04-16.jpg, DS04-17.jpg |
| 결과 파일 | Practice > DesignStyle_04-2.psd |

● 창의적이고 개성 있는 작품 완성을 위해 각 실습 단계에 수록된 주요 기능 이외의 추가 표현 기능을 반영해도 좋습니다.

01 이미지 합성으로 배경만들기

1 [File] - [New] 메뉴를 선택하고 [Print : A4, Color Mode : CMYK]의 새로운 작업 화면을 만듭니다.

2 'DS04-12.jpg' 파일을 열고 [Quick Selection Tool] 을 활용해 인물을 추출한 후 작업창으로 가져옵니다.

3 'DS04-13.jpg' 파일을 불러와 [Clipping Mask] Ctrl + Alt + G 를 적용하고 블렌딩 모드를 'Lighten'으로 지정해 자연스럽게 합성합니다.

4 'DS04-14.png' 파일을 불러와 해당 위치에 배치하고 [Clipping Mask]를 적용합니다. 이어서 [Opacity]를 '80%'로 지정합니다.

5 'DS04-15.jpg' 파일을 불러와 작업 화면에 배치하고 [Image] - [Adjustments] - [Desaturate] `Ctrl`+`Shift`+`U` 메뉴를 선택해 흑백으로 전환한 뒤 [Opacity]를 '20%'로 설정하여 배경을 만듭니다.

> **Tip**
> CMYK 모드에서는 흑백으로 전환 시 온전한 흑백의 이미지를 얻을 수 없습니다. 따라서 흑백 이미지를 원한다면 RGB 모드에서 변환 작업 후 가져오는 것이 좋습니다.

6 'DS04-14.png' 파일을 불러와 상단 오른쪽에 배치하고 크기를 조절합니다. 이어서 [Image] - [Adjustments] - [Invert] `Ctrl`+`I` 메뉴를 선택해 색상을 전환한 후 [Opacity]를 '10%'로 지정합니다.

02 텍스트를 이용해 타이틀 디자인하기

1 [Type Tool]을 선택하고 '韓' 문구를 입력합니다.

   +plus 해당 폰트는 [Gungsuh], 크기는 '273pt'로 설정했습니다.

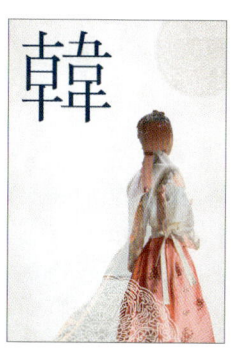

2 'DS04-16.jpg' 파일을 불러와 문구 위에 배치하고 [Clipping Mask]를 적용합니다.

3 [Image] - [Adjustments] - [Hue/Saturation] Ctrl+U 메뉴를 선택하고 [Saturation : +75, Lightness : -20]으로 설정합니다.

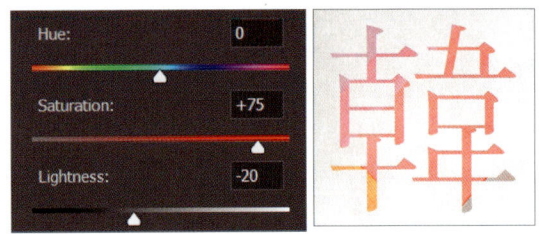

4 [Type Tool]을 선택하고 'HAN' 문구를 입력한 후 회전합니다.

   ➕plus 해당 폰트는 [Noto Sans CJK KR], 폰트의 색상은 <#6f7282>, 크기는 '30pt', 두께는 'Medium', 자간은 '40'으로 설정했습니다.

5 [Type Tool]을 선택하고 '服' 문구를 입력합니다. 이어서 [Layer Mask]를 적용한 후 [Brush Tool]을 이용해 한자의 일부분을 사진과 같이 지워냅니다.

   ➕plus 해당 폰트는 [Gungsuh], 크기는 '235pt'로 설정했습니다.

6 'DS04-16.jpg' 파일을 불러와 한자 위에 배치하고 [Clipping Mask]를 적용합니다. 이어서 [Image] - [Adjustments] - [Hue/Saturation] Ctrl+U 메뉴를 선택하고 [Hue : -110, Saturation : +75, Lightness : -20]으로 설정합니다.

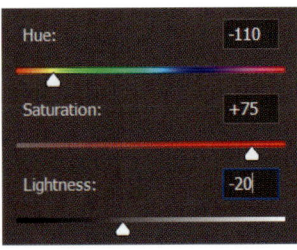

7 [Type Tool]을 선택하고 'BOK' 문구를 입력합니다.

+plus 해당 폰트는 [Noto Sans CJK KR], 폰트의 색상은 <#6f7282>, 크기는 '30pt', 두께는 'Medium', 자간은 '40'으로 설정했습니다.

8 [Rectangle Tool]을 선택한 뒤 작업 화면을 클릭해 [W : 41px, H : 667px]로 지정해 사각형을 만들고 색상을 <#133d58>로 지정합니다.

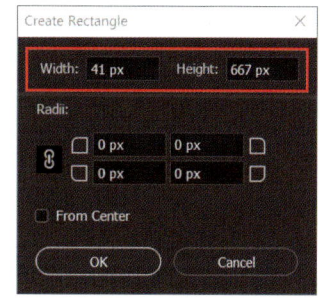 

9 [Type Tool]을 선택하고 해당 정보를 입력한 후 폰트 및 크기를 설정합니다.

+plus '전통 한복 박람회' 문구의 폰트는 [SANGJU Gyeongcheon Island]를 사용하여 오른쪽 정렬했습니다.

10 하단에 문구를 추가하고 'DS04-17.jpg' 파일을 불러와 배치해 포스터를 완성합니다.

꼭 살펴보아야 할
WORKING -LEVEL

포커스

포스터는 하나의 주제로 다양한 의미를 부각시킬 수 있습니다. 예를 들어 '록 페스티벌' 포스터 제작을 가정했을 때 페스티벌 자체가 메인이 될 수도 있지만 날짜나 라인업이 중요해지는 경우도 있습니다. 이때 포커스를 두고 싶은 요소를 눈에 먼저 띄게 할 수 있도록 연습해보는 것이 좋습니다.

레이아웃

레이아웃은 하나의 공간에 사진 또는 글을 배치하고 여백을 조성하는 것으로 편집 디자인에서 가장 우선시되는 부분입니다. 가이드를 활용하여 다양한 레이아웃을 만들어 보고 잘 알려진 포스터를 불러와 대상에 사각 박스를 만들거나 선을 그어보는 연습을 해봅니다.

기능 다시 한번 익히기 | 예제 파일 Exercise > DS04-E1.jpg, DS04-E2.jpg

Exercise

Design Style 04.에서 학습한 내용을 이용해 새로운 포스터 디자인을 만들어 봅니다.

'DS04-E1.jpg' 파일을 불러옵니다. [Rectangle Tool]을 이용해 사각형을 그린 후 'JAZZ CLASIC' 문구와 'World Tour Concert' 문구를 입력합니다. 해당 폰트는 [FeFCrm2.ttf]와 [Noto Sans CJK KR] 폰트를 사용했습니다.

'재즈를 꿈꾸다' 문구를 입력한 뒤 [Layer Mask]를 적용하고 인물의 어깨와 문자가 겹치는 부분을 [Brush Tool]을 이용해 자연스럽게 처리합니다. 이어서 나머지 문구를 입력합니다.

'DS04-E2.jpg' 파일을 불러와 레이아웃에 맞춰 배치하고 크기를 조절합니다. 이어서 하단에 문장을 추가하고 [Logo] 이미지를 불러와 배치하여 정렬한 후 포스터를 완성합니다.

결과 파일 Exercise > DesignStyle_04-3.psd

Design Style 05.

Text Effect

문자 디자인 테크닉 타이포그래피

 **Skill Point**

타이포그래피를 어떻게 활용하느냐에 따라 디자인 결과물의 완성도가 결정되기도 합니다. 글자의 모양을 수정하거나, 배치를 달리하고, 패턴을 입히는 등 다양한 실험을 통해 노하우를 쌓아야 합니다.

 Keyword

 # Title # Font # Layer Style # Brush
YouTube keyword : Font Effect

Before you Design

글꼴 효과 (Font Effect)
디자인의 개념 및 효과

폰트는 글꼴의 형태에 디자인 요소를 더해 글을 더 돋보이게 하거나 가독성 및 정보 전달력을 높이기 위해 사용합니다. 폰트는 단순히 문구를 작성하는 용도로만 사용하는 것이 아니라, **폰트 자체에 다양한 이펙트를 주어 글 자체에 특색과 아름다움을 나타내도록 작업합니다.** 이렇듯 폰트에 디자인 요소가 더해지면 주목성을 더 높일 수 있기 때문에 폰트 디자인은 주로 메인 타이틀로 사용되는 경우가 많습니다. 폰트 디자인은 모든 환경에서 사용할 수 있으며 시각적인 효과를 극대화시키므로 결과물의 퀄리티를 높이기 위해 다양한 효과를 적용해 보는 것이 좋습니다.

글꼴 효과 (Font Effect)
디자인의 특징 및 표현법

· 글꼴에 다양성 부여
· 주목성과 상대성을 강조

Designer Gallery

< Font Effect >

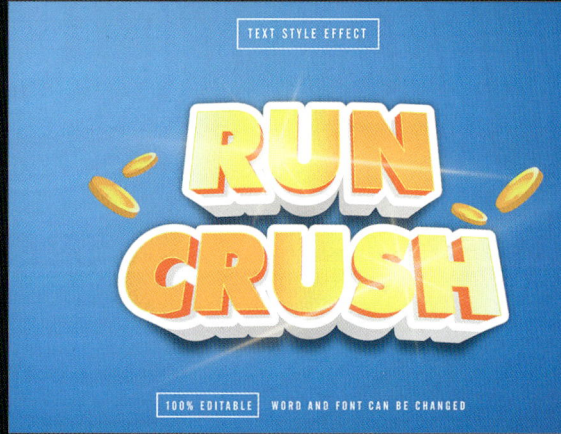

글꼴 효과를 활용한
깨진 글자 만들기

BROKEN TEXT

PHOTOSHOP CC2021

Broken Text

Production Concept.

광고, 타이틀

Purpose of production.

주목성을 높이는 메인 타이틀 만들기

Main function.

[Lasso], [Blend], [Group], [Merge], [Clipping Mask], [Layer Style], [Path]

Key shortcuts.

레이어 병합
`Ctrl` + `E`

Group (그룹)
`Ctrl` + `G`

선택 영역 새 레이어로 잘라내기
`Ctrl` + `L`

Production Stage.

① 그레이디언트를 이용해 배경 만들기
② 기본 텍스트 입력하기
③ 조각난 텍스트 만들기
④ 브러시 꾸미기
⑤ 그림자 추가하기
⑥ 명도를 보정하고 배경 완성하기

예제 파일   Practice > DS05-1.jpg, DS05-2.jpg, DS05-3.jpg
결과 파일   Practice > DesignStyle_05-1.psd

● 창의적이고 개성 있는 작품 완성을 위해 각 실습 단계에 수록된 주요 기능 이외의 추가 표현 기능을 반영해도 좋습니다.

01 그레이디언트를 이용해 배경 만들기

1 [File] - [New] 메뉴를 선택하고 [W : 1920px, H : 1080px, ppi : 72]의 새로운 작업 화면을 만듭니다. 이어서 검은색으로 채워줍니다.

2 [Gradient Tool]을 선택하고 전경색을 〈#323232〉로 설정합니다. [Foreground to Transparent]를 선택한 뒤 왼쪽 상단부터 그레이디언트를 적용합니다.

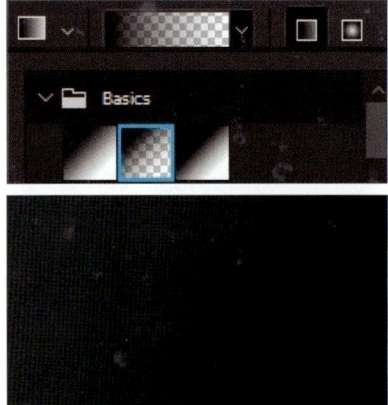

3 'DS05-1.jpg' 파일을 열고 작업창으로 이동시킵니다. 이어서 [Image] - [Adjustments] - [Invert] Ctrl + I 메뉴를 선택하여 반전시키고 레이어 블렌딩 모드를 'Screen'으로 적용한 후 [Opacity]를 '50%'로 설정합니다.

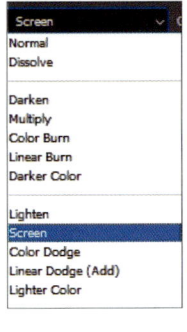
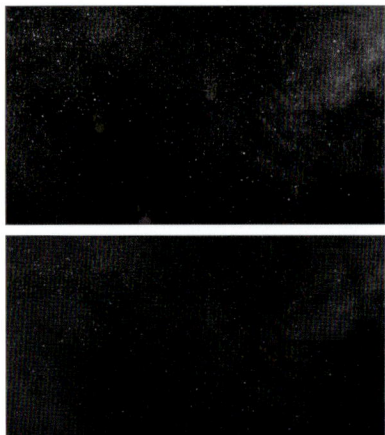

02 기본 텍스트 입력하기

1. [Type Tool]을 이용해 문자를 입력합니다. 이때 두께가 있는 폰트를 사용하면 좋습니다.

   ➕plus 해당 작업의 폰트는 [Noto sans KR : Black]을 사용했습니다.

2. 'DS05-2.jpg' 파일을 열고 작업 화면에 배치한 뒤 [Text] 레이어에 [Clipping Mask] `Ctrl`+`Alt`+`G` 를 적용합니다.

   ➕plus 텍스트에 색상을 입히려면 텍스쳐 이미지에 블렌딩 효과를 적용합니다.

   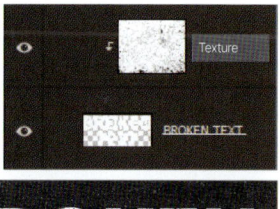

   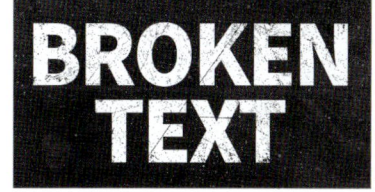

3. 배경으로 만든 레이어와 텍스트에 해당하는 레이어를 각각 [Group] `Ctrl`+`G` 으로 지정합니다.

   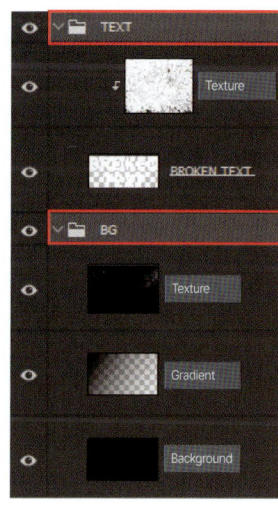

03 조각난 텍스트 만들기

1 [Text] 그룹 레이어를 복제 `Ctrl`+`J` 하고 병합 `Ctrl`+`E` 합니다.

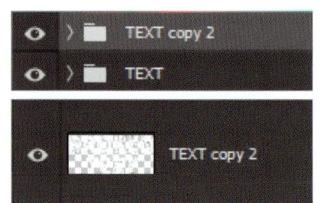

2 [Text] 그룹 레이어의 눈 아이콘을 끄고 감춥니다.

3 [Polygonal Lasso Tool] 을 선택하고 잘라내고 싶은 영역을 선택한 뒤 `Ctrl`+`Shift`+`J` 키를 눌러 이미지를 추출합니다.

> **Tip**
> 복사가 아닌 잘라내어 분리해 놓아야 관리가 쉬워집니다.

4 [Move Tool]로 잘라낸 이미지를 이동하거나 회전시켜 원하는 형태를 만듭니다.

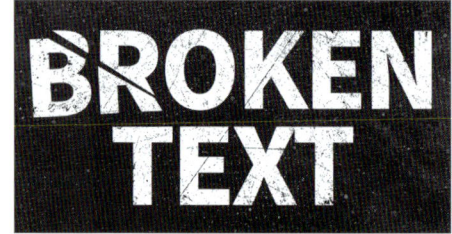

5 같은 방법으로 이미지의 영역을 선택하고 분리하여 다양하게 조각난 텍스트를 연출합니다.

6 작업된 텍스트 레이어를 모두 선택해 [Group] Ctrl + G 으로 지정합니다.
   이어서 [Layer Style] 아이콘을 클릭하고 [Drop Shadow]를 선택하여
   그림자를 만듭니다.

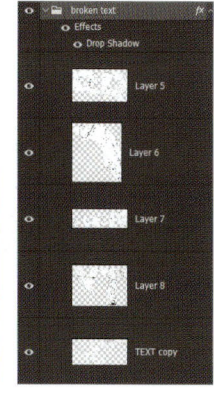

04 브러시 등록하고 효과 강화하기

1 'DS05-3.jpg' 파일을 열고 [Rectangle Marquee Tool]로 브러시로
   등록할 영역을 선택합니다.

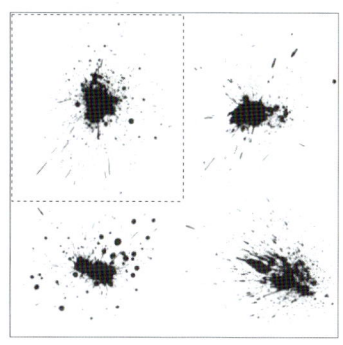

2 [Edit] - [Define Brush Preset] 메뉴를 선택하여
   브러시를 등록합니다.

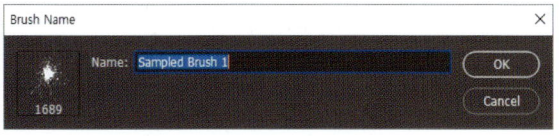
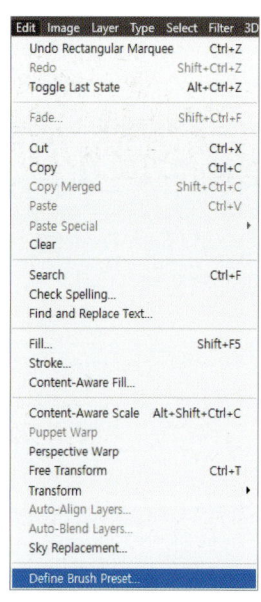

Design Style 05 - Text Effect

3 같은 방법으로 모든 모양을 브러시로 등록합니다.

　➕plus　브러시 등록 시간을 줄이고 싶다면 [Support] 폴더에 [Ink Splay Brush.abr]을 등록해 사용해도 좋습니다.

4 새로운 레이어를 만들고 등록한 브러시를 사용해 글자가 깨진듯한 효과를 극대화 시킬 수 있도록 꾸며줍니다.

ESSENTIAL THEORY　　Brush Tool (브러시 도구)

일반적으로 브러시는 그림을 그릴 때 사용하는 도구로 생각합니다. 분명 그림을 그리는 도구는 맞지만, 포토샵에서 브러시는 편집 도구로 많이 활용됩니다. 직접 등록해 사용하는 방법과 기존에 제작되어 있는 자료를 받아 사용하는 방법 등으로 다양한 브러시를 사용할 수 있으며, 사용자가 브러시 기능을 잘 이해하고 사용하면 조금 더 폭넓은 디자인 창작물을 만들 수 있습니다.

Brush Tool 특징

- 브러시를 직접 디자인하여 등록할 수 있습니다.
- 브러시의 크기는 [,] 키를 이용해 변경할 수 있습니다.
- 브러시의 [Opacity]는 일반 숫자키를 입력하면 바로 적용됩니다. [Flow]는 Shift 키를 누르고 숫자를 누릅니다. 해당 숫자키는 상단의 숫자키를 말하며 오른쪽 키패드의 숫자키는 해당되지 않습니다.

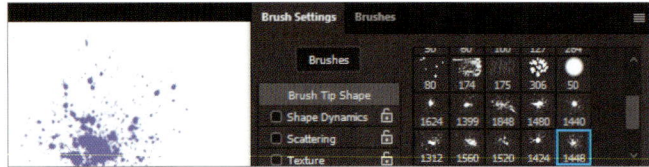

05 그림자 추가하기

1 [Polygonal Lasso Tool] 을 선택하고 그림자를 적용할 영역을 만듭니다.

2 새로운 레이어를 만들고 [Gradient Tool]을 선택한 후 전경색을 〈#000000〉로 지정합니다. [Foreground to Transparent]를 선택한 뒤 선택한 영역 안에 그레이디언트를 적용하여 그림자를 만듭니다.
   ➕plus 그림자 색이 너무 진할 경우 [Opacity] 수치를 조절합니다.

3 같은 방법으로 다양하게 그림자를 적용합니다.

06 명도를 보정하고 배경 완성하기

1 [BG] 배경 그룹 레이어를 복제 Ctrl + J 하고 병합 Ctrl + E 합니다. 이어서 배경 그룹의 눈 아이콘을 끕니다.

2 [Polygonal Lasso Tool] 을 선택하고 보정하고 싶은 영역을 선택합니다.

3 [Image] - [Adjustments] - [Levels] `Ctrl`+`L` 메뉴를 선택하고 명도를 보정합니다.

+plus 해당 작업은 [Input Levels : 18, 1.00, 255]로 설정했습니다.

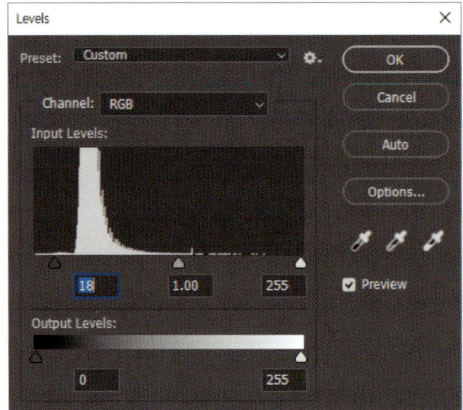

4 위와 같은 작업을 반복해 배경을 완성하고 이미지 하단에 문구를 추가해 작업을 마무리합니다.

글꼴 효과를 활용한
종이 글자 만들기

PHOTOSHOP C2021

Paper Text

Production Concept.
광고, 타이틀

Purpose of production.
주목성이 높은 타이틀 디자인하기

Main function.
[Lasso], [Layer Style], [Path], [Stroke], [Pattern]

Key shortcuts.
Hue/Saturation (색조/채도)
Ctrl + U

Production Stage.
① 패턴을 이용해 배경 만들기
② 기본 텍스트 입력하고 디자인하기
③ 텍스트 디자인 강화하기
④ 글 내용 작업하기

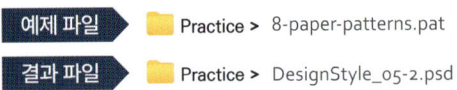

예제 파일   Practice > 8-paper-patterns.pat
결과 파일   Practice > DesignStyle_05-2.psd

● 창의적이고 개성 있는 작품 완성을 위해 각 실습 단계에 수록된 주요 기능 이외의 추가 표현 기능을 반영해도 좋습니다.

01 패턴을 이용해 배경 만들기

1 [File] - [New] 메뉴를 선택하고 [W : 1920px, H : 1080px, ppi : 72]의 새로운 작업 화면을 만듭니다. 이어서, 〈#8fddc7〉의 색상으로 채워줍니다.

   ┿plus 원하는 색상으로 작업해도 좋습니다.

2 '8-paper-patterns.pat' 파일을 열고 패턴으로 등록합니다.

   ┿plus 윈도우 폴더 내에서 파일을 더블클릭 하면 자동으로 등록됩니다.

3 레이어 패널에서 [Layer Style] 아이콘을 클릭하고 [Pattern Overlay]를 선택한 후 등록한 종이 패턴 중에서 원하는 패턴❶으로 적용합니다.

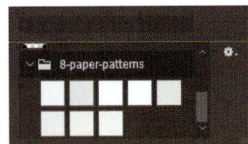
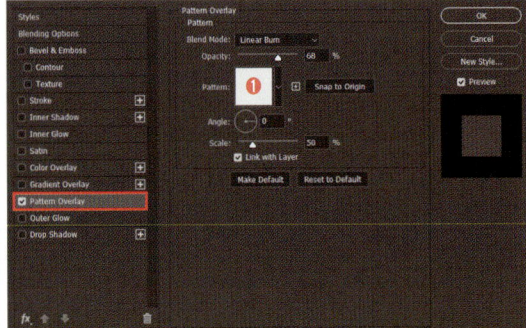

4 이어서 [Blend Mode : Linear Burn]❶으로 변경하고 [Opacity]❷를 적절하게 설정한 후 [Scale]❸ 값을 조절해 패턴 크기를 맞춥니다.

   ┿plus 해당 작업은 [Opacity : 68%, Scale : 50%]로 설정했습니다.

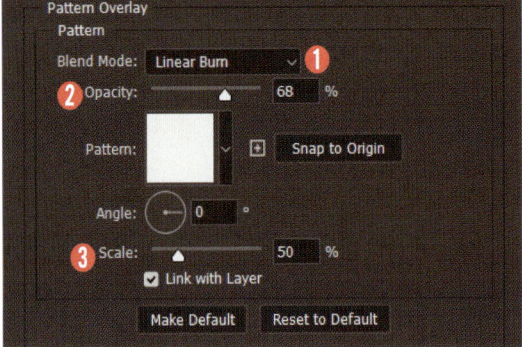

| ESSENTIAL THEORY | **Blend Mode (블렌드 모드)** |

Blend Mode(블렌드 모드) 기능은 포토샵에서 합성 작업을 하기 위해 기본적으로 사용하는 필수 기능입니다. 서로 다른 사진의 색상 혼합을 이루어 내 다양한 그래픽 효과를 만들어 낼 수 있습니다. 블렌드에는 다양한 종류의 기능들이 있는데, 결과값을 모두 외우려고 하기 보다는 직접 눈으로 확인해가며 작품에 맞는 효과를 적용하는 것이 좋습니다. 대표적인 블렌드 종류에는 Multiply, Screen, Overlay가 있습니다.

Blend Mode 특징

✓ 상위 레이어에 블렌드 효과를 주어 하위 모든 레이어에 색상 혼합을 이루어 낼 수 있습니다.

✓ 병합 시 블렌드 효과가 남아있으려면 반드시 배경으로 사용된 레이어와 함께 병합해야 합니다.

✓ 여러 개의 레이어에 다양한 블렌드 효과를 줄 수 있습니다.

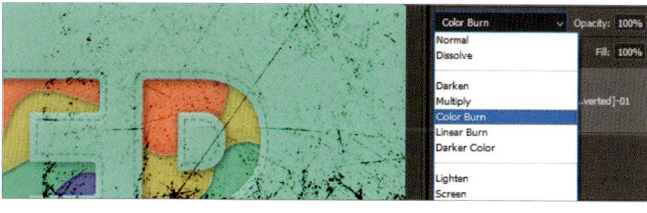

02 기본 텍스트 입력하고 디자인하기

1 [Type Tool]을 이용해 'PAPER' 문구를 입력하고 원하는 색상으로 설정합니다.

➕plus 해당 작업에서는 나눔 고딕 폰트를 사용했습니다. 다른 폰트를 사용할 경우 두께가 있는 폰트를 사용하는 것이 좋습니다.

2 레이어 패널에서 [Layer Style] 아이콘을 클릭하고 [Bevel & Emboss]를 선택한 후 [Style : Outer Bevel❶, Technique : Smooth❷, Depth : 22%❸, Direction : Down❹, Size : 24px❺, Angle : 121°❻, Use Global Light : none❼, Altitude : 32❽, Highlight Mode : Screen, White, 58%❾, Shadow Mode : Multiply, Black, 30%❿]로 설정하여 종이가 일어난 느낌을 표현합니다.

Tip

[Layer Style]은 수치를 활용하여 효과를 나타내므로 사진의 크기나 색상에 따라 결과물이 달라집니다. 따라서 학습 중에는 작업물에 따라 수치를 변경해가며 연습해 보는 것이 좋습니다.

3 [Layer Style] 아이콘을 클릭하고 [Inner Shadow]를
선택한 후 [Blend Mode : Multiply, Black❶,
Opacity : 40%❷, Angle : 138°❸,
Use Global Light : none❹, Distance : 5px❺,
Size : 15px❻]로 설정하여 종이가 겹친 모습을
표현합니다.

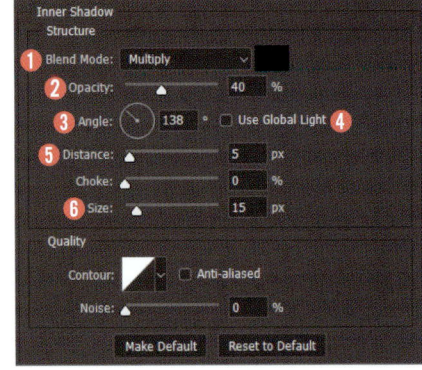

4 [Layer Style] 아이콘을 클릭하고 [Pattern Overlay]를
선택한 후 [Blend Mode : Multiply❶, Pattern : Paper
Pattern❷]으로 설정하여 종이의 질감 효과를 더해 줍니다.

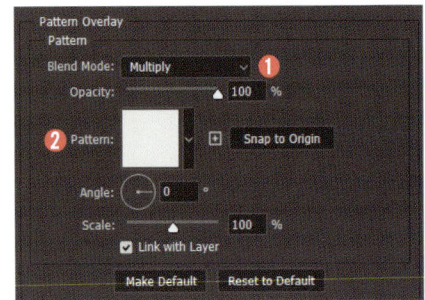

5 [Layer Style] 아이콘을 클릭하고
[Outer Glow]를 선택한 후
[Blend Mode : Screen❶, Opacity : 20%❷,
Color : White❸, Size : 5px❹]로 설정하여
종이 가장자리에 외부 광선 효과를 줍니다.

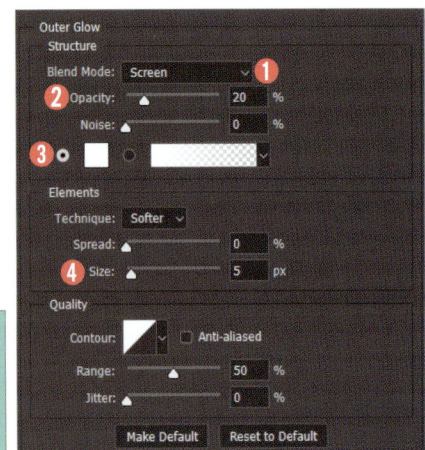

03 텍스트 디자인 강화하기

1. 새로운 레이어를 만들고 [Polygonal Lasso Tool]을 이용해 글자 내부의 색상을 적용할 영역을 선택하고 원하는 색상으로 채웁니다.

   > **Tip**
   > 만약 색상을 적용했을 때 어울리지 않거나 원했던 색이 아니라면 [Hue/Saturation] Ctrl + U 메뉴를 이용해 색상을 설정하면 좋습니다.

   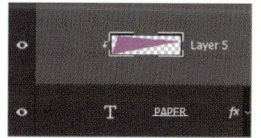

2. 텍스트 레이어에 [Clipping Mask] Ctrl + Alt + G 를 적용하여 글자 내부에만 색상을 나타냅니다.

3. [Layer Style] 아이콘을 클릭하고 [Bevel & Emboss]를 선택한 후 [Style : Inner Bevel❶, Technique : Smooth❷, Depth : 22%❸, Direction : Up❹, Size : 20px❺, Angle : 121°❻, Use Global Light : none❼, Altitude : 32°❽, Highlight Mode : Screen, White, 22%❾, Shadow Mode : Multiply, Black, 27%❿]로 설정하여 종이가 일어난 느낌을 표현합니다.

   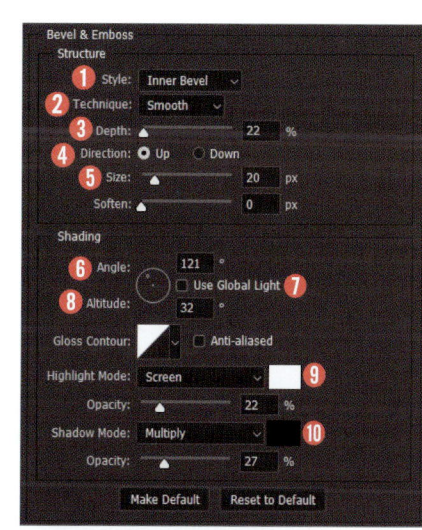

4 [Layer Style] 아이콘을 클릭하고 [Outer Glow]를
선택한 후 [Blend Mode : Screen❶, Opacity : 20%❷,
Color : White❸, Size : 5px❹]로 설정하여
종이 가장자리에 외부 광선 효과를 줍니다.

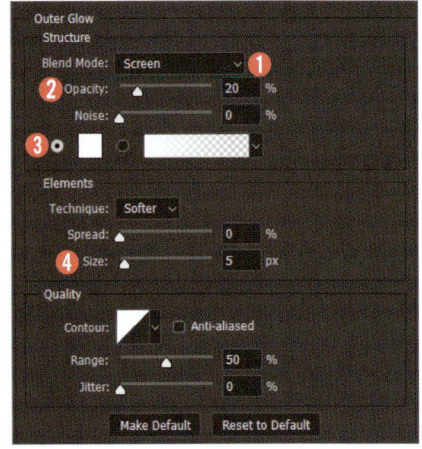

5 [Layer Style] 아이콘을 클릭하고 [Pattern Overlay]를
선택한 후 [Blend Mode : Multiply❶,
Pattern : Paper Pattern❷]의 정보를 입력해
종이의 질감을 더해 줍니다.

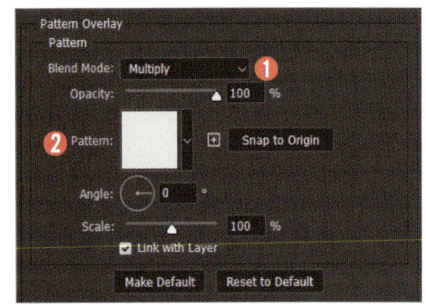

6 [Layer Style] 아이콘을 클릭하고 [Drop Shadow]를
선택한 후 [Blend Mode : Multiply❶, Opacity : 36%❷,
Angle :138˚❸, Use Global Light : none❹,
Distance : 3px❺, Size : 8px❻]의 정보를 입력해
종이의 입체감을 더해 줍니다.

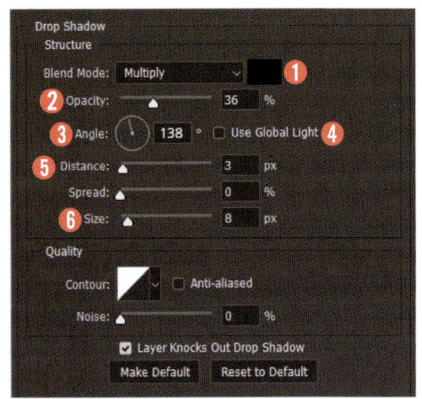

7 위와 같은 방법을 반복해 작업을 마무리합니다.

04 절취선 만들기

1 [Text] 레이어의 섬네일을 Ctrl 키를 누른 상태에서 클릭해 선택 영역으로 만듭니다.

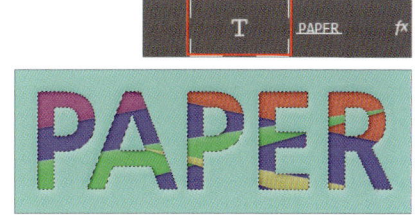

2 선택 영역을 확장하기 위해 [Select] - [Modify] - [Expand] 메뉴를 선택하고 [Expand By : 10px]로 설정해 확장합니다.

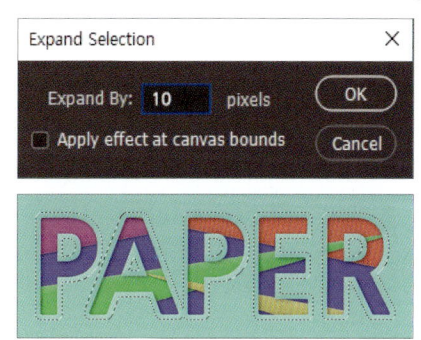

3 [Paths] 패널에서 Alt 키를 누른 상태로 [Make Work Path from Selection] 을 클릭한 후 [Tolerance : 0.5px]로 설정하여 선택 영역을 패스로 변환합니다.

[Paths] 패널의 아이콘들은 Alt 키를 누른 상태에서 클릭하면 옵션 창이 나타납니다.

4 [Shape Tool] 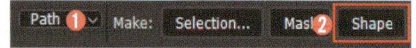 을 선택하고 옵션 바에서 [Mode : Path]❶로 변경한 후 패스를 [Shape]❷로 변환합니다.

➕plus Path를 Shape로 바꿀 수 있지만, Shape 상태에서 Path로의 변환은 되지 않습니다.

5 [Mode : Shape]❶로 선택하고 Stroke(선) 색상과 두께❷를 지정한 후 [Stroke Type]을 점선❸으로 선택해 절취선 모양을 만듭니다.

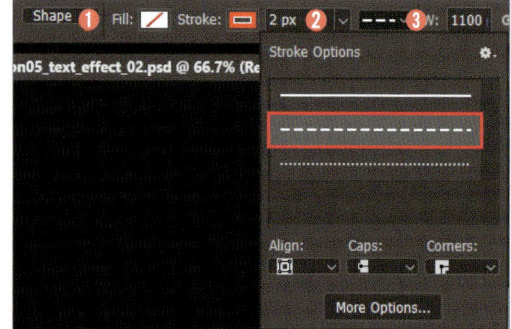

6 하단에 문구를 추가해 디자인을 완성합니다.

기능 다시 한번 익히기 | **Exercise >** DS05-E1.jpg, DS05-E2.jpg

Exercise

Design Style 05.에서 학습한 글꼴 효과(Text Effect)를 적용해 새로운 텍스트 디자인을 만들어 봅니다.

[W : 1920px, H : 1080px, ppi : 72]의 새로운 작업 화면을 만들고 'DS05-E1.jpg' 파일을 불러와 만들어진 새 작업 창으로 이동합니다. 필요에 따라서 [Opacity]를 조절해도 좋습니다. 문자를 입력합니다.

레이어를 추가하고 검은색으로 채웁니다. Ctrl 키를 누른 채 텍스트 레이어의 섬네일을 클릭하여 선택 영역으로 전환한 후 [Layer Mask]를 적용합니다. 'DS05-E2.jpg' 파일을 불러와 작업한 레이어에 [Clipping Mask]를 적용합니다.

[Layer Style]을 이용해 종이 입체 효과를 적용합니다. [Bevel & Emboss, Inner Shadow, Inner Glow] 효과를 적용하고 [Layer Mask]에 브러시를 이용해 잉크가 튀는 효과를 더해 작업을 완성합니다.

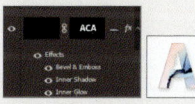  

결과 파일 | **Exercise >** DesignStyle_05-3.psd

Design Style 06.

Paint Conversion

페인트 변환 효과를 이용한 Shoes 만들기

Skill Point

페인트 변환 효과는 강렬하고 섬세한 터치로 생동감과 에너지를 표현합니다. 작업에 들어가기 전, 마치 사진으로 이야기를 전달하듯이 스토리를 만들어 봅니다.

Keyword

Munipulation # Blend
Pattern # Select and Mask
YouTube keyword : Paint shoes

Before you Design

페인트 변환 효과 (Paint Conversion Effect) 디자인의 개념 및 효과

제품을 페인트로 변환하거나 다른 물질로 변환하는 형태의 디자인은 오랜 시간 동안 사랑받아온 디자인 효과 중 하나입니다. 대중들에게 신비감을 주는 효과이기에 광고에서도 자주 볼 수 있는 디자인입니다. 이 효과가 다른 형태로 사용이 되면 투명한 물을 활용하거나 단단한 돌 같은 느낌으로도 표현할 수 있기 때문에 응용 또한 자유로운 편입니다. 독특한 형태의 디자인은 시선을 끌기 좋습니다.

페인트 변환 효과 (Paint Conversion Effect) 디자인의 특징 및 표현법

· 독특한 형태로의 물질 변환
· 같은 계열의 색상 사용
· 생동감 있는 표현

Designer Gallery

< Paint Conversion Effect >

< Paint Conversion Effect >

페인트 변환 효과를 이용한 Shoes 만들기

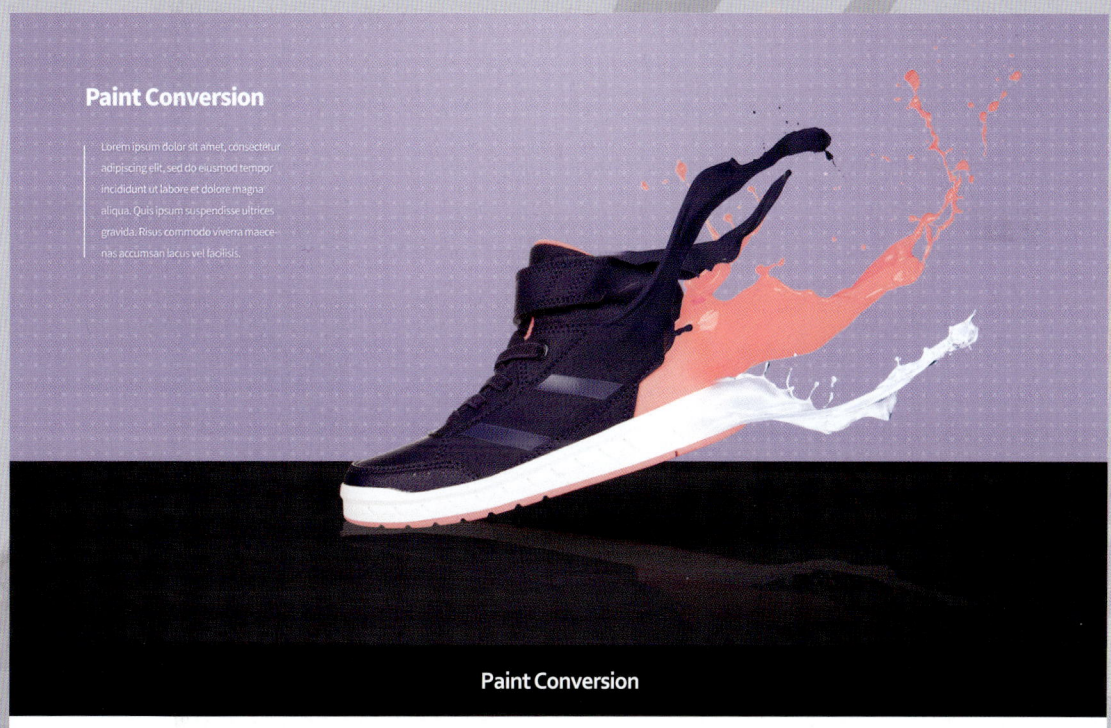

Production Concept.

광고, 합성

Purpose of production.

신선하고 율동감 있는 운동화 광고 만들기

Main function.

[Layer Mask], [Replace Color], [Blend], [Pattern], [Path]

Key shortcuts.

Free Transform (변형)
Ctrl + T

Select Inverse (선택 영역 반전)
Ctrl + Shift + I

Production Stage.

① 패턴 제작하여 배경 만들기
② 운동화 준비하기
③ 율동감 있는 페인트 꾸미기
④ 그림자 만들기

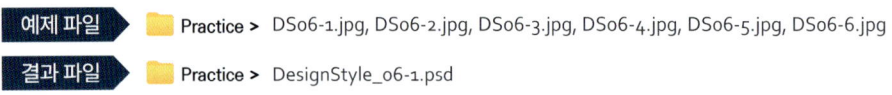

예제 파일   Practice > DS06-1.jpg, DS06-2.jpg, DS06-3.jpg, DS06-4.jpg, DS06-5.jpg, DS06-6.jpg
결과 파일   Practice > DesignStyle_06-1.psd

● 창의적이고 개성 있는 작품 완성을 위해 각 실습 단계에 수록된 주요 기능 이외의 추가 표현 기능을 반영해도 좋습니다.

01 패턴 제작하여 배경 만들기

1 [File] – [New] 메뉴를 선택하고 [W : 100px, H : 100px, ppi : 72]의 새로운 작업 화면을 만든 후 원하는 패턴 모양을 만듭니다. 이어서 [Edit] – [Define Pattern] 메뉴를 선택하고 패턴으로 등록합니다.

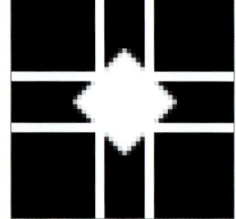

> **Tip**
> 패턴 등록 시 배경의 눈 아이콘을 끕니다.

2 [File] – [New] 메뉴를 선택하고 [W : 1920px, H : 1080px, ppi : 72]의 새로운 작업 화면을 만듭니다. 이어서 새로운 레이어를 만들고 〈#4b4857〉의 색상으로 채웁니다.

3 [Rectangle Marquee Tool]을 이용해 사각형 영역을 만들고 〈#a690ff〉의 색상으로 채웁니다.

4 [Layer Style] 아이콘을 클릭하고 [Pattern Overlay]를 선택하여 [Opacity : 16%, Scale : 25%]로 설정하고, [Drop Shadow]를 선택하여 [Opacity : 15%, Angle : 90˚, Distance : 10px, Size : 20px]로 설정합니다.

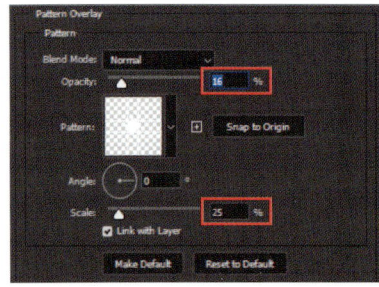 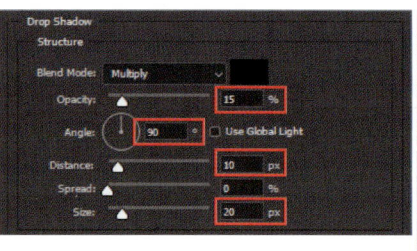 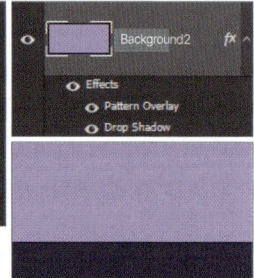

5 'DS06-1.jpg' 파일을 불러와 하단 배경 레이어 위에 배치하고 레이어 블렌딩 모드를 'Multiply'로 지정합니다.

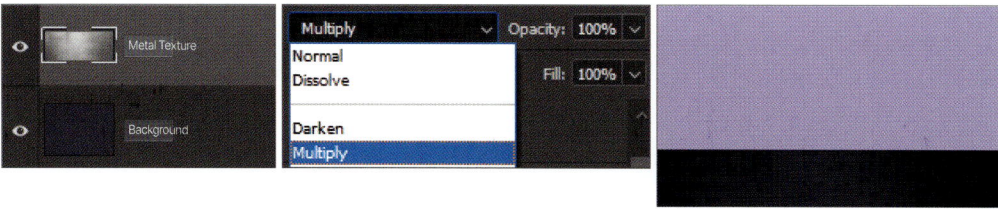

6 전경색을 흰색으로 지정한 다음 [Gradient Tool]을 선택하고 옵션에서 [Foreground to Transparent]❶, [Style : Radial]❷을 선택한 후 화면 상단에서 중앙까지 그레이디언트를 적용해 밝은 빛을 표현합니다. 이어서 [Opacity]를 '30%'로 설정해 빛을 약하게 해줍니다.

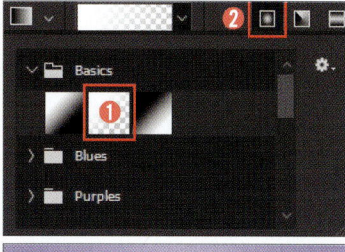

02 운동화 준비하기

1 'DS06-2.jpg' 파일을 열고 [Pen Tool]로 운동화 이미지를 배경과 분리하여 추출합니다.

➕plus 학습 시간이 부족하다면 [Support] 폴더에 준비된 신발 이미지를 활용합니다.

2 추출한 운동화 이미지를 기존 작업 창으로 가져와 [Free Transform]  을 실행하여 크기를 조절하고 [Flip Horizontal]을 클릭해 좌우 반전을 합니다.

03 율동감 있는 페인트 꾸미기

1 'DS06-3.jpg' 파일을 열고 [Magic Wand Tool] 로 이미지의 흰색 부분을 모두 선택합니다.

➕plus Shift 키를 누른 상태에서 선택하면 선택 영역이 추가됩니다.

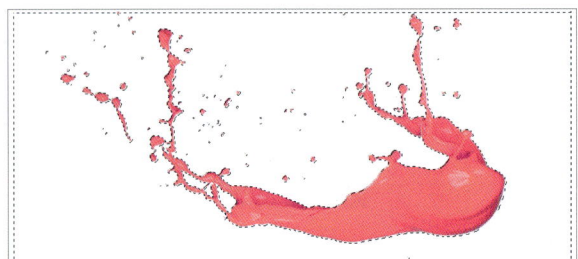 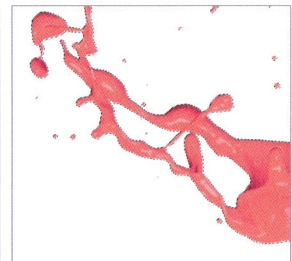

2 마우스 오른쪽 버튼을 눌러 [Select Inverse] Ctrl + Shift + I 를 클릭하여 선택 영역을 반전시킵니다. 이어서 [Layer Mask]를 적용합니다.

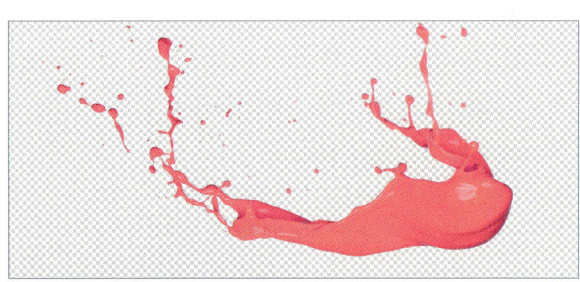

3 [Layer Mask Thumbnail]에서 마우스 오른쪽 버튼을
 클릭한 후 [Select and Mask]를 선택하고 [Smooth : 2❶,
 Feather : 0.1px❷, Contrast : 22%❸, Shift Edge : -45%❹]로
 설정해 주변의 지저분한 픽셀들을 제거합니다.

 ➕plus 해당 수치를 설정하면 이미지를 추출했을 때 생기는
 지저분한 선의 대부분을 쉽게 지워내 정리할 수 있습니다.

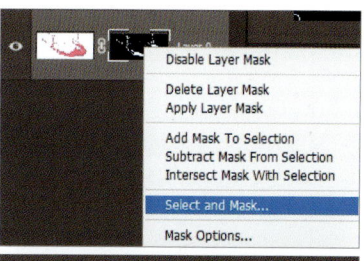

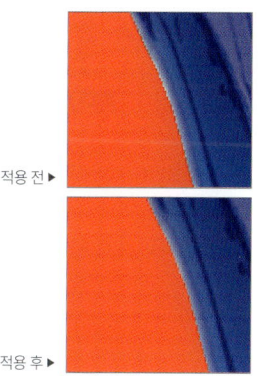

적용 전 ▶

적용 후 ▶

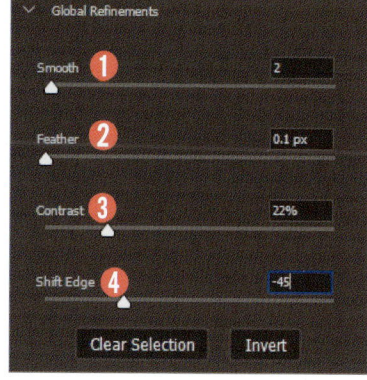

4 정리된 이미지를 기존 작업 창으로 이동한 뒤 [Free Transform]
 Ctrl + T 을 실행하여 크기와 방향을 변형해 줍니다.

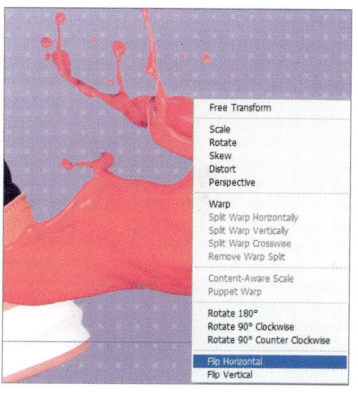

5 다시 [Transform] 상태에서 마우스 오른쪽 버튼을 클릭한 후 [Warp]을 적용한 뒤, 왜곡 기능으로 운동화에
 모양을 맞춰봅니다.

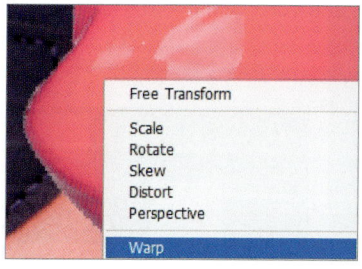
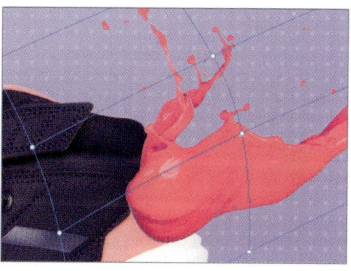

Design Style 06 - Paint Conversion 101

ESSENTIAL THEORY | Warp (뒤틀기)

[Transform]의 변형 방식에는 여러 가지 형태가 있습니다. 그중에 [Warp] 기능은 자유로운 왜곡이 가능해 합성할 때나 사진 변형을 할 때 자주 사용됩니다. 대부분 사용처를 제대로 알지 못해 사용하지 못하는 경우가 있지만 사용처를 이해한다면 매우 도움이 되는 기능 중 하나입니다.

Warp 특징
- [Transform] 적용 시 마우스 오른쪽 버튼을 클릭해 활성화할 수 있습니다.
- 자유로운 왜곡이 가능하지만 너무 과한 왜곡을 할 경우 이미지가 망가집니다.

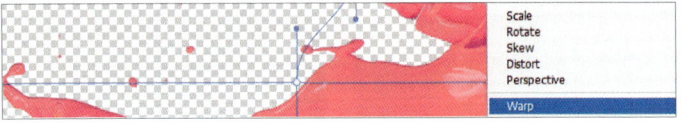

6 [Layer Mask]를 선택한 뒤 [Brush Tool]로 자연스럽게 합성합니다.

> **Tip**
> 브러시를 사용하여 합성할 때는 브러시의 크기와 투명도를 계속 조절해가며 그림을 그리듯 최대한 자연스럽게 이어지도록 합니다.

7 레이어 패널에서 [Adjustment Layer] 아이콘을 클릭하여 [Color Balance]를 선택하고 페인트 레이어에 [Clipping Mask]를 적용하여 색상을 보정합니다.

➕plus 해당 작업은 [Tone : Midtones, Red : +65, Green : +59, Yellow : -6]으로 설정했습니다.

➕plus 사진마다 지니고 있는 색감이 다르기 때문에 다른 사진을 사용할 경우 색상 설정값을 직접 조정해야 합니다.

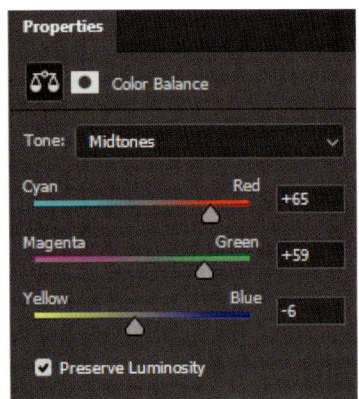

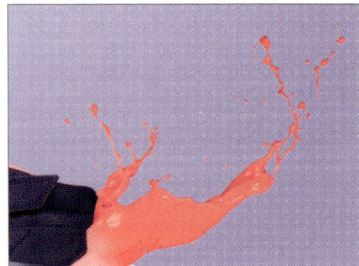

8 레이어 패널에서 [Adjustment Layer] 아이콘을 클릭하여 [Levels]를 선택하고 페인트 레이어에 [Clipping Mask]를 적용하여 명도를 보정합니다.

➕plus 해당 작업은 [16, 1.65, 255]로 설정했습니다.

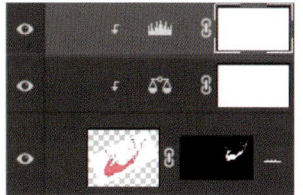
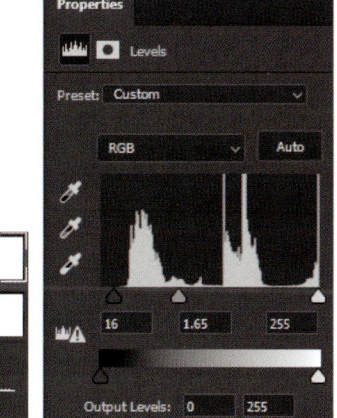
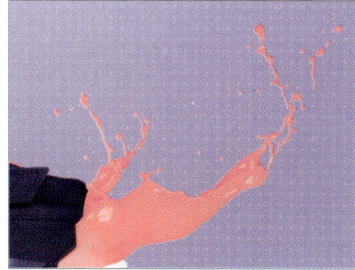

9 'DS06-4.jpg' 파일을 열고 같은 방법으로 이미지를 추출한 뒤 기존 작업 창으로 가져와 크기와 위치를 조절합니다.

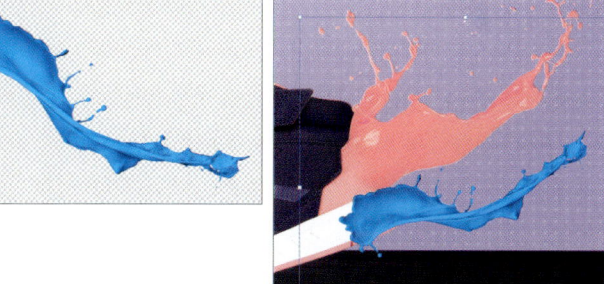

10 [Brush Tool]을 이용해 이미지를 자연스럽게 합성합니다.

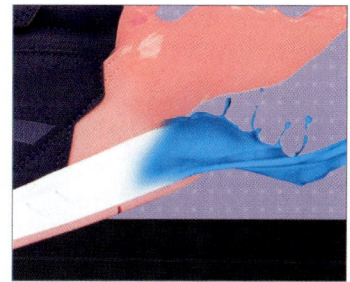

11 [Image] - [Adjustments] - [Replace Color] 메뉴를 선택하고 [Eyedropper Tool] 을 이용해 색상을 변경할 부분을 선택합니다. 이어서 [Fuzziness]❶ 값을 조정해 영역을 보정합니다.

➕plus 해당 작업은 [Fuzziness : 37]로 설정했습니다.

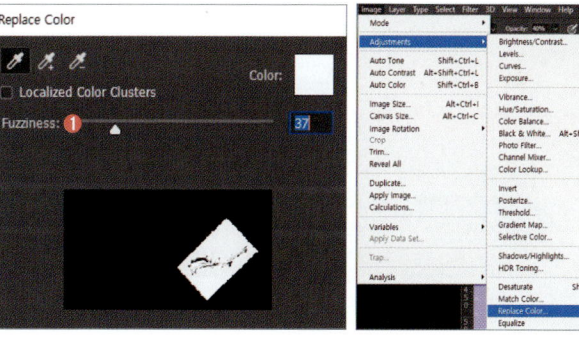

12 [Lightness] 값을 '+100'❶으로 적용해 흰색으로 만듭니다.

13 [Hue/Saturation] Ctrl + U 에서 [Sturation : -45]를 입력해 흰색에 가깝게 만들어 줍니다. 부족한 효과의 경우 다른 기능을 활용해 조정합니다.

14 나머지 'DS06-5.jpg', 'DS06-6.jpg' 잉크 이미지도 불러와 알맞게 변형한 후 색상을 보정해 합성합니다.

ESSENTIAL THEORY — Replace Color

[Replace Color]는 이미지의 색상을 변경할 수 있도록 도와주는 기능으로 전체 색상을 한 번에 바꾸기보다 특정 색상 영역을 변경하는데 도움을 줍니다. 가끔 이미지를 흰색으로 변경해야 하는 경우가 있는데 [Levels] 같은 기능으로 전체적인 색 변경을 시도하면 이미지 전체가 하얗게 변하는 문제가 있으므로 이를 방지하기 위해 사용하기 좋은 기능 중 하나입니다.

Replace Color 특징

- 전체가 아닌 부분적인 색상 변환이 가능합니다.
- 그림을 그릴 때 사용해도 좋습니다.
- 선택 영역을 만든 후 효과를 적용하면 영역 내의 색상만 변경됩니다.

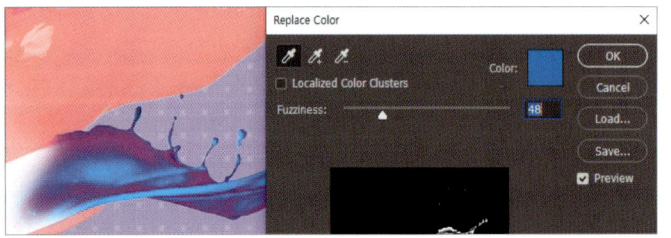

04 그림자 만들기

1 새로운 레이어를 만들고 전경색을 검은색으로 지정합니다. [Gradient Tool]을 선택하고 [Foreground to Transparent]를 선택한 뒤 이미지 중앙에 그레이디언트를 적용해 그림자를 만듭니다.

캔버스의 가장자리에 [Gradient]를 적용할 경우 색이 잘리는 현상이 발생하므로 화면 가운데에서 작업한 뒤 이동하는 것이 좋습니다.

2 [Free Transform] Ctrl + T 을 실행하여 그림자를 변형한 뒤 원하는 위치에 배치합니다. 이때 배경과 어울리도록 [Opacity] 수치를 조절합니다.

3 운동화 디자인 작업에 사용된 모든 레이어를 [Group]으로 지정하고 레이어를 복제 Ctrl + J 한 후 병합 Ctrl + E 하여 한 장의 이미지로 만듭니다.

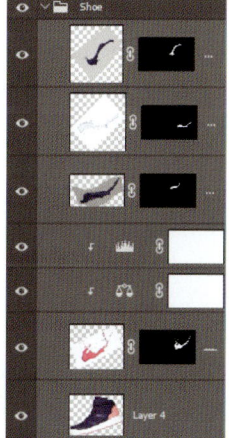

4 [Transform]을 적용하고 마우스 오른쪽 버튼을 눌러 [Flip Vertical]을 선택해 이미지를 상·하 반전시켜 줍니다. 이어서 세로 크기를 줄여 납작하게 만듭니다.

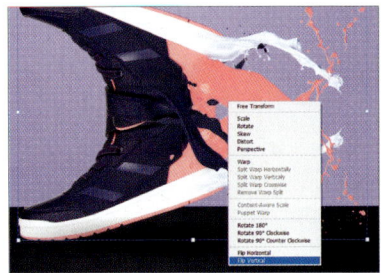 

5 [Layer Mask]를 적용한 뒤 [Gradient]를 이용해 하단 부분이 서서히 사라지도록 작업합니다. 이어서 [Opacity]를 '50%'로 설정해 불투명하게 만듭니다.

6 [Type Tool]을 이용해 텍스트를 입력하고 작업을 마무리합니다.

➕plus 텍스트 문구는 [Support] 폴더의 [Paint_Conversion.txt] 파일을 참고합니다.

꼭 살펴보아야 할 WORKING-LEVEL

물질 변환 합성

물질 변환 합성은 신기한 느낌을 강하게 주는 효과가 있기 때문에 소비자의 입장에서 관심 있게 볼 수 있는 디자인 합성 표현 중 하나입니다. 이런 합성을 효과적으로 표현하기 위해서는 나무나 빌딩 같은 특별한 요소를 사용해 합성하기 보다는 불이나 액체처럼 사용하기에 좋은 요소를 활용하는 것이 더 좋습니다. 특히 투명도가 들어가는 이미지 요소의 경우에는 합성의 난이도가 올라갑니다. 예를 들어 불 또는 물을 합성할 경우 표현의 난이도가 있어, 오히려 3D를 이용해 표현하는 방식이 더 빠를 수도 있습니다.

합성 이미지

합성하기 위한 이미지 요소를 찾을 때는 합성하려는 사진의 환경과 비슷한 이미지를 찾는 것이 좋습니다. 하지만 전체 상황에 꼭 맞는 사진을 찾기는 쉽지 않음으로 일부분의 어울리는 요소를 확인하고 추출하여 사용하는 것이 더 바람직합니다. 숲을 보지 말고 나무를 보는 것과 같습니다.

기능 다시 한번 익히기　　　예제파일 > Exercise > DS06-E1.jpg, DS06-E2.jpg, DS06-E3.jpg, DS06-E4.jpg, DS06-E5.jpg, DS06-E6.jpg, DS06-E7.jpg, DS06-E8.jpg, DS06-E9.jpg, DS06-E10.jpg

Exercise

Design Style 06.에서 학습한 페인트 효과를 이용해 새로운 재질 변환 디자인을 만들어 봅니다.

[File – New]를 이용해 [W : 1920px, H : 1080px, ppi : 72]로 새로운 작업 화면을 만들고 색상 <#f1ca67>을 채웁니다. (원하는 색상으로 사용해도 좋습니다.) 'DS06-E1.jpg' 파일에서 인물을 추출해 기존 작업 창으로 이동시킵니다. 'DS06-E2.jpg' 파일을 불러와 인물에 배치한 뒤 블렌딩 모드를 'Hard Light'로 지정하고 [Layer Mask]를 활용해 합성합니다. 이어서 [Hue/Saturation]과 [Curves]를 활용해 인물 부위와 색이 자연스러워지도록 만들어 줍니다.

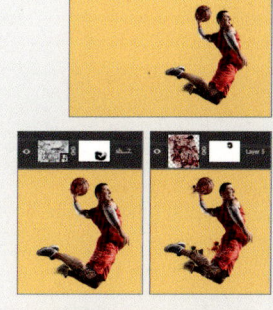

'DS06-E3.jpg' 파일을 [Select] – [Color Range] 메뉴를 이용해 이미지를 추출하여 원하는 위치에 배치합니다. 이어서 [Adjustment Layer]를 활용해 색상을 보정하고 나머지 돌 사진도 같은 방법을 활용해 작업해 줍니다.

'DS06-E5.jpg' 파일을 원하는 위치에 배치한 뒤 블렌딩 모드를 적용해 합성하고, 흩날리는 먼지처럼 표현하기 위해 [Adjustment Layer]를 활용해 색상을 조정합니다. 이어서 추출해 두었던 인물 이미지를 복사한 뒤 크기를 키워 주고 [Opacity]를 조절해 배경으로 만들어 꾸며줍니다. 추가로 [Adjustment Layer]를 활용해 색상 값을 보정한 뒤 문구를 입력해 작업을 마무리합니다.

결과 파일　Exercise > DesignStyle_06-2.psd

Design Style 07.

World The Cup

컵 속의 세상 아트워크 만들기

 **Skill Point**

현실에서는 볼 수 없는 상상속의 세계를 표현할 때 어떤 소재들을 합성해 판타지 세계를 만들어 낼지 아이디어 스케치를 먼저 해봅니다.

 Keyword

\# Manipulation # Blend # Channels
\# Color range
\# YouTube keyword : world in the cup photoshop

디자인의 개념 및 효과

합성 작업 소재 중 자주 사용되는 소재인 컵 속의 세상은 **마치 소인국에 방문하게 된 걸리버의 모습처럼 상상력을 자극하여 크기 대비로 비현실적인 모습이나 상황을 표현합니다.** 이러한 합성 소재들은 작업자의 상상력을 구체적으로 표현한다는 점에서 만족도가 높은 작업 결과물이 될 수 있습니다. 다만 합성 작업물 자체만으로는 실무에서 그대로 사용되기에는 부족하며, 이를 활용한 영화 포스터와 같은 작업 결과물을 만들어 낼 수 있어야 합니다.

컵 속의 세상 (World The Cup)
디자인의 특징 및 표현법

· 크기 대비를 이용한 초 현실화
· 상상력 기반의 다양한 요소 표현

< Artwork Design >

< Artwork Design >

컵 속의 세상
아트워크 만들기

World The Cup

Production Concept.
합성

Purpose of production.
상상 속의 초현실적 합성 이미지 만들기

Production Stage.
① 배경과 컵 준비하기
② 컵 속 세상 꾸미기 1
③ 채널을 이용한 나무 이미지 추출
④ 컵 속 세상 꾸미기 2
⑤ 타오르는 태양 표현하고 추가 요소 배치하기
⑥ 구름 배치하고 색감 보정하여 마무리하기

Main function.
[Layer Mask], [Channels], [Blend], [Color Range], [Adjustment]

Key shortcuts.
Feather (페더)
Shift + F6
Copy (복사)
Ctrl + C

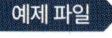 Practice > DS07-1.jpg, DS07-2.jpg, DS07-3.jpg, grass brush.abr, DS07-4.jpg, DS07-5.jpg, DS07-6.jpg, DS07-7.jpg, DS07-8.jpg, DS07-9.jpg, DS07-10.jpg, DS07-11.jpg, DS07-12.jpg, DS07-13.jpg

 Practice > DesignStyle_07-1.psd

- 창의적이고 개성 있는 작품 완성을 위해 각 실습 단계에 수록된 주요 기능 이외의 추가 표현 기능을 반영해도 좋습니다.

01 배경과 컵 준비하기

1 'DS07-1.jpg' 파일을 불러옵니다. 이어서 'DS07-2.jpg' 파일을 열고 [Pen Tool]을 이용해 컵 이미지를 추출한 후 기존 작업창으로 이동시킵니다.

   +plus 작업 시간이 부족한 경우 이미지의 [Path] 패널을 활용해 추출합니다.

2 레이어 패널에서 새로운 레이어를 만들고 [Gradient]를 이용해 컵 하단에 그림자를 만들어 줍니다.

   +plus 그림자를 만든 후 복제하여 사이즈를 조정하면 좀 더 빠르게 작업할 수 있습니다.

 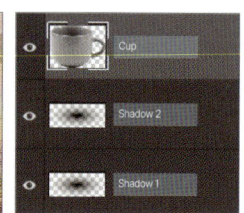

3 그림자를 강조하기 위해 [Pen Tool]을 이용해 컵 하단에 [Shape] 영역을 만듭니다.

4 [Filter] - [Blur] - [Gaussian Blur] 메뉴를 선택하고 [Radius : 6px]로 설정해 부드럽게 처리한 후 모든 그림자 레이어에 [Opacity]를 조절해 투명도를 낮추어 그림자 효과를 완성합니다.

5 [Ellipse Tool]을 이용해 컵 입구 속에 땅이 들어가야 할 공간을 만들어 줍니다.

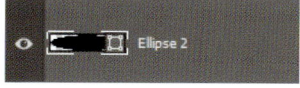

02 컵 속 세상 꾸미기 -1

1 'DS07-3.jpg' 파일을 불러와 [Ellipse] 레이어에 [Clipping Mask]를 적용합니다.

2 [Support] 폴더에 있는 'grass brush.abr'을 브러시로 등록합니다. 이어서 [Ellipse] 레이어에서 [Rasterize Layer]를 적용해 일반 이미지로 만들어 주고 브러시를 이용해 영역 주변을 잔디 모양으로 칠해 줍니다.

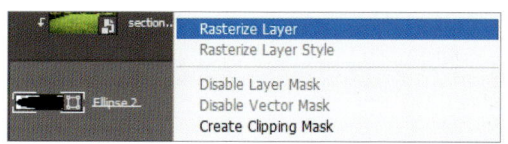

3 'DS07-4.jpg' 파일을 열고 [Pen Tool]을 이용해 오두막 이미지를 추출합니다. 이어서 [Layer Mask]를 적용하고 작업 창으로 이동해 배치합니다.

　+plus 시간이 부족할 경우 파일에 저장된 패스를 활용해 추출합니다.

4 레이어 패널에서 [Adjustment Layer] 아이콘을 클릭하고 [Hue/Saturation]과 [Curves]를 적용해 오두막이 전체적인 색감과 어울리도록 조절합니다.

　+plus 해당 작업은 [Hue : -3, Saturation : +12, Lightness : -11]로 설정했습니다.

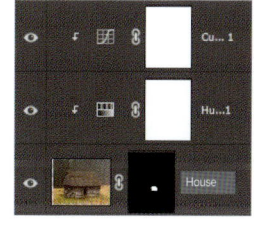

5 새로운 레이어를 만들고 오두막 레이어에 [Clipping Mask]를 적용한 후 [Brush Tool]을 이용해 그림자를 그려줍니다.

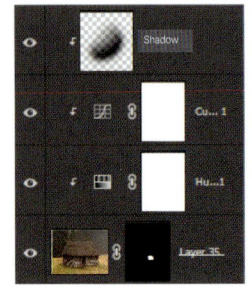 

6 새로운 레이어를 만들고 [Brush Tool]로 오두막 외부 그림자를 추가해 줍니다.

03 채널을 이용한 나무 이미지 추출하기

1 'DS07-5.jpg' 파일을 열고 원하는 나무를 선택해 새로운 파일을 만들어 이동시킵니다.

   +plus [Marquee Tool]로 영역을 선택 한 후 복사 단축키 Ctrl + C 키를 누르고 새 파일을 만들면 Ctrl + N 복사된 이미지의 사이즈로 새로운 파일의 사이즈가 자동 지정됩니다.

2 [Channels] 패널에서 명도 대비가 가장 높은 채널을 선택해 레이어를 복사합니다.

   +plus 컬러 채널을 클릭-드래그하여 레이어 아이콘 위에 놓으면 작업이 좀 더 편리합니다.

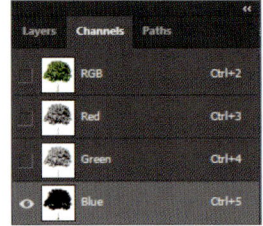 

3 명도를 높이기 위해 [Levels]를 선택하고 [Input Levels : 90, 1.00, 240]으로 설정해 추출해야하는 영역을 검은색으로 만듭니다.

➕plus 다른 사진을 사용할 경우 해당 효과를 사용했음에도 대비 처리가 부족한 경우가 생길 수 있습니다. 이럴 때는 [Dodge Tool]과 [Burn Tool]을 이용해 추가 보정을 하는 것이 좋습니다.

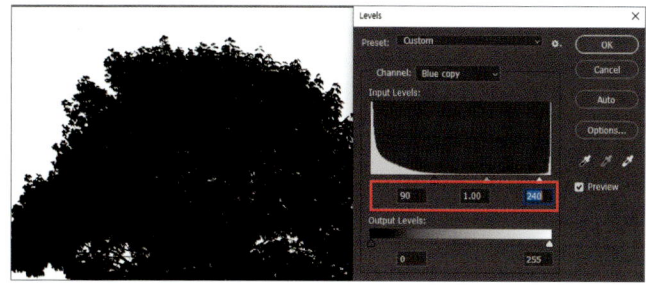

4 [Image] - [Adjustments] - [Invert] Ctrl + I 메뉴를 선택해 색상을 반전 시킵니다. 채널은 흰색 부분이 선택 영역이 됩니다.

5 [RGB] 컬러 채널을 선택하고 Ctrl 키를 누른 상태에서 복사해 놓은 컬러 레이어를 클릭하여 선택 영역으로 전환한 뒤 이미지를 추출합니다.

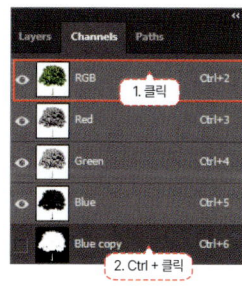 

6 같은 방법으로 다른 나무 이미지도 추출합니다.

04 컵 속 세상 꾸미기 -2

1 추출한 나무 이미지를 기존 작업 창으로 가져와 배치하고 [Layer Mask]를 적용해 나무 뿌리 부분을 자연스럽게 정리합니다.

Design Style 07 - World The Cup　115

2 새로운 레이어를 만들고 나무 이미지에 [Clipping Mask]를 적용한 뒤 [Brush Tool]을 이용해 그림자를 추가합니다.

3 'DS07-6.jpg' 파일을 열고 [Select] – [Color Range] 메뉴를 선택한 후 이미지의 배경을 선택하고 Ctrl + J 키를 눌러 이미지를 추출합니다.

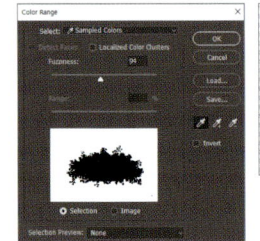

ESSENTIAL THEORY	Color Range
[Color Range]는 원하는 색상을 선택해 관리해주는 기능입니다. [Magic Wand Tool]과 같이 화면상에서 같은 색을 선택할 수 있지만 색상 범위를 조정할 수 있어 [Magic Wand Tool]보다 높은 수준의 선택이 가능합니다.	**Color Range 특징** ✓ 하나의 색상만 선택할 수 있는 것이 아니라 다양한 색을 추가로 선택할 수 있습니다. ✓ 흰색 영역 선택이 가능한 기능입니다.

4 추출한 이미지를 활용해 잔디 위를 꾸밉니다. 그림자도 만들어 주면 좋습니다.

5 'DS07-7.jpg' 파일을 열고 사다리 이미지를 추출한 후 배치합니다.

6 그림자를 만들기 위해 사다리 레이어를 복제 Ctrl + J 하고 [Hue/Saturation] 메뉴에서 [Lightness : -100]으로 설정해 검은색으로 만들어 줍니다. 이어서 [Transform]으로 변형합니다.

7 'DS07-8.jpg' 파일을 열고 사람 이미지를 추출한 후 사다리를 타고 올라가는 모습을 연출합니다.

05 타오르는 태양 표현하고 추가 요소 배치하기

1 'DS07-9.jpg' 파일을 작업 화면으로 불러온 뒤 블렌딩 모드를 'Screen'으로 지정합니다.

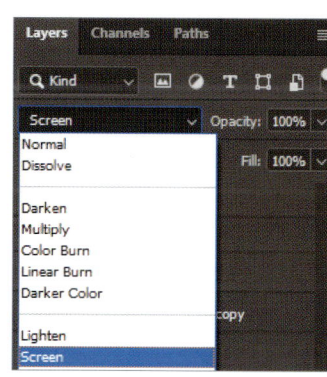

2 태양 가운데를 [Elliptical Marquee Tool]로 선택하고 [Select] - [Modify] - [Feather] Shift + F6 메뉴에서 [Feather Radius]를 '20px'로 설정해 선택 영역의 가장자리를 부드럽게 처리합니다.

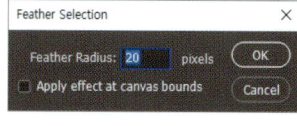

3 레이어를 복제 `Ctrl`+`J` 하고 태양의 색을 원래대로 돌려놓기 위해 블렌딩 모드를 'Normal'로 지정합니다.

4 'DS07-10.jpg' 파일을 작업 창으로 불러와 태양에서 아래로 빛이 표현 되도록 배치하고 블렌딩 모드를 'Screen'으로 지정합니다.

5 'DS07-11.jpg' 파일과 'DS07-12.jpg' 파일을 열고 [Channels]를 이용해 이미지를 추출한 후 작업 창에 배치합니다.

ESSENTIAL THEORY — Channels (채널)

[Channels]는 현재 사용하는 이미지의 색상 모드를 컬러별로 분리해 놓은 패널입니다. 사용자는 이를 이용해 색상 보정을 하거나 선택 영역을 만들어 배경과 대상을 분리합니다. 분리된 컬러 채널은 현재 화면의 색상 값을 [Grayscale]로 표현해주며, 흰색에 가까울수록 영역을 많이 포함합니다.

Channels 특징

- 가위로 가장자리를 오리는 듯한 느낌이 아닌 사용자가 선택하고자 하는 모든 영역의 색을 채워낸다는 느낌으로 접근해야 합니다. 색이 비는 부분은 선택에서 제외되기 때문입니다.
- 보통 채널은 [Levels], [Curves]와 같은 기능으로 명도 보정을 하지만 대부분의 사진에서는 해당 효과만으로 원하는 결과를 얻기 어렵습니다. 따라서 [Dodge Tool]과 [Burn Tool], [Brush Tool]을 같이 활용해 주는 것이 좋습니다.
- 색을 이용해서 선택 영역을 만들기 때문에 선택 시 투명도 조절 또한 가능합니다.

06 구름 배치하고 색감 보정하여 마무리하기

1 'DS07-13.jpg' 파일을 열고 원하는 구름을 선택해 작업 창으로 이동시킵니다. 이어서 블렌딩 모드를 'Screen'으로 적용합니다.

2 [Adjustment Layer]를 활용해 이미지의 색상 값을 보정한 뒤 마무리합니다.

+plus 색감 보정을 위해 [Color Lookup], [Color Balance] 효과를 추천합니다.

Tip
[Adjustment Layer] - [Black & White] 기능을 적용하면 흑백 사진으로도 활용할 수 있습니다.

꼭 살펴보아야 할
WORKING-LEVEL

 합성

합성은 그림을 그려 표현하는 과정과 유사합니다. 따라서 작업을 진행하기 전 미리 스케치해 보는 것도 만족도 높은 창작물을 만들기 위한 좋은 방법 중 하나입니다. 충분한 연습을 통해 브러시 툴을 능숙하게 다룰 수 있는 것 또한 좋은 결과물을 만드는 데 많은 도움이 될 것입니다. 가끔 '그러면 태블릿을 사용하는 것이 좋은가?'에 대한 질문을 받기도 합니다. 태블릿은 직업상 항상 그림을 그려야 하는 사람이 아니라면 부가적인 용도로만 사용한다고 보는 것이 맞기 때문에 반드시 꼭 필요한 도구는 아닙니다.

 그림자 표현

합성 작업에서 중요한 요소 중 하나는 그림자를 제대로 표현하는 것입니다. 빛이 비치는 부분과 그림자가 지는 부분을 제대로 이해해야 공간 구성 표현에 효과적이기 때문입니다. 물론, 처음에는 높은 퀄리티의 그림자를 표현하는 것이 어려울 수도 있습니다. 하지만 조금씩이라도 그림자를 표현하는 연습을 하는 것이 좋습니다.

 보정

외부에서 가져오는 이미지는 기존의 이미지들과는 다른 색상 값을 가지기 때문에 [Adjustment Layer]의 다양한 보정 메뉴를 이용해 사진의 특성에 맞게 보정해 주는 것이 좋습니다. 이러한 이유로 각각의 이미지를 보정한 뒤 전체 보정하는 작업 방법을 추천합니다.

기능 다시 한번 익히기

예제파일 > Exercise > DS07-E1.jpg, DS07-E2.jpg, DS07-E3.jpg, DS07-E4.jpg, DS07-E5.jpg, DS07-E6.jpg, DS07-E7.jpg, DS07-E8.jpg, DS07-E9.jpg, DS07-E10.jpg

Exercise

Design Style 07.에서 학습한 내용을 이용해 새로운 세상을 디자인해 봅니다.

'DS07-E1.jpg' 파일을 열고 'DS07-E2.jpg' 파일과 'DS07-E3.jpg' 파일에서 이미지를 추출해 배치한 뒤 [Layer Mask]로 경계를 자연스럽게 합성합니다.

'DS07-E4.jpg' 파일과 'DS07-E5.jpg' 파일을 열고 이미지를 추출해 배치한 뒤 [Layer Mask]로 경계를 자연스럽게 합성합니다.

➕plus 해당 파일에는 [Path] 영역이 포함되어 있습니다.

나머지 예제 파일을 열고 이미지를 추출한 뒤 자연스럽게 합성합니다. 이어서 그림자가 필요한 위치에 그림자를 추가합니다.

구름 이미지를 블렌딩 모드를 이용해 합성하고 [Adjustment Layer] 효과를 추가해 작업을 마무리합니다.

결과 파일 Exercise > DesignStyle_07-2.psd

Design Style 08.

Fruit Juice poster 1

신선도 높은 과즙 주스 포스터 만들기 -1

Skill Point

과일이나 채소 주스와 같은 광고는 신선도를 중요시 하는 광고로 신선함과 동시에 상큼 발랄한 느낌을 줄 수 있도록 디자인해 봅니다.

Keyword

Manipulation # Clipping Mask
Poster # Fruit
YouTube keyword : juice poster

Before you Design

과일주스 포스터 (Fruit juice Poster)
디자인의 개념 및 효과

상품 홍보 디자인 작업 시 제품에 합성 이미지를 더해 대상을 강조하는 효과를 기대할 수 있습니다. 특히 과일 주스와 같은 포스터 디자인은 과일이라는 하나의 대상을 특정하여 강조할 수 있어 전달하고자 하는 의미에 간결함을 더할 수 있습니다.

과일주스 포스터 (Fruit juice poster)
디자인의 특징 및 표현법

· 과일의 신선함과 청량감 표현
· 진짜인 듯 가짜 같은 표현법

 Designer Gallery

< Fruit juice Poster >

신선도 높은 과즙 주스 포스터 만들기 -1

Fruit juice Poster -1

Production Concept.

신선함, 과즙 표현

Purpose of production.

청량감이 돋보이는 주스 포스터 만들기

Main function.

[Blur Gallery], [Blending Options], [Solid Color], [Gaussian Blur]

Key shortcuts.

New Layer (새 레이어 창)
`Ctrl` + `Shift` + `N`

Group (그룹)
`Ctrl` + `G`

Production Stage.

① Blur Gallery를 이용해 배경 만들기
② 와인 잔 준비하기
③ 와인 잔 추가 보정하기
④ Shape 만들기
⑤ 다양한 과일 준비하기
⑥ 과일에 그림자 만들고 보정하기

예제 파일   Practice > DS08-1.jpg, DS08-2.png, DS08-3.png, DS08-4.png, DS08-5.png, DS08-6.png, DS08-7.png,
                      DS08-8.png, DS08-9.png, DS08-10.png, DS08-11.png, DS08-12.png, DS08-13.png
결과 파일   Practice > DesignStyle_08-1.psd

● 창의적이고 개성 있는 작품 완성을 위해 각 실습 단계에 수록된 주요 기능 이외의 추가 표현 기능을 반영해도 좋습니다.

01 Blur Gallery를 이용해 배경 만들기

1   'DS08-1.jpg' 파일을 열고 [Filter] - [Blur Gallery] - [Tilt Shift] 메뉴를 선택한 후 [Blur] 수치를 조절하여 자연스러운 배경 흐림 효과를 연출합니다.

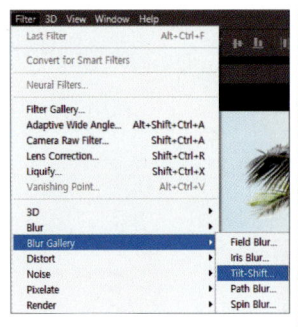 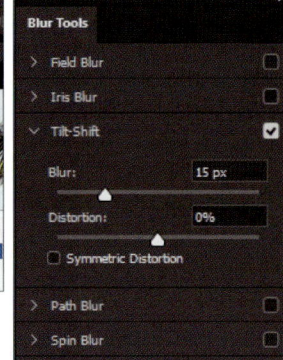 

➕plus 해당 작업은 [Blur : 15px]로 설정했습니다.

ESSENTIAL THEORY — Blur Gallery

[Blur Gallery]는 다양한 방법으로 Blur(흐림) 효과를 쉽게 다룰 수 있게 도와주며 카메라로 사진을 찍었을 때 생기는 심도를 표현해줄 수 있는 필터 기능입니다. 이는 흔히 아웃포커싱이라고 말하는 기능으로 인물이나 사물을 부각시켜 사진의 퀄리티를 높여줍니다. Blur Gallery 메뉴에는 Field, Iris, Tile-Shift, Path, Spin의 5가지 기능이 있습니다. 해당 예제에서 사용하는 Tile-Shift 기능은 평행선으로 생성된 라인을 조절하여 가로 또는 세로형으로 중앙을 기준으로 바깥쪽으로 흐림 효과를 줄 수 있습니다.

Blur Gallery 특징

✓ 한 번에 하나의 레이어에 효과를 줄 수 있습니다. 전체 레이어에 효과를 주려면 이미지를 병합하여 적용합니다.
✓ 하나의 이미지에 블러 효과를 여러 번 적용할 수 있습니다.
✓ 필터 적용 후 언제든지 효과의 강약 수정 및 삭제가 가능합니다.

2 레이어 패널에서 [Adjustment Layer] 아이콘을 클릭하여 [Solid Color]를 선택하고 〈#dae2ff〉 색상을 입력합니다. 이어서 [Layer Mask]를 적용한 뒤 [Gradient Tool]을 이용해 가운데 부분을 지웁니다.

3 해당 레이어의 블렌딩 모드를 'Screen'으로 지정하고 [Opacity]를 '15%'로 설정합니다.

02 와인 잔 준비하기

1 'DS08-2.png' 파일을 열고 [Pen Tool]을 활용해 와인 잔을 따라 패스를 그립니다.

2 Ctrl+Enter 키를 눌러 패스를 선택 영역으로 전환한 후 Ctrl+J 키를 눌러 이미지를 추출 합니다. 이어서 추출된 이미지를 작업 화면으로 가져와 배치합니다.

3 Ctrl+J 키를 눌러 레이어를 복제하고 상위 와인 레이어의 눈을 끕니다.

4 와인 잔 레이어에서 [Layer Style] 아이콘을 클릭하고 [Blending Options]를 선택한 후 [Blend Mode : Multiply]❶로 적용하고 [Blend If]❷ 항목의 [This Layer] 슬라이더 화살표를 조정해 와인잔의 어두운 부분만 남도록 합니다.

➕plus Alt 키를 누르고 슬라이더의 삼각형을 이동하면 세부 보정이 가능합니다.

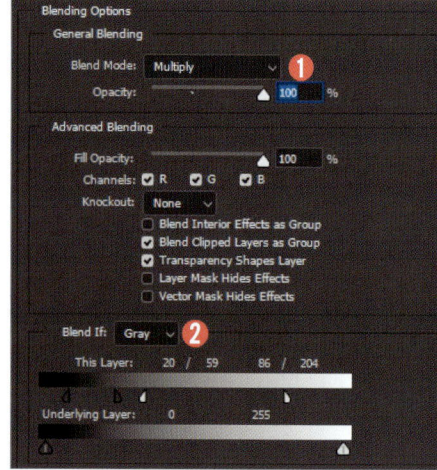

5 상위 와인 잔 레이어에서 [Layer Style] 아이콘을 클릭하고 [Blending Options]를 선택한 후 [Blend Mode : Screen]❶으로 적용하고 [Blend If]❷항목의 [This Layer] 슬라이더 화살표를 조정해 와인잔의 밝은 부분만 남도록 합니다.

Tip
위와 같은 방법을 사용하면 유리병처럼 투명도를 표현해야 하는 이미지에서 자연스러운 합성 결과를 얻을 수 있습니다.

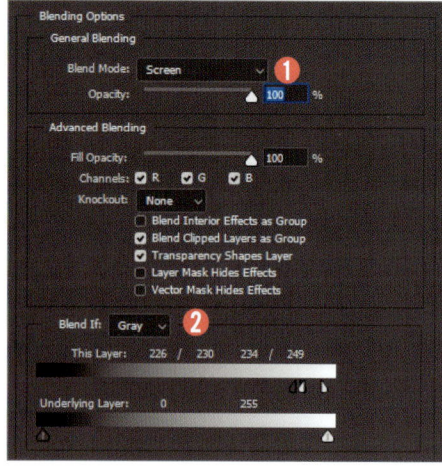

| ESSENTIAL THEORY | **Blending Option** |

[Blending Option]은 현재 사용 중인 레이어에 [Blend]의 정보를 추가로 수정할 수 있습니다. 이펙트 효과를 더해주는 것이 아닌 레이어 자체의 속성값을 관리하기 때문에 다양한 색상 혼합을 이뤄낼 수 있습니다.

Blending Option 특징
- 채널 값을 이용해 이중 노출 효과를 줄 수 있습니다.
- [Blend If]를 통해 폭넓은 색상 혼합이 가능합니다.

6 만들어진 와인 레이어를 그룹 Ctrl + G 으로 지정합니다.

03 와인 잔 추가 보정하기

1 'DS08-3.png' 파일을 열고 [Elliptical Marquee Tool] 을 이용해 사과 윗 부분을 선택한 후 Del 키를 눌러 삭제합니다.

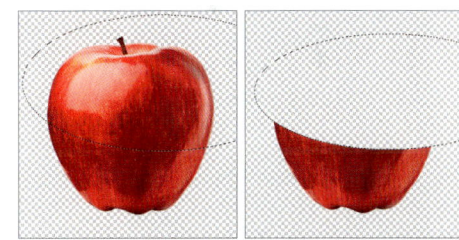

2 'DS08-4.png' 파일을 불러와 [Transform] - [Distort] 메뉴를 이용해 변형한 후 잘라 놓은 사과 이미지에 배치합니다.

3 만들어진 사과를 와인 잔에 배치합니다.
이어서 와인 잔 그룹 레이어에 [Layer Mask]를
적용한 뒤 와인잔의 일부분을 지워 사과와
자연스럽게 합성합니다.

> **Tip**
> 와인 잔 그룹은 사과 레이어의 상위나 하위 어느 곳에 위치해도 상관없지만 유리의 느낌을 조금이라도 더 강조하려면 와인 잔 그룹 레이어가 사과 레이어보다 상위에 위치하는 것이 좋습니다.

4 새로운 레이어를 만들고 [Rectangle Marqueee Tool]을 이용해 와인 잔 바닥에 영역을 만든 후 검은색으로 채웁니다.

5 [Filter] – [Gaussian Blur] 메뉴를 선택하고 [Radius : 10px]로 설정한 후 [Opacity]를 '25%'로 설정합니다.

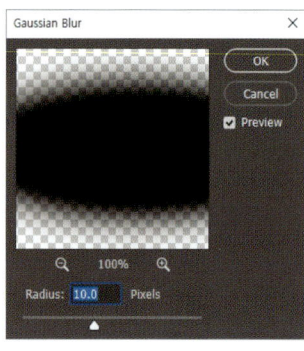

6 새로운 레이어를 만들고 전경색을 검은색으로 지정합니다. 이어서 [Gradient]의 프리셋을 [Foreground to Transparent]로 선택한 뒤 화면 중앙에 검은 원형 그레이디언트를 만듭니다.

7 [TransForm] Ctrl+T 을 실행해 와인 잔 아래에 그림자를 변형해 배치합니다. 이어서 [Opacity]를 '60%'로 설정합니다.

8 'DS08-5.jpg' 파일을 불러와 와인 잔 바닥에 배치한 뒤 [Transform]을 활용해 회전시킵니다. 이어서 블렌딩 모드를 'Screen'으로 지정합니다.

04 Shape 만들기

1 [File] -[New] 메뉴를 선택하고 [W : 1000px, H : 1000px]의 새로운 작업 화면을 만듭니다. 이어서 [Ellipse Tool]을 이용해 타원을 그리고 복사하여 간격을 조절합니다. 이때 타원의 크기는 [W : 550px, H : 210px]입니다.

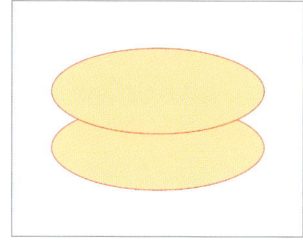

2   [Rectangle Tool]을 이용해 타원과 타원 사이에 사각형을 그립니다.

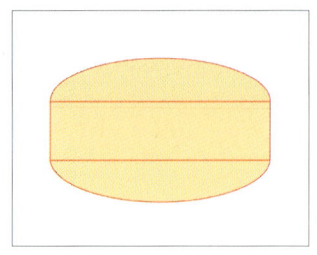

3   위쪽의 타원 레이어를 최상단으로 이동한 후 모든 레이어를 병합 Ctrl + E 합니다.

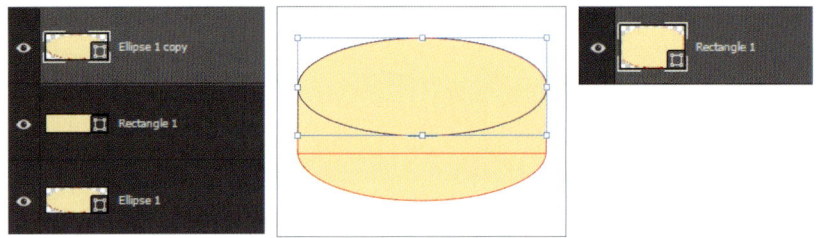

4   [Path Selection Tool]로 상단의 타원만 선택한 후 옵션에서 [Path Operations] – [Subtract Front Shape]를 적용해 해당 타원을 빼줍니다.

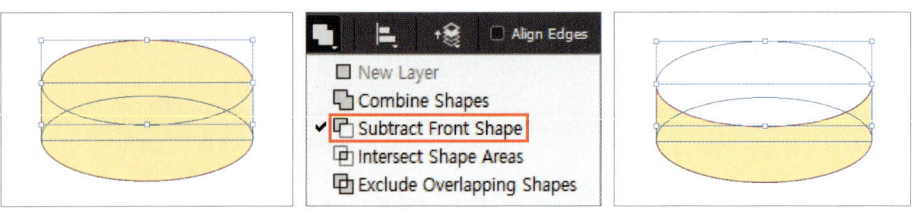

5   [Path Operations] – [Merge Shape Components]를 적용해 패스를 확장합니다.

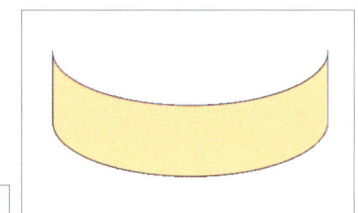

05 다양한 과일 준비하기

1 만든 [Shape]에 키위 이미지 'DS08-6.png'를 불러와 [Clipping Mask]를 적용합니다.

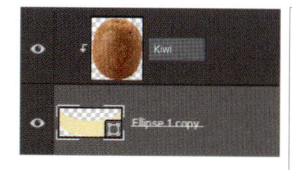 

2 키위 단면의 이미지 'DS08-7.png'를 불러와 [Transform] - [Distort]를 활용해 변형 후 배치합니다.

3 'DS08-8.png' ~ 'DS08-13.png' 파일을 불러와 나머지 과일들도 같은 방법으로 작업하여 완성합니다.

+plus 시간이 부족한 경우 [Support] 폴더의 'fruit_slice_fin.psd' 파일을 활용합니다.

4 완성된 과일 슬라이스 이미지를 가져와 와인 잔 위에 쌓듯이 배치해 꾸며줍니다.

06 과일에 그림자 만들고 보정하기

1 그림자를 표현하기 위해 [Elliptical Marquee Tool]로 원형을 그리고 [Filter] - [Blur] - [Gaussian Blur] 메뉴를 선택하여 [Radius] 값을 조절합니다.

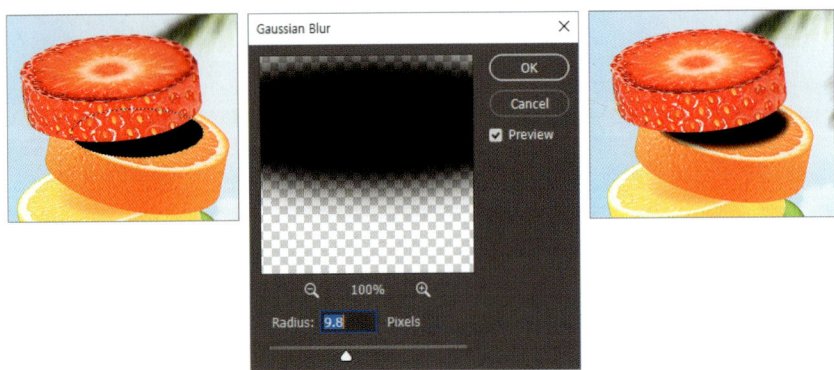

2 [Eraser Tool]을 이용해 자연스럽게 정리한 후 [Opacity]를 '40%'로 설정합니다.

3 같은 방법으로 과일의 각 층마다 그림자를 추가합니다. 이때 그림자 색상을 변경하기 위해 [Hue/Saturation] `Ctrl` + `U` 에서 'Colorize' 항목을 체크한 후 각 과일에 맞는 알맞은 색상으로 변경합니다.

4 Ctrl+Shift+N 키를 눌러 [New Layer] 창을 활성화하고 [Mode : Overlay]❶ 로 적용한 후 [Fill with Overlay-neutral color(50% gray)]❷ 항목에 체크합니다.

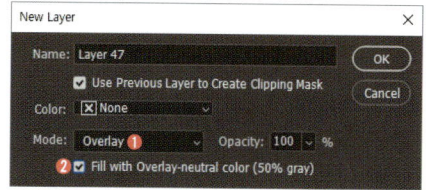

5 만든 회색 레이어에 [Dodge Tool]과 [Burn Tool]을 이용해 명도를 추가 보정하여 완성합니다.

> **Tip**
>
> [Dodge Tool] 과 [Burn Tool]은 이미지의 명도를 보정 할 때 사용하지만 이미지에 직접적으로 영향을 주기 때문에 수정이 어렵다는 불편함이 있습니다. 이를 해결하기 위해 회색 레이어를 만들고 'Overlay'를 적용해 사용하면 삭제나 수정이 용이해집니다. 단, 효과가 떨어지는 단점이 있습니다.

Design Style 09.

Fruit Juice poster 2

신선도 높은 과즙 주스 포스터 만들기 -2

Skill Point

상품을 홍보하기 위해 디자인을 만드는 다양한 방법의 기능을 배워 소비자에게 만족스러운 느낌의 디자인을 작업합니다.

 Keyword

\# Manipulation # Clipping Mask
\# Poster # Fruit
\# YouTube keyword : juice poster

디자인의 개념 및 효과

상품 홍보 디자인 작업 시 제품에 합성 이미지를 더해 대상을 강조하는 효과를 기대할 수 있습니다. 특히 과일 주스와 같은 포스터 디자인은 과일이라는 하나의 대상을 특정하여 강조할 수 있어 전달하고자 하는 의미에 간결함을 더할 수 있습니다.

과일주스 포스터 (Fruit juice poster)
디자인의 특징 및 표현법

· 과일의 신선함과 청량감 표현
· 진짜인 듯 가짜 같은 표현법

< Coffee Poster Design >

< Juice Poster Design >

신선도 높은 과즙 주스 포스터 만들기 -2

Production Concept.

신선함, 과즙 표현

Purpose of production.

청량감이 돋보이는 주스 포스터 만들기

Main function.

[Blur Gallery], [Blending Options], [Solid Color], [Gaussian Blur]

Key shortcuts.

Hue/Saturation (색조/채도)
Ctrl + U

Production Stage.

① 과일에 율동감 표현하기
② 추가 요소 배치하고 보정하기
③ 와인 잔 추가 보정하기
④ 추가 요소 배치하고 마무리하기

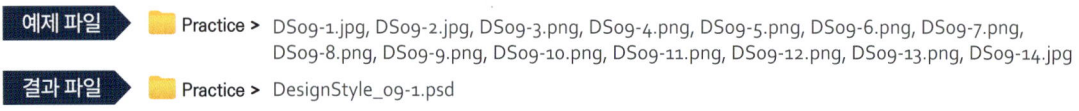

- 창의적이고 개성 있는 작품 완성을 위해 각 실습 단계에 수록된 주요 기능 이외의 추가 표현 기능을 반영해도 좋습니다.

01 과일에 율동감 표현하기

1 'DS09-1.jpg' 파일을 불러와 [Channels]를 이용해 이미지를 추출합니다.

2 [Image] - [Adjustment] - [Hue / Saturation] `Ctrl` + `U` 메뉴를 선택하고 [Colorize]❶ 항목에 체크한 뒤 해당 과일과 어울리는 색상으로 조정해 줍니다.

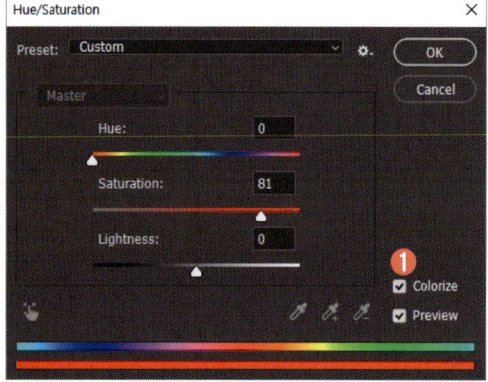

3 DesignStyle 08.에서 완성한 작업 창으로 이동시킨 후 [Transform]을 활용해 회전시켜 딸기 이미지에 배치합니다. 이어서 [Layer Mask]를 적용 하고 [Brush Tool]을 이용해 정리한 후 자연스럽게 합성합니다.

4 'DS09-2.jpg' 파일을 열고 [Channels]를 이용해 이미지를 추출한 후 [Image] – [Adjustments] – [Hue / Saturation] 메뉴를 선택하여 같은 방법으로 색상을 변경합니다.

5 작업 창으로 불러와 배치하고 [Layer Mask]를 선택한 후 [Brush Tool]로 가장 자리를 자연스럽게 정리해 과즙 효과를 추가합니다.

6 같은 방법으로 [Hue/Saturation]과 [Layer Mask]를 활용해 'DS09-3.png' ~ 'DS09-4.png' 파일은 레몬 이미지에, 'DS09-5.png' 파일은 오렌지 이미지에 합성하여 과즙을 연출합니다.

02 추가 요소 배치하고 보정하기

1 'DS09-6.png' 파일을 불러와 [Layer Mask]를 적용하여 자연스럽게 정리합니다. 이어서 새로운 레이어를 만들고 [Clipping Mask]를 적용한 후 [Brush Tool]을 이용해 그림자를 만듭니다.

2 'DS09-7.png' 파일을 불러와 [Layer Mask]를 적용하여 연결 부분을 정리하고 [Hue/Saturation] 메뉴를 활용해 어울리는 색상으로 보정해 봅니다. 이어서 [Layer Style] 아이콘을 클릭하고 [Inner Shadow]를 선택하여 우산 내부에 그림자를 추가합니다.

➕plus 해당 작업은 [Distance : 73px, Size : 73px]로 설정했습니다.

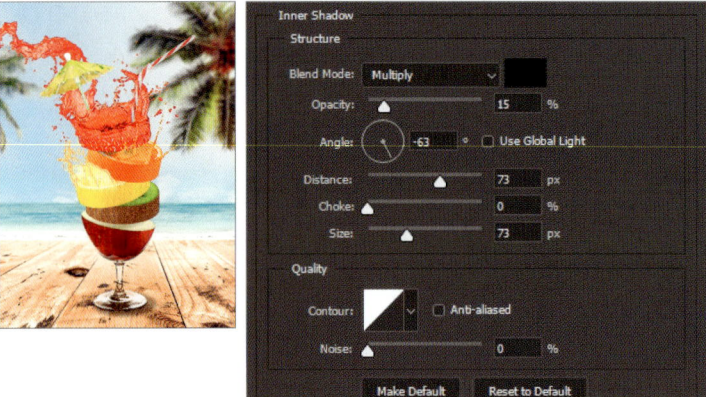

3 지금까지 작업된 과일 잔의 레이어를 그룹 `Ctrl`+`G` 으로 지정합니다.

4 'DS09-8', 'DS09-9', 'DS09-10' 파일을 불러와 해당 파일 주변에 배치합니다.

5 'DS09-11.png', 'DS09-12.png' 파일에서 원하는 물방울 모양을 선택해 가져온 뒤 블렌딩 모드를 'Multiply'로 지정해 과일에 물방울을 연출합니다.

6 새로운 레이어를 만들고 과일 컵 레이어 아래에 배치합니다.
색상을 흰색으로 지정하고 [Gradient Tool]로 빛이 퍼지는 형태의 배경을 만든 후 [Opacity]를 이용해 불투명도를 조정합니다.

03 리본 만들기

1 'DS09-13.png' 파일을 열고 [Pen Tool]을 선택한 후 [Shape Mode]를 적용해 리본을 따라 그려줍니다.

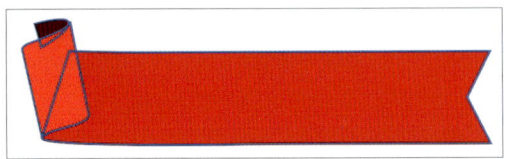

2 [ribbon 1] 레이어를 선택한 뒤 [Layer Style]을 클릭하고 [Gradient Overlay]를 선택하여 [Angle : 0˚, Scale : 100%]로 설정합니다.

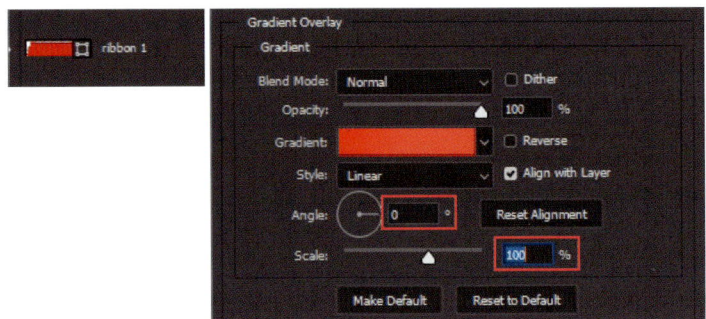

3 [Gradient Editor]에서 색상 값을 〈#d80000〉❶, 〈#ff1212〉❷, 〈#ec0000〉❸으로 입력한 뒤 사진과 같이 위치를 조절합니다.

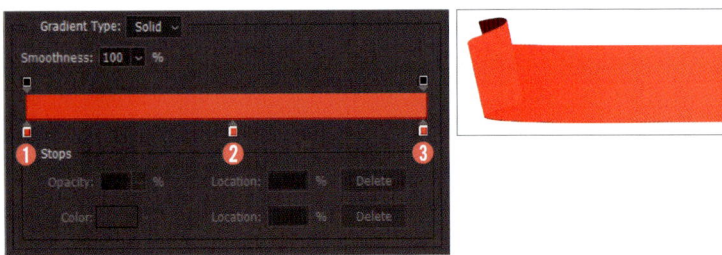

4 [ribbon 2] 레이어를 선택한 뒤 [Layer Style]을 클릭하고 [Gradient Overlay]를 선택하여 [Angle : 14˚, Scale : 78%]로 설정합니다.

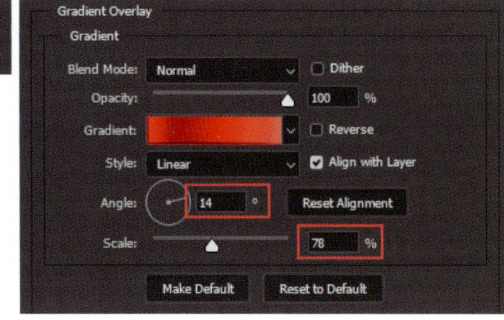

5 [Gradient Editor]에서 색상 값을 〈#f00000〉❶, 〈#ac0000〉❷, 〈#ff0000〉❸, 〈#ff5454〉❹으로 입력한 뒤 사진과 같이 위치를 조절합니다.

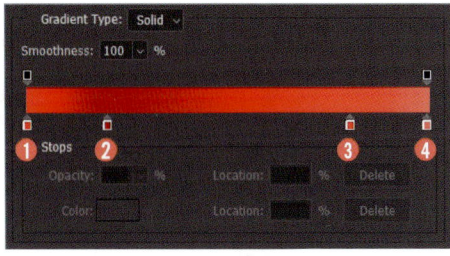

6 [ribbon 3] 레이어를 선택한 뒤 [Layer Style]을 클릭하고 [Gradient Overlay]을 선택하여 [Angle : 14˚, Scale : 78%]로 설정합니다.

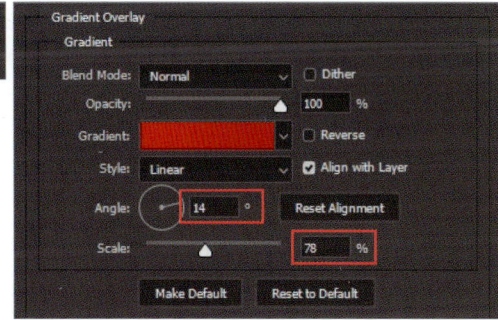

7 [Gradient Editor]에서 색상 값을 〈#b90000〉❶, 〈#ac0000〉❷으로 입력한 뒤 사진과 같이 위치를 조절합니다.

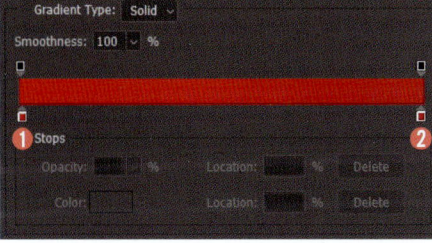

8 사진에 해당하는 위치에 [Pen Tool]을 활용해 패스 영역을 그려준 후 Ctrl + Enter 키를 눌러 선택 영역으로 전환합니다.

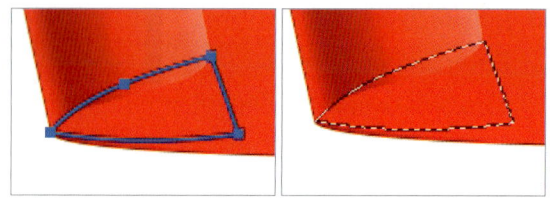

9 새로운 레이어를 만들고 [Gradient Tool]을 활용해 그림자 영역을 그립니다. 이어서 [Eraser Tool]을 이용해 그림자 가장자리를 정리합니다.

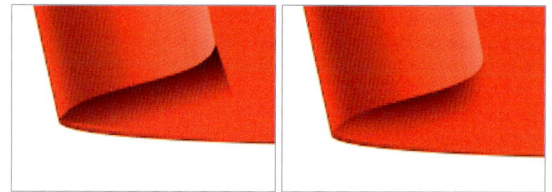

10 사진에 해당하는 위치에 [Pen Tool]을 활용해 패스 영역을 그려준 후 Ctrl + Enter 키를 눌러 선택 영역으로 전환합니다.

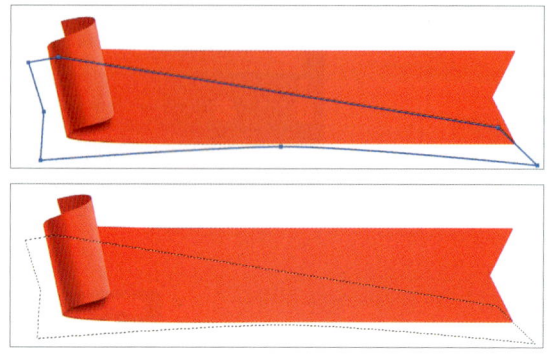

11 새로운 레이어를 만들고 검은색으로 채운 후 [Filter] - [Blur] - [Gaussian Blur]메뉴를 선택해 [Radius : 32px]로 설정합니다.

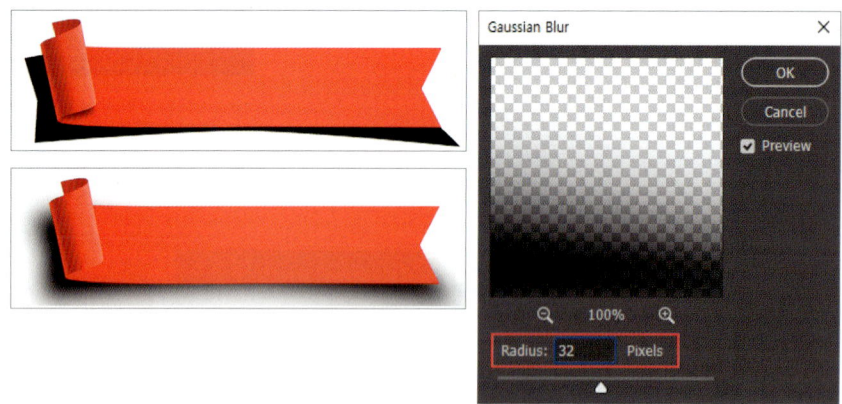

12 그림자 레이어를 선택하고 [Hue/Saturation] `Ctrl` + `U` 을 적용해 [Colorize]를 체크한 뒤 [Saturation : 80, Lightness : +25]로 설정하여 그림자 색상을 보정합니다.

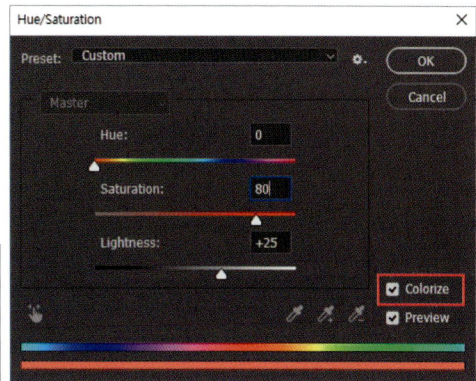

13 레이어의 [Opacity]를 '40%'로 지정합니다.

14 모든 레이어를 새로운 레이어로 병합 `Ctrl` + `Alt` + `Shift` + `E` 합니다.

04 추가 요소 배치하고 마무리하기

1 'DS09-14.jpg' 파일을 불러와 블렌딩 모드를 'Multiply'로 지정한 후 [Layer Mask]를 적용해 가운데 부분을 지워내고 가장자리에만 물방울 효과를 남겨줍니다.

2 완성된 작업물에 만들어 놓은 리본 이미지를 가져와 배치한 뒤 [Type Tool]을 이용해 문구를 작성하고 과일 주스 광고 포스터를 완성합니다.

➕plus 해당 폰트는 자유롭게 사용합니다. 현재 사용한 폰트는 [Parisienne-Regular.ttf]입니다.

3 색감을 보정하기 위해 [Adjustment] 레이어에서 [Color Lookup]을 선택한 후 [3DLUT File : 3Strip.look]❶을 선택합니다.

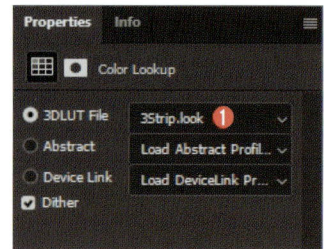

WORKING -LEVEL
꼭 살펴보아야 할

아웃포커싱

아웃포커싱은 사진을 찍을 때 심도의 정도에 따라 이미지를 흐리게 처리하는 방식으로 먼 곳의 배경을 흐리게 만들어 대상을 집중하게 하는 효과를 가져옵니다. 과거에는 DSLR의 렌즈에 따른 효과를 기대할 수 있었지만, 현재는 스마트폰으로도 충분히 느낌을 만들어 낼 수 있습니다. 일반 사진도 포토샵에서 '아웃포커싱'이라는 블러 처리를 해주면 고급스러운 느낌의 사진을 만들 수 있습니다.

닷지 툴, 번 툴

[Dodge Tool]과 [Burn Tool]은 사진을 보정할 때 자주 사용되는 툴 중 하나입니다. 하지만 효과가 강한 편에 속해 자칫 과하게 사용할 시 이미지가 자연스럽지 못한 느낌이 들 수 있습니다. 이런 느낌의 이미지를 의도적으로 만드는 경우도 있지만, 대부분은 자연스러운 보정을 원하기 때문에 회색 레이어를 활용하거나 강도를 낮추어 사용하는 것이 좋습니다.

기능 다시 한번 익히기   예제파일 Exercise > DS09-E1.jpg, DS09-E2.jpg, DS09-E3.jpg, DS09-E4.png, DS09-E5.jpg, DS09-E6.jpg, DS09-E7.png, DS09-E8.jpg, DS09-E9.png, DS09-E10.png, DS09-E11.png

Exercise

Design Style 08~09.에서 학습한 아웃포커싱 기능을 활용해 상품을 부각시키는 새로운 포스터를 만들어 봅니다.

'DS09-E1.jpg' 파일을 열고 이미지의 상단 부분을 선택한 후 분리 Ctrl + Shift + J 합니다. 'DS09-E2.jpg' 파일을 불러와 오렌지의 단면을 연출합니다.

'DS09-E3.jpg' 파일을 열고 만들어진 오렌지 이미지와 'DS09-E4.png' 파일을 배치하고 [Gradient Tool]로 그림자를 만듭니다.

'DS09-E5.jpg', 'DS09-E6.jpg', 'DS09-E7.png' 파일을 불러와 자연스럽게 합성합니다. [Adjustment Layer]와 [Dodge Tool], [Burn Tool]을 활용해 오렌지와 오렌지 주스의 색상 및 명도를 보정합니다.

'DS09-E8.jpg' 파일을 열고 이미지를 추출한 후 배치합니다. 이어서 [Adjustment – Hue/Saturation]을 이용해 색상을 보정하고 [Gradient Tool]로 오렌지 뒤쪽으로 흰색의 빛 번짐을 만듭니다.

'DS09-E9.png' 파일을 불러와 오렌지와 주스 잔에 물방울을 표현합니다.

+ plus 색상이 마음에 들지 않는다면 [Hue/Saturation]을 이용해 색상을 보정합니다. [Adjustment Layer]의 [Curves]와 [Color Lookup]을 이용해 전체 색감 및 명도를 보정합니다.

'DS09-E10.png' 파일을 불러와 [Layer Mask]를 적용해 자연스럽게 정리합니다. 이어서 'DS09-E11.png' 파일을 배치하고 문구를 작성해 완성합니다.

결과 파일 Exercise > DesignStyle_09-2.psd

Design Style 10.

Water Bulb

전구 속 수중 세상 만들기

Skill Point

물속 세상을 표현하기 위해 어울리는 다양한 요소들을 검색해 보고 빛을 연출하는 방법을 알아봅니다.

Keyword

Manipulation # Water
Lighting # Dark
YouTube keyword : Blub in Water

디자인의 개념 및 효과

합성은 **현실에 존재하지 않는 환경을 자주 표현**하게 되며 이는 존재하지 않는 무엇이든 만들어낼 수 있다는 것으로 상상력과 재미를 자**유롭게 표현**할 수 있도록 해줍니다. 특히 물속에 대한 궁금증은 사람들로 하여금 호기심을 불러일으키기 충분하기에 다양한 물속 세상에 대한 작품이 존재합니다.

전구 속 수중 세상(Water Bulb)
디자인의 특징 및 표현법

· 호기심을 유발하는 소재
· 직접 볼 수 없는 세계에 대한 신비감

< Water Bulb >

< Water Bulb >

전구 속 수중 세상 만들기

Water Bulb

Production Concept.

상상으로 그려낸 세상

Purpose of production.

합성을 통해 신비한 세상 만들기

Production Stage.

① 배경 준비하기
② 전구 이미지 보정하기
③ 전구 속 물 채우기
④ 물 속 요소 배치하기
⑤ 빛 효과 연출하기
⑥ 수면에 그림자 만들기
⑦ 추가 요소 배치하고 보정하기

Main function.

[Layer Mask], [Brush], [Blend], [Displace], [Adjustment]

Key shortcuts.

Layer Via Copy (레이어 복제)
`Ctrl` + `J`

레이어 병합
`Ctrl` + `E`

예제 파일 📁 Practice > DS10-1.jpg, DS10-2.jpg, DS10-3.jpg, DS10-4.jpg, DS10-5.jpg, DS10-6.jpg, DS10-7.jpg, DS10-8.jpg, DS10-9.jpg, DS10-10.jpg, DS10-11.jpg, DS10-12.jpg, DS10-13.jpg, DS10-14.png, DS10-15.jpg, DS10-16.jpg

결과 파일 📁 Practice > DesignStyle_10-1.psd

● 창의적이고 개성 있는 작품 완성을 위해 각 실습 단계에 수록된 주요 기능 이외의 추가 표현 기능을 반영해도 좋습니다.

01 배경 준비하기

1 [File] –[New] 메뉴를 클릭하여 [Print]를 선택한 후 A4사이즈의 새로운 작업 화면을 만듭니다.

2 배경 레이어를 검은색 〈#000000〉으로 채웁니다.

3 새로운 레이어를 만들고 [Gradient Tool]을 선택한 후 색상을 〈#2d2e38〉으로 설정하고 그레이디언트를 적용합니다.

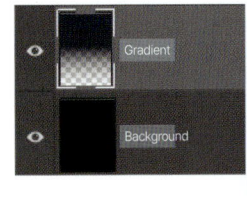

4 'DS10-1.jpg' 파일을 작업 화면으로 불러온 뒤 [Layer Mask]를 이용해 주변을 정리합니다.

5 'DS10-2.jpg' 파일을 불러와 [Edit] - [Transform] – [Perspective] 메뉴를 선택하여 마름모 모양으로 변형합니다.

6 레이어를 복제 Ctrl + J 하고 [Transform] – [Flip Horizontal]을 적용해 대칭으로 배치합니다.

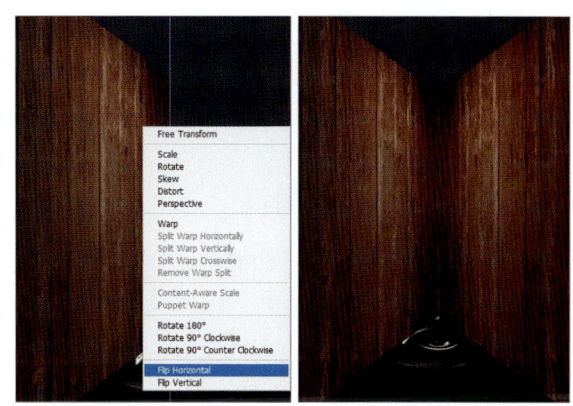

7 만들어진 나무 레이어를 그룹 Ctrl + G 으로 지정한 후 [Layer Mask]를 적용해 자연스럽게 정리합니다.

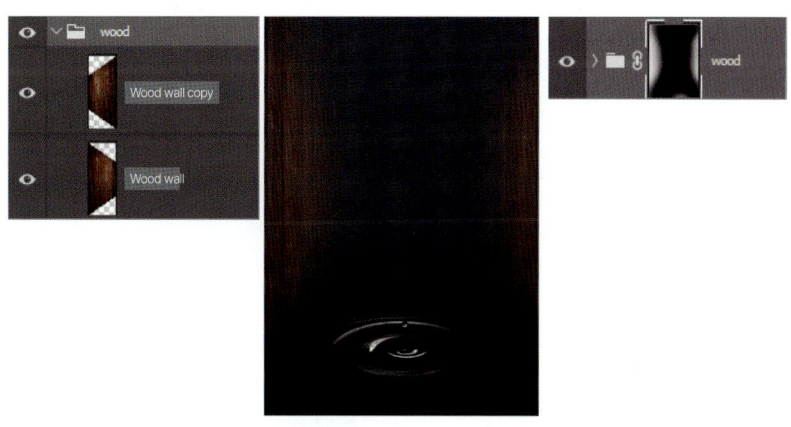

8 레이어 패널에서 [Adjustment Layer] 아이콘을 클릭하여 [Hue/Saturation]을 선택하고 나무 그룹에 [Clipping Mask]를 적용합니다. 이어서 배경과 어울리도록 속성 값을 조절합니다.

➕plus 해당 작업은 [Saturation : -49, Lightness : -20]으로 설정했습니다.

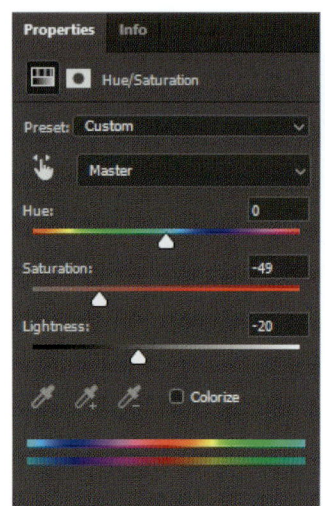 

02 전구 이미지 보정하기

1 'DS10-3.jpg' 파일을 열고 전구 이미지를 추출한 후 기존 작업 창에 배치합니다.

2 [Layer Mask]를 적용한 후 전구의 필라멘트 부분을 지웁니다. 이어서 [Layer Style] 아이콘을 클릭하고 [Blending Options]를 선택하여 항목의 슬라이드를 그림과 같이 조절합니다.

➕plus 해당 작업은 [This Layer : 37/147]로 설정했습니다.

3 전구 레이어를 복제 Ctrl+J 하고 [Layer Style] 아이콘을 클릭한 후 [Blending Options]를 선택하여 항목의 슬라이더를 아래 그림과 같이 수정합니다.

+plus 해당 작업은 [This Layer : 151/207]로 설정했습니다.

4 새로운 레이어를 만들고 전구 레이어에 [Clipping Mask]를 적용합니다. 이어서 [Brush Tool]로 그림자를 그립니다.

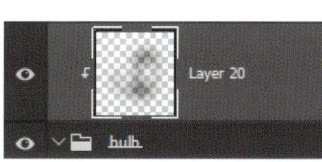

5 부족한 명암을 보정하기 위해 [Adjustment Layer] 아이콘을 클릭하여 [Curves]를 선택하고 그래프를 조정합니다.

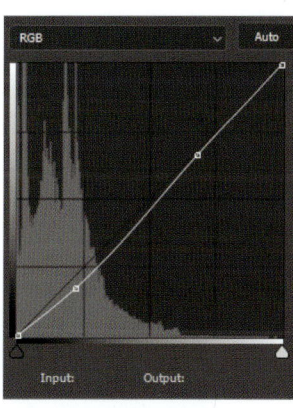

03 전구 속 물 채우기

1 'DS10-4.jpg' 파일을 불러와 전구 레이어 위에 배치합니다. 이어서 [Layer Mask]를 적용하여 전구 바깥 부분을 지웁니다.

2 'DS10-5.jpg' 파일을 불러와 [Marquee Tool]로 물 위쪽을 선택합니다. 이어서 선택된 이미지를 전구 안으로 이동하고 [Transform] - [Warp]을 이용해 왜곡합니다.

3 물 레이어에 [Layer Mask]를 적용한 후 가장자리를 정리합니다.

4 수면 레이어를 선택하고 [Hue/Saturation] 메뉴에서 [Colorize] 항목을 체크한 뒤 [Hue : +193, Saturation : +63, Lightness : -4]로 설정합니다.

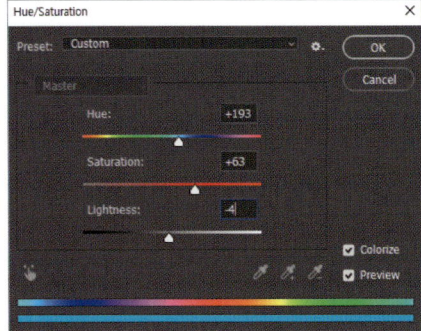 

5 'DS10-6.jpg' 파일을 불러와 수면 경계선에 배치하고 블렌딩 모드를 'Multiply'로 지정합니다. 이어서 [Transform] - [Warp]을 이용해 변형하고 [Layer Mask]를 적용해 가장자리를 정리합니다.

04 물 속 요소 배치하기

1 'DS10-7.jpg' 파일을 불러와 전구 위에 배치하고 블렌딩 모드를 'Soft Light'로 지정합니다. 이어서 [Layer Mask]를 적용하여 물속과 자연스럽게 어우러지도록 연출합니다.

2 'DS10-8.jpg' 파일을 불러와 전구 위에 배치하고 블렌딩 모드를 'Hard Light'로 지정한 후 [Layer Mask]를 적용해 자연스럽게 합성합니다. 이어서 'DS10-9.jpg' 파일을 불러와 전구 위에 배치하고 [Layer Mask]를 적용해 자연스럽게 정리하여 물 속 요소들을 배치합니다.

05 빛 효과 연출하기

1 'DS10-10.jpg' 파일을 불러와 전구 위에 배치하고 [Layer Mask]를 적용해 밤 하늘 풍경을 연출합니다.

2 'DS10-11.jpg' 파일을 불러와 수면 위쪽에 배치하고 'DS10-12.jpg' 파일을 불러와 수면 아래 배치한 후 블렌딩 모드를 'Screen' 으로 모두 지정합니다. 이어서 [Layer Mask] 를 적용해 자연스럽게 수면 위, 아래에 빛을 표현합니다.

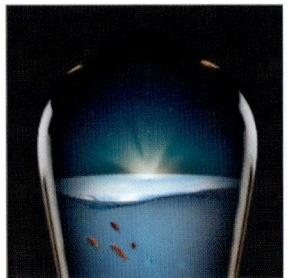 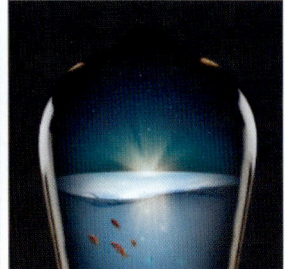

3 'DS10-13.jpg' 파일을 불러와 수면 중앙에 배치하고 블렌딩 모드를 'Screen'으로 지정합니다. 밝은 표현의 효과가 미비할 경우 [Adjustment Layer] - [Levels]을 적용해 추가 보정합니다.

4 'DS10-14.png' 파일을 불러와 수면 위에 배치하고 바다색과 어울리도록 [Hue/Saturation]에서 [Hue : +160, Saturation : +48, Lightness : -25]로 설정합니다.

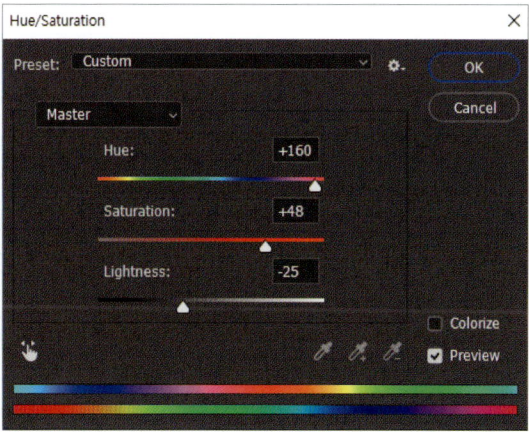

5 새로운 레이어를 만들어 전구 레이어 아래 배치하고 [Gradient Tool]을 이용해 전구 주변에 어두운 색 〈#4a77a2〉의 빛 번짐 효과를 만듭니다. 이어서 블렌딩 모드를 'Screen'으로 지정하고 [Opacity]를 '35%'로 적용합니다.

6 새로운 레이어를 만들고 밝은 색으로 [Gradient]를 적용한 후 블렌딩 모드를 'Color Dodge'로 지정하여 빛 번짐 효과를 돋보이게 연출합니다.

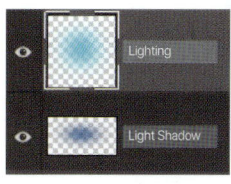

06 수면에 그림자 만들기

1 지금까지 작업한 레이어 중 하단의 파문과 검은 배경을 제외한 나머지 레이어의 눈 아이콘을 모두 꺼줍니다.
 이어서 'water_drop_displace_01.psd' 파일로 저장합니다.

   ✚plus [Displace]는 흰색과 검은색의 영역을 인식하기 때문에 효과가 부족하면 [Levels]를 이용해 명도 차이를 만듭니다.

2 전체 레이어의 눈 아이콘을 켜고 아래 그림과 같이 [Bulb] 레이어를 선택한 뒤 레이어를 복제 Ctrl+J 하고 병합 Ctrl+E 합니다.

   ✚plus 병합할 때 [Blend]가 포함된 레이어가 있으면 [Blend] 효과가 해제되어 합쳐질 수 있으므로 주의합니다.

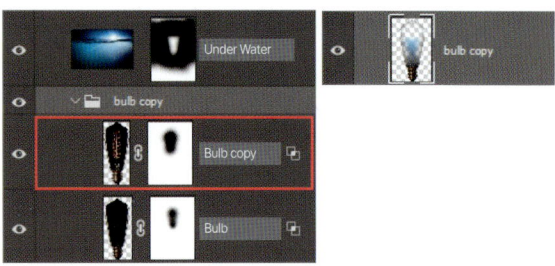

3 만든 전구 레이어를 [Transform] - [Flip Vertical] 을 선택해 상하를 반전한 후 물결 위에 배치합니다. 이어서 레이어에서 마우스 오른쪽 버튼을 클릭하여 [Convert to Smart Object]를 적용합니다.

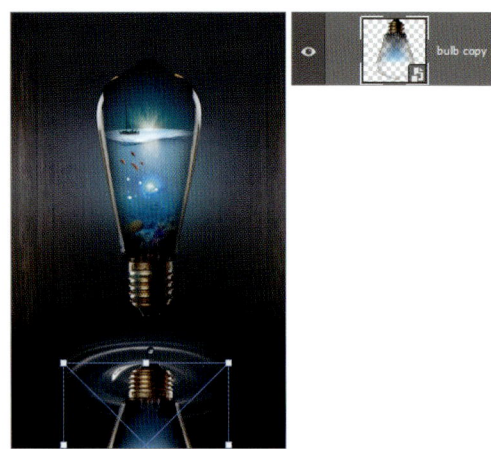

4 전구 레이어가 선택된 상태에서 [Filter] – [Distort] – [Displace] 메뉴를 선택하고 [OK]를 눌러 저장해 놓은 물결 모양의 'water_drop_displace_01.psd' 파일을 불러옵니다.

➕plus 해당 작업은 [Displace] - [Horizontal Scale : 15, Vertical Scale : 15]로 설정했습니다.

➕plus 설정값을 변경하려면 해당 레이어에 적용되어 있는 정보를 더블클릭하여 수정할 수 있습니다.

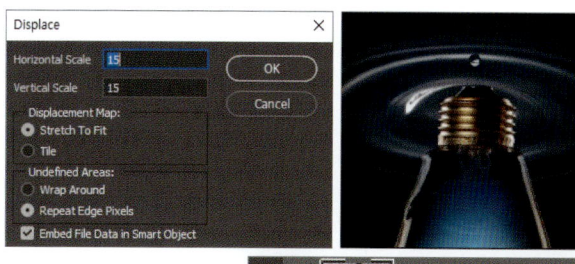

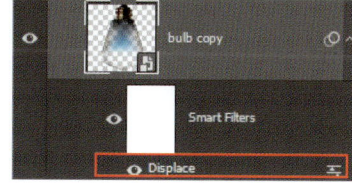

ESSENTIAL THEORY — Displace

[Displace]는 사진상에서 왜곡된 부분에 다른 이미지를 자연스럽게 합성할 수 있도록 도와줍니다. 또한 이미지를 지정하면 해당 이미지의 재질을 반영할 수 있습니다.

Displace 특징

✓ 합성될 때의 좌표값을 고정값으로 잡기 때문에 PSD 파일 생성 시 원하는 위치에 배치를 한 상태에서 저장을 해야합니다.

✓ 왜곡의 정도를 수치 작업을 통해 적용할 수 있습니다. 이때 수치를 지속해서 변경하려면 [Smart Object]를 적용한 상태에서 활용해보는 것이 좋습니다.

5 [Layer Mask]를 적용해 일부분을 지워 자연스러운 그림자로 만듭니다.

07 추가 요소 배치하고 보정하기

1 'DS10-15.jpg' 파일을 불러와 전구 위에 배치한 뒤 [Layer Mask]를 적용해 자연스러운 물방울을 연출합니다.

2 'DS10-11.jpg' 파일을 불러온 뒤 [Transform] – [Warp]를 이용해 전구의 굴곡을 따라 변형해 줍니다. 이어서 블렌딩 모드를 'Soft Light'로 지정하고 [Layer Mask]와 [Opacity]를 활용해 사진이 반사되는 효과를 표현합니다.

3 'DS10-16.jpg' 파일을 불러와 화면 가장자리에 배치한 뒤 [Layer Mask]를 적용해 연기 효과를 자연스럽게 연출합니다.

4 [Adjustment Layer] - [Color Lookup]을 적용한 뒤 [3DLUT File : Crisp_Warm.look]으로 설정합니다. 이어서 [Opacity]를 '40%'로 설정합니다.

➕plus 작업자가 원하는 색감을 얻기 위해 다른 효과를 적용해도 좋습니다.

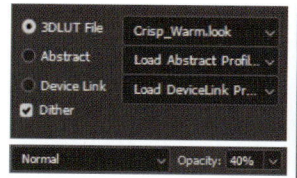

5 [Adjustment Layer] - [Gradient Map]을 선택하여 푸른색 계열의 색을 지정한 뒤 블렌딩 모드를 'Soft Light'로 지정합니다. 이어서 [Opacity]로 불투명도를 조정해 원하는 결과를 얻습니다.

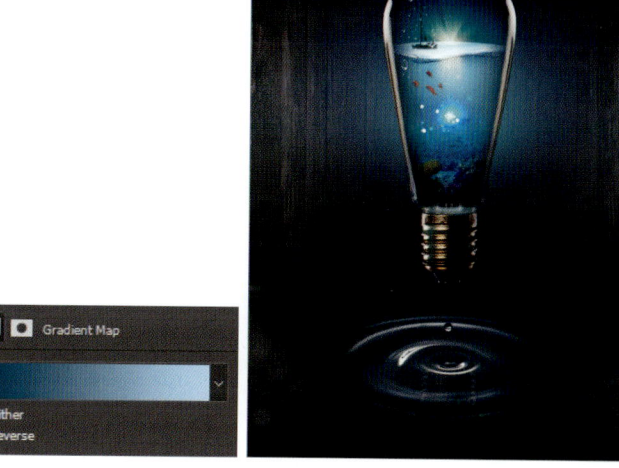

Tip
[Gradient Map]을 이용하면 합성 결과물의 전체 색상 톤을 맞춰줍니다.

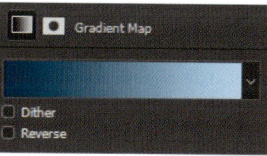

꼭 살펴보아야 할
WORKING-LEVEL

 병 속에 담긴 물 표현

유리병 속에 담긴 물을 표현할 때는 병 이미지를 물 위에 놓고 덮어씌우는 것이 아닌 물 이미지가 유리병 속에 들어가는 느낌으로 작업해 주어야 합니다.

 물 이미지 보정

물 이미지는 [Blend] 사용 시 자연스러운 합성이 가능하지만, 중첩이 많아질수록 색이 튀는 현상이 생기게 됩니다. [Blend]를 계속 이용하는 것보다 [Adjustment]를 이용해서 색을 직접 맞춰 주는 것도 하나의 방법입니다.

기능 다시 한번 익히기   예제파일 Exercise > DS10-E1.jpg, DS10-E2.jpg, DS10-E3.jpg, DS10-E4.jpg, DS10-E5.jpg, DS10-E6.jpg, DS10-E7.jpg, DS10-E8.jpg

Exercise

Design Style 10.에서 학습한 다양한 색감 보정 기능을 이용해 새로운 수중 세상을 디자인해 봅니다.

'DS10-E1.jpg' 파일을 열고 [Adjustment Layer] – [Color Fill]을 이용해 비네팅 효과를 주고 [Opacity]를 조정합니다. 'DS10-E2.jpg' 파일을 불러와 병 속에 물을 채워 줍니다.

'DS10-E3.jpg', 'DS10-E4.jpg' 파일을 불러와 [Transform]으로 수면 위를 변형합니다. 이어서 'DS10-E5.jpg', 'DS10-E6.jpg' 파일을 불러와 물 속과 자연스럽게 합성합니다.

'DS10-E7.jpg' 파일을 불러와 블렌딩 모드를 [Screen]으로 지정합니다.

➕plus 빛 이미지를 합성할 때 이미지의 배경이 검은색이 아니면 원하는 합성 결과물을 얻을 수 없습니다. 이때 [Levels]를 이용해 배경을 검은색으로 처리합니다.

새로운 레이어를 만들고 [Blend]를 이용해 빛이 퍼지는 모습을 만듭니다. [Brush Tool]을 이용해 그려주고 [Gaussian Blur]를 적용합니다. 이어서 'DS10-E8.jpg' 파일에서 갈매기 이미지를 추출한 뒤 [Gaussian Blur]를 적용해 합성합니다.

[Adjustment Layer] - [Curves] / [Color Lookup] / [Gradient Map]을 이용해 전체적으로 색상을 보정하고 마무리합니다.

결과 파일   Exercise > DesignStyle_10-2.psd

Design Style 11.

Retro Style

복고풍을 가미한 레트로 스타일 만들기

Skill Point

'레트로 마케팅' 디자인에 있어서 핵심은 소비자에게 과거의 추억을 되새길 수 있는 감성적인 경험을 제공하는 것입니다.

Keyword

\# Selection # Channel
\# Pattern # Filter # Retro
\# YouTube keyword : Newtro poster photoshop

Before you Design

Retro (레트로)
디자인의 개념 및 효과

'뉴트로'는 '새로움(New)'과 '복고풍(Retro)'의 합성어로 과거의 디자인이 다시 유행을 이끌며 현재 하나의 컨셉으로 자리 잡으면서 새롭게 태어난 신조어입니다. 이런 복고풍의 유행에는 여러 가지 견해가 있지만 현대인들이 쉽게 접할 수 있는 요즘의 디자인 트렌드가 아닌 과거로의 기억과 추억을 현대적으로 재해석하면서 익숙하지만 새로운 디자인을 다시 경험할 수 있기에 소비자들에게 각광을 받고 있습니다. 뉴트로 디자인은 과거의 추억을 회상하거나 익숙한 느낌으로 소비자에게 쉽게 다가가기 위해 사용합니다. 또한 SNS의 카드 뉴스 형태의 광고나 각 커뮤니티에서 재미 요소로 사용되는 경우도 있습니다. "복고는 언제나 다시 돌아온다" 라는 말이 있습니다. 이는 디자인 분야에만 국한된 것이 아니며 가까운 미래에도 다시 유행이 돌아올 수 있기에 뉴트로의 디자인을 알아가야 할 필요가 있습니다.

Retro (레트로)
디자인의 특징 및 표현법

· 채도가 낮은 느낌의 색상 활용
· 2도~3도 내의 색상 사용
· 복고풍 폰트 사용

Designer Gallery

< 영화 '스윙키즈' 포스터 >

출처: http://www.cgv.co.kr

< '서울 1988 올림픽' 포스터 >

출처: https://olympics.com

복고풍을 가미한 레트로 스타일 만들기

Production Concept.

레트로, 빈티지

Purpose of production.

레트로 스타일의 디자인 만들기

Main function.

[Filter], [Channel], [Pattern], [Convert to Smart Object], [Rasterize]

Key shortcuts.

Rulers (눈금자)
`Ctrl` + `R`

Layer Via Copy (레이어 복제)
`Ctrl` + `J`

Production Stage.

① 채널을 이용하여 인물 이미지 추출하기
② 패턴 만들기
③ 다양한 필터 기능으로 그림 느낌 표현하기
④ 인물 이미지에 그림자 효과주기
⑤ 패턴으로 배경 꾸미기
⑥ 채도와 명도를 보정하여 레트로 느낌 추가하기

- 창의적이고 개성 있는 작품 완성을 위해 각 실습 단계에 수록된 주요 기능 이외의 추가 표현 기능을 반영해도 좋습니다.

01 채널을 이용하여 인물 이미지 추출하기

채널(Channel)은 인물 이미지를 배경과 분리하여 추출하기에 적합한 기능이지만 인물 전체를 선택하기보다 머리카락과 같은 세부 이미지를 선택할 때 자주 사용합니다. 인물 이미지의 머리카락과 피부색처럼 동일한 색상이 아닌 경우 머리카락의 선택은 채널을 통해 추출하고 나머지 인물의 일부분은 Pen Tool을 이용해 추출한 뒤 따로 선택되어 생성된 머리카락 레이어와 인물 레이어를 병합해 줍니다.

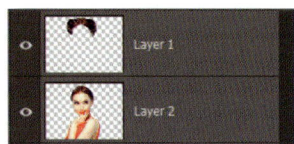

Tip
머리카락은 최대한 가장자리를 잘 다듬어 선택하고 Pen Tool을 이용해 인물을 선택할 때는 머리카락의 경계에 딱 맞춰 작업하기보다 여유를 두고 선택하는 것이 좋습니다.

1 'DS11-1.jpg' 파일을 열고 채널을 이용해 머리카락을 선택하고 [Pen Tool]로 나머지 이미지를 추출한 다음 병합 `Ctrl`+`E` 합니다.

02 패턴 만들기

1 [File] - [New] `Ctrl`+`N` 메뉴를 선택하고 [W : 100px, H : 100px]의 새로운 작업 화면을 만듭니다.

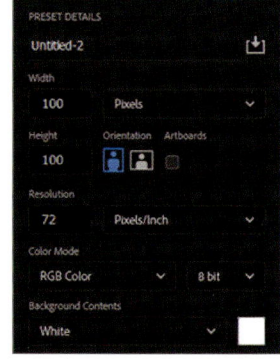

2 [View] - [Rulers] `Ctrl`+`R` 메뉴를 선택하고 중앙에 가로, 세로 가이드를 만듭니다.

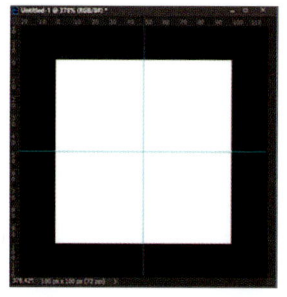

3 [Ellipse Tool]로 중앙과 각 모서리에 원을 그립니다.
이때 가장자리에 배치되는 원은 원의 중심이 모서리 점에 배치되어야 합니다.

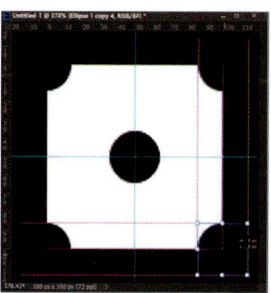

4 [Background] 레이어의 눈 아이콘을 끄고 [Edit] - [Define Pattern] 메뉴를 선택해 패턴으로 등록합니다.

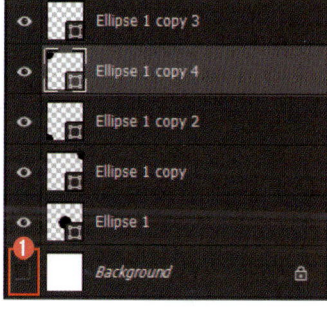

> **Tip**
> 배경 레이어의 눈 아이콘을 끄지 않으면 패턴 적용 후 기존 작업을 덧씌울 수 있어 반드시 끄고 작업합니다.

ESSENTIAL THEORY — **Pattern (패턴)**

[Pattern]은 하나의 그래픽을 원하는 영역에 반복된 형태로 채워 넣을 수 있는 기능입니다. 사용자는 이를 이용해 다양한 무늬나 텍스쳐 등을 제작할 수 있습니다. Pattern을 등록하기 위해서는 이미지를 디자인해야 합니다. 이때 패턴은 사각형의 공간에서 디자인이 되며 이런 사각형의 형태가 반복적으로 이어집니다. 따라서 패턴 디자인 작업시 각 모서리와 각 변의 이어짐을 이해하고 작업하면 결과에 도움이 됩니다.

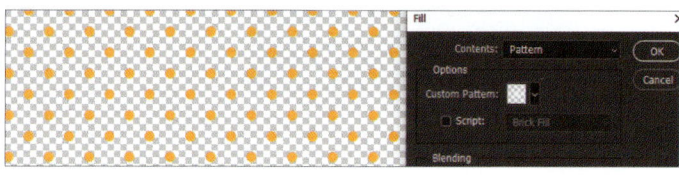

Pattern 등록 방법

- Pattern으로 사용할 디자인을 만듭니다.
- [Edit] - [Define Pattern]으로 패턴을 등록합니다.
- Pattern을 적용시킬 빈 레이어를 만들어 `Shift`+`F5` 키를 이용해 패턴의 효과를 채우거나 [Layer Style]의 [Pattern Overlay]를 이용해 패턴 효과를 적용합니다.

03 다양한 필터 기능으로 그림 느낌 표현하기

1 [File] - [New] 메뉴를 선택하고 [W : 1920px, H : 1080px]의 새로운 작업 화면을 만듭니다.

2 인물 이미지 레이어에서 마우스 오른쪽 버튼을 클릭한 후 [Convert to Smart Object]를 적용합니다.

➕plus 스마트 오브젝트는 레이어 섬네일에 🔲 아이콘이 표시되며 ❶, 이미지의 픽셀 정보 값을 유지해주는 특징이 있어 이미지를 손상시키지 않고 여러 효과를 적용할 수 있습니다.

3 [Image] - [Adjustments] - [Shadows/Highlights] 메뉴를 선택하고 [Shadows/Amount : 24%❶, Highlights/Amount : 29%❷]로 설정합니다.

➕plus [Shadows/Highlights]는 이미지에서 어두운 부분과 밝은 부분의 대비를 잡아주는 기능으로, 주로 역광을 보정할 때 사용합니다. 해당 작업에서는 짙은 이미지로 만들어 사용했으며 다른 이미지를 사용할 경우 직접 수치를 조절해 현재 이미지 결과 수준으로 작업합니다.

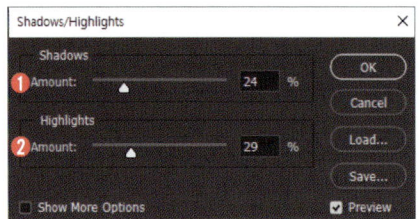

4 [Image] - [Adjustment] - [Brightness/Contrast] 메뉴를 선택하고 [Contrast : 100❶]으로 설정합니다.

➕plus 그림 효과를 강조하기 위해 Contrast(대비) 값을 높게 설정하여 명암 대비를 높입니다.

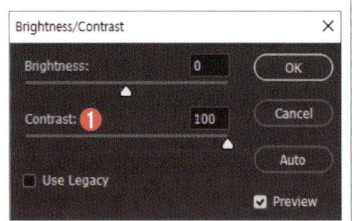

5 [Filter] - [Blur] - [Surface Blur] 메뉴를
   선택하고 [Radius : 65px❶, Threshold :
   15 levels❷]로 설정합니다.

   ➕plus [Surface Blur]는 이미지에서 같은 색상 영역을
   취합해 흐림 처리를 하는 기능으로 피부 보정 시 사용할
   수 있습니다. 유사한 기능으로 [Smart Blur]가 있습니다.
   해당 예제에서는 경계를 흐리게 만들어 그림 효과를 강
   조합니다.

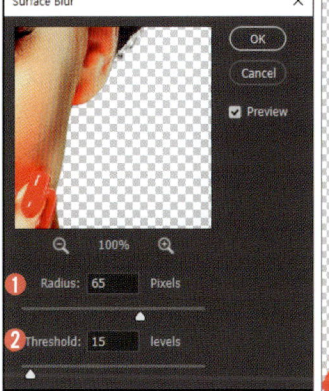

6 [Filter] - [Stylize] - [Oil Paint] 메뉴를
   선택하고 [Stylization : 8.0❶,
   Cleanliness : 0.9❷, Scale : 0.1❸,
   Bristle Detail : 0.0❹]으로 설정한 후
   [Lighting] 체크를 해제합니다.

   ➕plus [Oil Paint]는 이미지 픽셀에 유화 페인트를
   칠한 듯한 느낌을 주는 기능으로 효과가 커서 사이즈
   가 큰 이미지를 사용하는 것이 좋습니다.

7 [Filter] - [Filter Gallery] 메뉴에서 [Artistic] - [Dry Brush]를 선택하고 [Brush Size : 5❶, Brush Detail :
   10❷, Texture : 1❸]로 설정합니다.

   ➕plus [Dry Brush]는 물기를 거의 뺀 붓을 사용
   하는 페인팅 기법으로 이미지를 좀 더 거칠게 뭉
   개줍니다.

8 레이어에 적용된 [Filter Gallery] 효과의 조정 아이콘 ■❶을 더블클릭하여 나타나는 옵션 창에서 [Mode : Soft Light❷, Opacity : 50%❸]로 설정하여 [Dry Brush]의 효과가 자연스럽게 섞이도록 합니다.

9 [Filter] - [Filter Gallery] 메뉴에서 [Artistic] - [Cutout]를 선택하고 [Number of Levels : 4❶, Edge Simplicity : 2❷, Edge Fidelity : 1❸]로 설정합니다.

➕plus [Cutout]는 이미지의 경계를 평면화 시키며 명확하게 나누어주는 기능입니다. 사진에 그림과 같은 효과를 주고자 할 때 자주 사용하며 웹툰에서 사진 배경을 그림처럼 만들 때 사용하기도 합니다.

10 [Image] - [Adjustments] - [Shadows/Highlights] 메뉴를 선택하고 [Show More Options❶]을 체크한 후 수치를 다양하게 입력해 보면서 취향에 맞는 색감을 찾아봅니다.

11 [Filter] - [Blur] - [Surface Blur] 메뉴를 선택하고 [Radius : 24px❶, Threshold : 2 levels❷]로 설정하여 거칠어진 경계를 부드럽게 처리합니다.

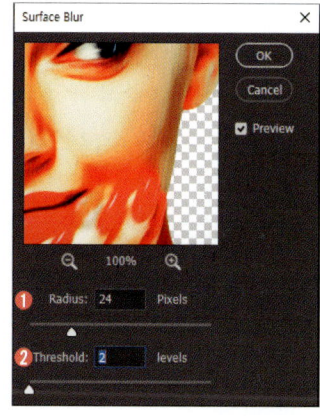

12 [Filter] - [Sharpen] - [Unsharp Mask] 메뉴를 선택하고 [Amount : 171%❶, Radius : 2.6px❷, Threshold : 4 levels❸]로 설정하여 경계를 다시 명확하게 주어 그림 같은 효과를 더합니다.

➕plus 반복적인 경계 처리는 사진 이미지를 점차 그림처럼 보이도록 해주는 과정입니다. 필요에 따라서 단계를 줄여도 됩니다.

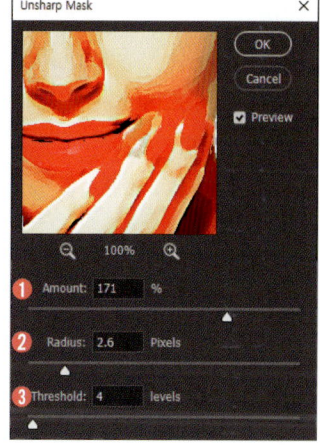

ESSENTIAL THEORY   Filter (필터)

Filter는 이미지를 다양한 형태로 보정해 주는 기능으로 미리보기가 제공되어 결과물을 바로 확인할 수 있습니다. 포토샵은 다양한 필터 기능을 지원하는데, 대표적으로 필터 갤러리, 픽셀 유동화, 선명·흐림 효과, 렌즈 플레어, 뉴럴 필터가 있습니다.

➕plus 포토샵에서 대부분의 필터는 RGB 컬러 모드에서만 사용이 가능합니다. RGB 색상 모드를 변경하려면 [Image] - [Mode] - [RGB Color] 메뉴를 선택합니다.

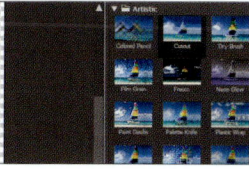

04 인물 이미지에 그림자 효과주기

1 인물 레이어를 복제 Ctrl + J ❶하고 복사된 레이어에서 마우스 오른쪽 버튼을 눌러 [Rasterize Layer❷]를 선택해 일반 레이어로 변환합니다.

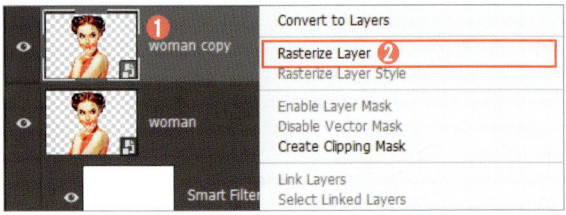

➕plus [Smart Object]는 원본을 보호하기 때문에 직접적인 효과를 줄 수 없습니다. 효과를 직접 적용해야 하는 경우 [Rasterize]를 이용해 일반 이미지화 시켜준 후 활용하는 것이 좋습니다.

2 Rasterize를 적용한 인물 레이어를 선택한 후 [Filter] - [Filter Gallery] 메뉴에서 [Sketch] - [Graphic Pen]을 선택하고 [Stroke Length : 9❶, Light/Dark Balance : 34❷, Stroke Direction : Right Diagonal❸]로 설정합니다.

➕plus [Graphic Pen]의 효과는 전경색을 기반으로 색이 정해집니다. 원하는 색상이 나오지 않는다면 전경색의 색상을 변경한 후 재적용해 봅니다.

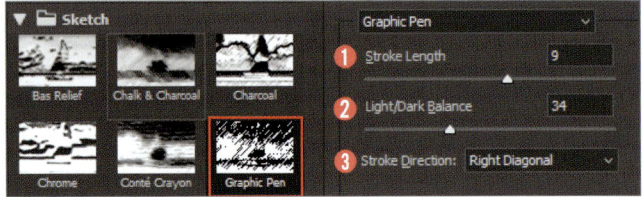

3 [Graphic Pen]이 적용된 인물 레이어를 선택한 후 레이어 블렌딩 모드를 'Multiply'❶로 지정하고 Opacity를 '50%'❷로 설정해 스케치 효과를 강조합니다.

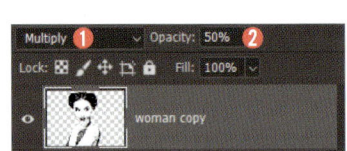

4 작업된 레이어를 복제 Ctrl + J 한 후 레이어 블렌딩 모드를 'Normal'❶로 지정하고 Opacity를 '100%'❷로 설정합니다. 이어서 [Layer Style] 아이콘을 클릭하고 [Color Overlay]를 선택해 그림자로 사용하고 싶은 색상❸을 적용합니다.

 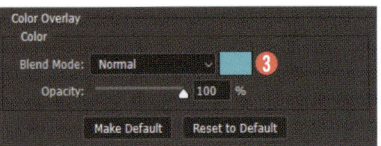

5 작업된 그림자 레이어를 인물 레이어 아래에 배치한 뒤 작업 화면의 적절한 위치에 그림자를 배치합니다.

   ✚plus 같은 방법으로 그림자를 만든 후 검은색으로 지정하고 변형한 후 [Layer Mask]를 활용해 일정 부분을 지워내면 다른 형태의 그림자도 만들 수 있습니다.

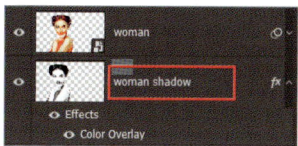

05 패턴으로 배경 꾸미기

1 새로운 레이어를 만들고 가장 하위에 위치시킨 후 흰색으로 배경을 채웁니다.

2 새로운 레이어를 만든 후 [Edit] – [Fill] 메뉴를 선택하고 [Contents : Pattern, Custom Pattern : 앞에서 등록한 패턴❶]으로 설정합니다.

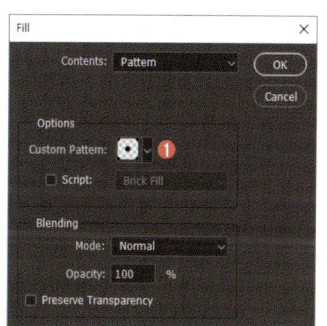

3 패턴 레이어에서 [Layer Style] 아이콘을 클릭하고 [Color Overlay]를 선택해 원하는 색상을 적용합니다.

4 패턴 레이어 상위에 새로운 레이어를 만들고 배경 색상보다 밝은 색상을 지정한 후 [Gradient Tool]로 인물 주변을 밝게 표현합니다.

5 [Shape Tool]로 문자를 입력하기 위한 영역을
만듭니다. 교차 편집하여 색상을 다르게 주거나
선의 형태를 만드는 등의 작업으로 재미있는
작품을 만들 수 있습니다.

6 [Type Tool]로 문자를 입력하고 서체와 폰트
사이즈를 변경합니다.

> **Tip**
> 레트로 관련 폰트는 'Retro' 또는 'Vintage'로 검색하여 사용하면
> 더 어울리는 결과물을 만들 수 있습니다.

06 채도와 명도를 보정하여 레트로 느낌 추가하기

1 레이어 최상위에 새로운 레이어를 만듭니다. 이어서 레이어 패널
에서 [Adjustment Layer] 아이콘을 클릭한 후 [Vibrance]를 선택
하여 나타나는 옵션 창에서 [Vibrance : -34]로 설정해 채도를
낮춰 빈티지한 느낌으로 만듭니다.

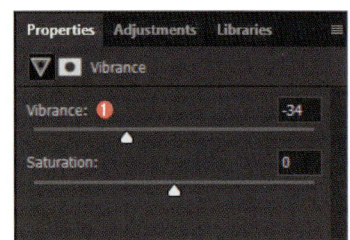

➕plus [Adjustment] 기능은 메뉴 또는 레이어 패널에서 적용할 수 있습니다. 메뉴
를 통해 적용할 경우 해당 레이어에 직접적인 영향을 주며, 레이어 패널의 아이콘을 통
해 적용할 경우 수정 및 이동, 삭제 등의 편집이 가능합니다. 작업 상황에 맞게 사용하
는 것이 좋습니다.

2 레이어 패널에서 [Adjustment Layer] 아이콘을 클릭하고 [Curves]를
선택하여 나타나는 옵션 창에서 원하는 수준의 명도로 보정합니다.

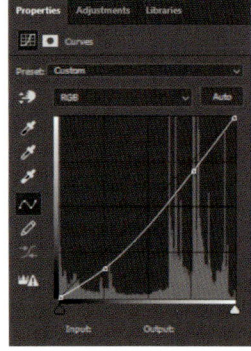

3 텍스쳐 이미지나 추가하고 싶은 소스 이미지를 활용해 작업물을 완성합니다. 이때, 텍스처나 추가 이미지는 레이어 블렌딩 모드를 통해 합성하면 자연스러운 결과물을 만들 수 있습니다.

+plus 해당 작업은 'DS11-2.jpg', 'DS11-3.jpg' 파일을 사용해 마무리 했습니다.

설정값

사진이 가지고 있는 특성상 각기 다른 사진에서 리뷰 또는 튜토리얼에 제시된 수치를 동일하게 적용했을 때 결과물은 서로 다를 수 있습니다. 그러므로 퀄리티 높은 결과물을 얻기 위해 다양한 사진을 가지고 수치를 다르게 입력하며 결과물을 확인하는 연습을 해봅니다.

레트로 스타일 색 배합

레트로풍의 이미지는 빨강, 파랑, 노랑, 녹색, 남색 등과 같은 원색이 대표적으로 사용됩니다. 이러한 원색은 단순 자극적인 색으로 비춰질 수 있어 색 배합에 신경을 써야 하며 이를 좀 더 쉽게 활용하려면 두 가지 정도의 색상만 활용해 보는 것이 좋은 방법일 수 있습니다.

인물 추출

인물 사진은 편집에서 자주 사용하는 요소입니다. 따라서 인물을 제대로 선택해 추출할 수 있어야 다양한 활용이 가능합니다. 머리카락과 같이 미세한 이미지를 선택할 때 가장자리에 결과 이미지에 부적합한 픽셀이 추출될 때가 있는데 이를 쉽게 지우려면 마스크를 적용하거나 선택 영역이 지정된 상태에서 [Select and Mask] 기능 내의 옵션 중 [Output Settings - Decontaminate Colors ❶]을 적용한 뒤 수치를 조정하면 깔끔하게 이미지를 추출할 수 있습니다.

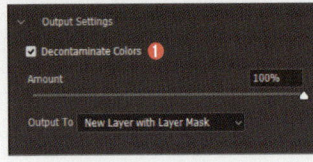  

| 기능 다시 한번 익히기 | 예제 파일 Exercise > DS11-E1.jpg, DS11-E2.jpg, DS11-E3.jpg |

Exercise

Design Style 11.에서 학습한 내용을 이용해 새로운 레트로 스타일을 만들어 봅니다.

∨

[A4] 사이즈의 새로운 작업 화면을 만들고 'DS11-E1.jpg' 파일을 불러와 배치한 후 패턴을 만들어 적용합니다. 이어서 'DS11-E2.jpg' 파일을 열어 이미지를 추출합니다.

추출한 비행기 이미지를 기존 작업 창으로 이동시킵니다.
비행기 레이어에 [Shadows/Highlights - Brightness/Contrast - Surface Blur - Oil Paint - Dry Brush - Cutout - Shadows/Highlights - Surface Blur - Unsharp Mask] 순서로 이미지를 보정해 봅니다.

비행기 레이어를 복제하고 [Rasterize]를 적용한 후 [Hue/Saturation]을 이용해 검은 그림자를 만들고 배치합니다. 비행기 레이어를 복제하고 [Image] – [Adjustments] – [Threshold] 메뉴를 선택한 후 [Blend : Multiply]를 적용합니다.

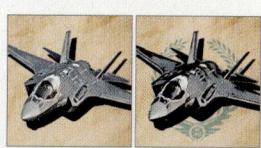

비행기 레이어를 복제하고 [Rasterize]를 적용한 후 [Filter Gallery]의 [Sketch – Graphic Pen]을 선택한 후 [Blend : Multiply]로 적용합니다. 'DS11-E3.jpg' 이미지를 불러와 배치하고 [Blend : Multiply]를 적용한 후 불투명도를 설정합니다.

하단에 [Shape Box]를 만들고 문자와 스탬프를 입력하여 완성합니다.

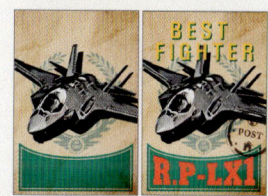

➕plus 폰트에 왜곡을 자연스럽게 주려면 [Rasterize]를 적용해 이미지를 픽셀화한 후 사용하는 것이 좋습니다.

Tip 포토샵에서 Shape 작업이 어렵다면 일러스트레이터에서 작업한 뒤 복사해 오는 것도 방법입니다.

| 결과 파일 Exercise > DesignStyle_11-2.psd |

Design Style 12.

Art Retouching

아트 리터칭

 **Skill Point**

사진으로 그림과 같은 효과를 주는 아트 리터칭 작업은 이미지를 크게 훼손하지 않고 정교한 부분의 작업을 포함해 리터칭 시작을 위한 이미지를 분석해 봅니다.

 Keyword

Smudge **#** Brush **#** Filter **#** Drawing
YouTube keyword : Smudge Retouching

Before you Design

아트 리터칭 (Art Retouching)
디자인의 개념 및 효과

사진을 마치 사람이 붓으로 그린 듯한 수채화 느낌으로 연출하고 때로는 연필로 스케치한 느낌으로, 유화 물감을 사용한 듯한 느낌으로 연출하는 작업을 아트 리터칭이라고 합니다. 사람이 직접 그림을 그리고 색을 입히기까지는 많은 노력과 시간이 필요합니다. 포토샵은 다양한 기능과 브러시터칭을 이용해 사진을 쉽고 빠르게 그림처럼 만들어 낼 수 있습니다.

아트 리터칭 (Art Retouching)
디자인의 특징 및 표현법

· 다양한 브러시 터칭
· 필터 효과를 활용한 이미지 꾸미기

 Designer Gallery

< Art Retouching >

아트 리터칭

Art Retouching

Production Concept.
리터칭

Purpose of production.
사진을 그림처럼 리터칭하기

Main function.
[Filter], [Smudge], [Blur], [Blend], [Brush]

Key shortcuts.
New Layer (새 레이어 옵션 창)
Ctrl + Shift + N
Levels (레벨)
Ctrl + L

Production Stage.
① 인물 사진 준비하고 기본 보정하기
② 피부 리터칭 하기
③ 얼굴 윤곽 라인 만들기
④ 이목구비 보정하기
⑤ 머리카락에 그림 효과 연출하기
⑥ 추가 보정하고 마무리하기

- 창의적이고 개성 있는 작품 완성을 위해 각 실습 단계에 수록된 주요 기능 이외의 추가 표현 기능을 반영해도 좋습니다.

01 인물 사진 준비하고 기본 보정하기

1 'DS12-1.jpg' 파일을 열어 인물 사진을 불러온 뒤 레이어를 복제 Ctrl + J 합니다.

Tip
인물 보정 작업을 할 때는 원본 사진을 미리 복사해 놓는 것이 좋습니다.

2 복사된 이미지에 [Image] - [Adjustments] - [Levels] Ctrl + L 메뉴를 선택하여 명도를 보정합니다.

 plus 명도 대비를 높여주면 좀 더 입체적인 그림처럼 만들어 낼 수 있습니다.

 plus 해당 작업은 [Input Levels : 21, 1.02, 234]를 설정했습니다.

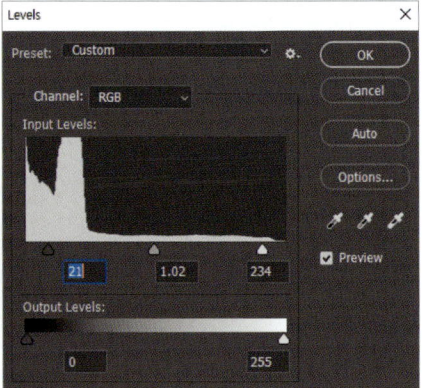

3 [Filter] - [Noise] - [Add Noise] 메뉴를 선택하고 [Amount : 4%]로 설정합니다.

 plus Add Noise는 수치를 높게 설정한다고 효과가 좋은 것은 아닙니다. 좋은 효과를 얻으려면 원본 사진의 크기가 너무 크지 않은 것이 좋습니다. 보통 1000px 대의 크기를 사용합니다.

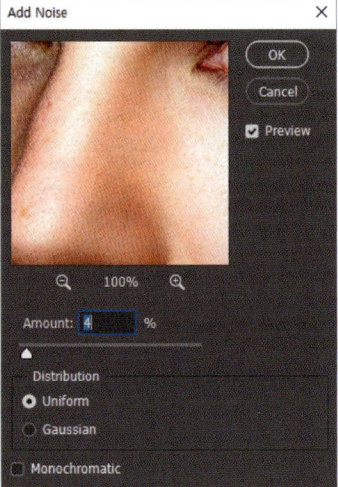

4 [Filter] - [Filter Gallery] - [Paint Daubs] 메뉴를 선택하고 [Brush Size : 4❶, Sharpness : 8❷]로 설정합니다.

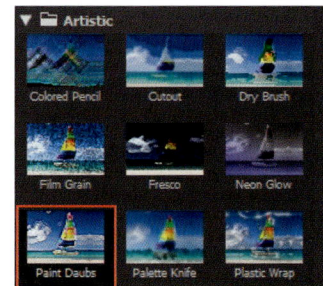

➕plus Artistic 필터는 사진을 마치 그림처럼 다양한 예술적 표현을 해주는 특수 효과입니다. 색연필, 수채화, 분필, 파스텔, 숯, 펜과 잉크, 크레용 등을 사용해 작업한 듯한 결과물을 얻을 수 있습니다.

Tip
다른 사진을 사용할 경우 동일한 수치를 입력해도 다른 결과가 나올 수 있으므로 사진의 형태를 봤을 때 입자의 크기가 커 보일 만큼 효과를 주는 것이 중요합니다.

02 피부 리터칭 하기

1 [Support] 폴더에 'DS12-retouching_brush.abr' 파일을 열어 브러시를 등록합니다.

2 [Smudge Tool] 을 선택하고 등록한 [Skin Smudge] 브러시를 선택합니다.

3 피부부터 뭉개기 시작해 머리카락까지 모두 정리해 줍니다.

작업 시 참고 사항
- Smudge 효과는 매우 강하기 때문에 강도 수치를 적절하게 조절해가며 사용해야 합니다.
- 브러시의 크기는 늘 유동적인 변화를 주는 것이 좋습니다.
- Smudge는 문지르는 효과로 한쪽으로만 밀어낼 경우 이미지가 무너집니다. 따라서 왕복으로 정리해 나가는 것이 중요합니다.
- 경계선이 있는 부분을 작업할 때는 경계가 섞이지 않도록 주의해 작업해 주어야 합니다.
- 근육의 흐름이나 빛의 흐름을 이해하며 작업하면 더 좋습니다.
- 왕복 횟수가 많아질수록 더욱 부드럽게 면 처리를 할 수 있습니다.

[브러시 흐름 참고]

03 얼굴 윤곽 라인 만들기

1 전경색을 검은색으로 지정한 후 [Brush Tool]을 선택하고 옵션 바에서 [Hard Round Brush, Size : 7px, Opacity : 100%, Flow : 100%]로 설정합니다.

2 [Pen Tool]을 선택하고 얼굴 가장자리 선과 경계가 지는 부분에 패스를 그립니다.

3 새로운 레이어를 만들고 패스에서 오른쪽 마우스 버튼을 클릭한 후 [Stroke Path]를 선택합니다. 옵션 창에서 [Tool : Brush]를 적용하고 [OK]를 누릅니다.

➕plus [Stroke Path]를 입력한 후 패스 활성화를 끄려면 [Pen Tool]이 선택된 상태에서 Enter 키를 입력합니다.

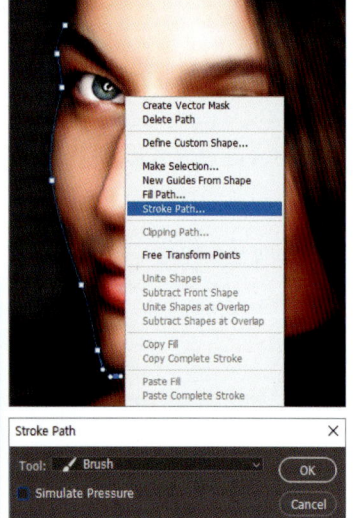

4 [Eraser Tool]로 라인의 끝부분을 자연스럽게 정리합니다.

5 반사광을 주기 위해 같은 방법으로 얼굴의 가장자리 부분에 다시 한번 라인을 추가하고 밝은 노란색이나 밝은 보라색 등 원하는 색상을 입힙니다. 이어서 [Eraser Tool]로 라인을 정리합니다.

➕plus 선을 추가하면 사진을 그림과 같이 연출할 수 있어 반드시 작업해 주는 것이 좋습니다.

04 이목구비 보정하기

1 새로운 레이어를 만들고 [Brush Tool]을 선택한 후 옵션 바에서 [lipgloss Brush]를 선택하여 입술 부위에 적용합니다. 이어서 [Transform] - [Warp]를 활용해 입술에 광을 표현합니다. 부족한 부분은 [Eraser Tool]로 다듬어 줍니다.

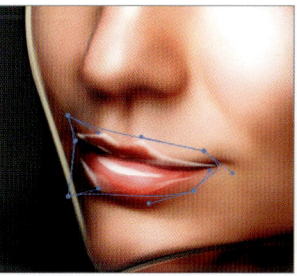

2 새로운 레이어를 만들고 [Brush Tool] 옵션 바에서 [eyelash Brush]를 선택하여 아이라인 부위에 적용한 뒤 [Transform] - [Warp]를 활용해 속눈썹을 만듭니다. 부족한 부분은 [Eraser Tool]로 다듬어 줍니다.

+plus 반대쪽 아이라인도 같은 방법으로 작업하거나 작업 완료된 속눈썹을 복사해 반전시켜 활용합니다.

3 새로운 레이어를 만들고 볼 터치 효과를 주기 위해 [Brush Tool] 옵션 바에서 [Hard Round]를 선택한 후 양쪽 볼 부위에 점을 찍어 줍니다.

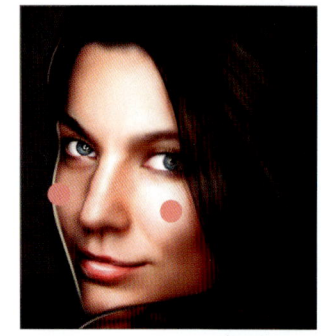

4 [Filter] - [Blur] - [Gaussian Blur] 메뉴를 선택하고 원하는 수준으로 볼 터치 효과를 연출합니다. 이어서 [Eraser Tool]로 다듬어 줍니다.

+plus 볼 터치를 만들 때 [Soft Round Brush]로 효과를 줄 경우 중앙 부분의 색상이 두껍게 나올 수 있어 [Gaussian Blur]를 활용하는 것이 훨씬 자연스럽습니다.

5 그림자 영역을 보강하기 위해 [Pen Tool]로 그림자를 표현할 영역을 만듭니다. 본 예제에서는 턱 부위에 그림자를 넣어 봅니다.

6 새로운 레이어를 만들고 [Path]를 선택 영역으로 전환한 뒤 그림자로 사용될 색상을 적용합니다.

7 선택 영역을 해제한 뒤 [Filter] - [Blur] - [Gaussian Blur] 메뉴를 선택하여 가장자리를 부드럽게 처리합니다. 이어서 [Eraser Tool]를 이용해 자연스러운 그림자를 연출합니다.

8 같은 방법으로 하이라이트가 필요한 부분을 추가해 강조합니다.

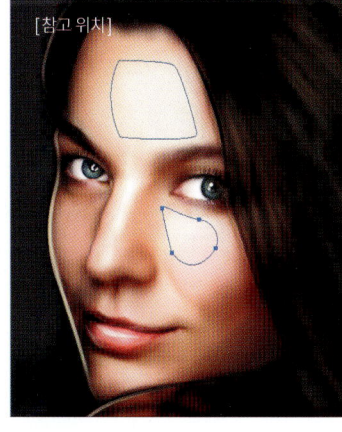 

05 머리카락에 그림 효과 연출하기

1 [Brush Tool]을 선택하고 옵션 바에서 [Sampled Brush]를 선택한 후 크기와 투명도를 설정하고 색상을 지정해 준비합니다.

2 새로운 레이어를 만들고 [Pen Tool]을 이용해 머리카락을 표현할 패스를 그립니다. 이때 여러 개의 패스 선을 그리기 위해서 하나의 패스를 그린 후 ESC 키를 입력하며 선을 그려 나갑니다.

3 [Pen Tool]을 선택한 상태에서 마우스 오른쪽 버튼을 클릭한 후 [Stroke Path]를 적용합니다. [Tool : Brush]로 설정하고 이번에는 [Simulate Pressure]를 체크합니다.

➕plus [Simulate Pressure]는 필압 기능을 가상으로 입력해주는 기능입니다.

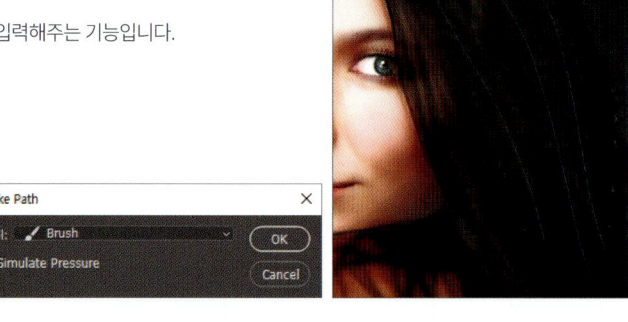

4 Enter 키를 눌러 패스를 비활성화한 후 새로운 패스를 그립니다. 이어서 좀 더 밝은 색상으로 머리카락을 추가해 줍니다.

5 같은 방법으로 가장 밝은 색의 머리카락을 추가하고 [Eraser Tool]로 자연스럽게 정리합니다.

6 추가로 다른 영역도 작업합니다. 머리카락의 반사광을 연출하기 위해 [Brush Tool] 옵션 바에서 [Hard Brush]를 선택하고 크기와 투명도를 설정한 후 머리카락의 반사광을 한 가닥씩 추가합니다.

06 추가 보정하고 마무리하기

1 Ctrl + Shift + N 키를 눌러 새 레이어 옵션 창을 열고 [Mode : Overlay], [Fill with Overlay-natural Color (50% Gray)] 항목을 체크해 회색 레이어를 만듭니다.

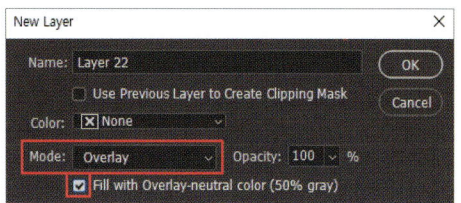

2 [Dodge Tool]과 [Burn Tool]을 활용해 인물의 명암이 부족한 부분을 강조합니다.

3 [Adjustment Layer] 아이콘을 클릭하고 [Solid Color]를 선택하여 검은색으로 지정합니다. 이어서 [Layer Mask]에 [Gradient]를 사용하여 비네팅 효과를 적용합니다.

Design Style 12 - Art Retouching 195

4 'DS12-2.jpg' 파일을 불러와 배치한 뒤 블렌딩 모드를 'Color Burn'으로 적용하고 [Layer Mask]를 이용해 배경을 자연스럽게 연출합니다.

5 'DS12-3.jpg' 파일을 불러와 배치한 뒤 블렌딩 모드를 'Screen'으로 지정해 텍스쳐를 추가합니다.

6 [Adjustment Layer] 아이콘을 선택하고 [Color Lookup], [Curves]를 활용해 전체적인 색감을 보정합니다.

Tip
그림 효과를 더 강조해주고 싶다면 작업된 내용을 병합한 뒤 [Filter Gallery] – [Paint Dubs]를 추가 적용합니다.

꼭 살펴보아야 할 WORKING-LEVEL

 사이즈
해당 작업은 기본 사진의 사이즈가 너무 클 경우 원하는 결과를 얻지 못할 수 있으므로 1000px에 근접한 사이즈의 사진을 사용하는 것을 권장합니다.

 그림 효과
해당 작업은 사진을 그림처럼 표현하는 작업이긴 하지만 직접 그려야 하는 부분도 많습니다. 따라서 직접 그림을 그리듯 추가 작업을 더해 준다면 보다 그림 같은 효과를 얻을 수 있습니다.

 흐림 처리
복잡한 배경이나 의상이 있는 경우 [Gaussian Blur]를 이용해 이미지를 흐림 처리 하는 것이 더 좋습니다.

기능 다시 한번 익히기 | **예제 파일** Exercise > DS12-E1.jpg, DS12-E2.jpg

Exercise

Design Style 12.에서 학습한 내용을 이용해 새롭게 사진 이미지를 그림처럼 만들어 봅니다.

'DS12-E1.jpg' 파일을 열어 원본 이미지를 복사합니다. 이어서 [Levels]를 이용해 빛 보정을 하고 [Filter -Add Noise]와 [Filter Galley - Paint Dubs]를 적용해 기본 보정을 합니다.

[Smudge Tool]로 뭉개기 작업을 하고 라인 추가가 필요한 위치에 라인을 그려 넣어 줍니다.

Ctrl + Shift + N 키를 눌러 [Mode : Overlay], [Fill with Overlay-neutral color (50% gray)]에 체크해 회색 레이어를 만든 후 [Dodge Tool]과 [Burn Tool]을 이용해 명암을 보정합니다. 이어서 Ctrl + Alt + Shift + E 키를 눌러 전체 레이어를 병합하고 [Filter Galley - Paint Dubs]를 추가 적용해 그림 효과를 강조합니다.

'DS12-E2.jpg' 파일을 가져와 블렌딩 모드를 'Multiply'로 지정하고 [Opacity]를 조정해 합성합니다. 이어서 [Adjustment Layer]아이콘을 클릭하고 [Color Lookup]과 [Curves]를 활용해 원하는 수준의 결과를 만들어냅니다.

결과 파일 Exercise > DesignStyle_12-2.psd

Beauty Necklace
SEASON DRESS CODE

There is one gift that will make you beautiful
this season. Start with our brand.

SBSJW - 0619BD

Design Style 13.

Jewelry Retouching

반짝반짝 빛나는 장신구 보정

 **Skill Point**

실물의 느낌은 그대로 가져가며 좀 더 아름답게 보일 수 있는 기능들을 활용합니다.

 Keyword

\# Smudge \# Water Brush
\# PenTool \# Retouching
\# YouTube keyword : Jewelry Retouching

Before you Design

쥬얼리 보정 (Jewelry Retouching)
디자인의 개념 및 효과

반짝이는 보석 장신구들은 언제나 사람의 마음을 훔칩니다. **쥬얼리 제품 디자인의 경우 깔끔한 배경처리로 오직 제품만을 돋보이게 작업해야 합니다.** 실제 우리가 접하는 대부분의 장신구 사진들은 보정 작업이 이루어진 사진으로 다양한 보정 방식을 활용해 최상의 퀄리티로 디자인 작업을 진행합니다.

쥬얼리 보정 (Jewelry Retouching)
디자인의 특징 및 표현법

· 시선을 사로잡는 깨끗하고 영롱한 빛 표현
· 심플한 디자인일수록 디테일에 중점

Designer Gallery

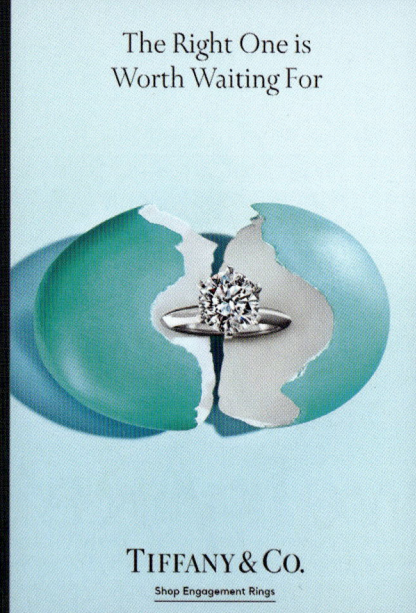

< 쥬얼리 브랜드 '티파니앤코' 제품 포스터 >

출처 : https://www.tiffany.kr/

< Jewelry Design >

반짝반짝
빛나는 장신구 보정

Create a happy future
For Wedding

S - JEWELRY

Jewelry Retouching

Production Concept.

반짝반짝, 아름다움

Purpose of production.

시선을 끌어 당기는 쥬얼리 포스터 만들기

Production Stage.

① 반지 이미지 추출하고 준비하기
② 반지 색상 변경하기
③ 반지 보정하기 1
④ 반지 보정하기 2
⑤ 배경 만들고 추가 보정하여 완성하기

Main function.

[Pen Tool], [Mixer Brush Tool], [Adjustments], [Blend], [Layer Mask]

Key shortcuts.

Hue/Saturation (색조/채도)
Ctrl + U

Fill (전경색 채우기)
Alt + Del

Free Transform (변형)
Ctrl + T

예제 파일 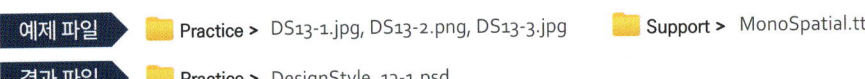 Practice > DS13-1.jpg, DS13-2.png, DS13-3.jpg   Support > MonoSpatial.ttf
결과 파일   Practice > DesignStyle_13-1.psd

● 창의적이고 개성 있는 작품 완성을 위해 각 실습 단계에 수록된 주요 기능 이외의 추가 표현 기능을 반영해도 좋습니다.

01 반지 이미지 추출하고 준비하기

1 'DS13-1.jpg' 파일을 열고 [Pen Tool]을 이용해 반지 이미지를 추출합니다.

2 [Transform] Ctrl + T 을 이용해 반지를 회전시켜 줍니다. 이때 Shift 키를 누른 상태에서 회전시켜 사진과 같이 방향을 맞춥니다.

02 반지 색상 변경하기

1 레이어 패널의 'Lock' 기능 중 'Lock Transparent Pixels'를 적용합니다.

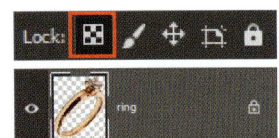

2 Ctrl 키를 누른 상태에서 'ring' 레이어의 섬네일을 클릭해 선택 영역으로 전환합니다. 이어서 새로운 레이어를 만들고 흰색으로 채웁니다.

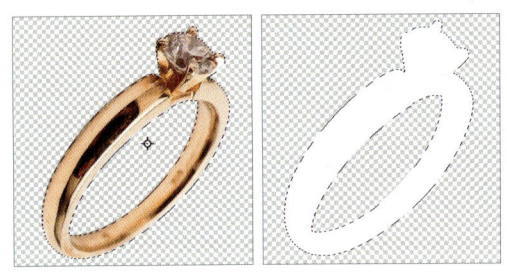

3 블렌딩 모드를 'Color'로 적용합니다.

블렌딩 모드 중 'Color'를 활용하면 해당 이미지에 원하는 색상을 덮어 줄 수 있습니다. 이를 이용해 보랏빛 하늘이나 분홍색 바다 등 몽환적인 느낌의 효과도 적용해 볼 수 있습니다.

03 반지 보정하기 1

1 [Pen Tool]을 이용해 사진처럼 그려줍니다. 이어서 선택 영역으로 전환한 뒤 레이어를 복제 Ctrl + J 합니다.

2 복제된 레이어에 'Lock Transparent Pixels'를 적용합니다.

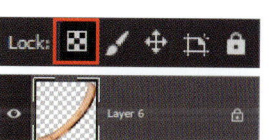

3 전경색을 〈#b3b3b3〉으로 지정하고 [Brush Tool]을 이용해 해당 부분 전체에 색을 입힙니다.

4 전경색을 〈#eaeaea〉로 지정하고 [Brush Tool]을 이용해 하이라이트를 표현합니다. 이때 브러시의 불투명도를 조정해 주는 것이 좋습니다.

5 [Pen Tool]을 이용해 사진처럼 해당 영역을 그린 후 선택 영역으로 전환합니다.
이어서 새로운 레이어를 만든 후 레이어를 복제 Ctrl + J 하고 검은색으로 채웁니다.

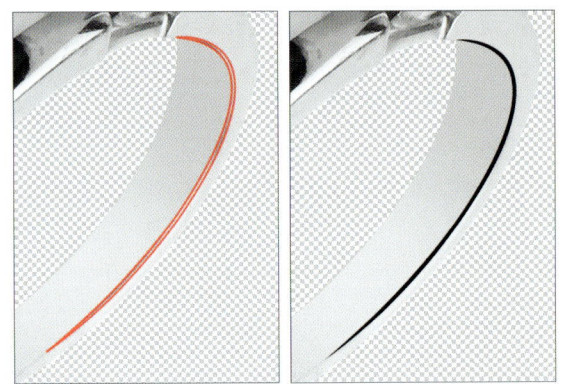

6 [Layer Mask]를 적용한 뒤 [Brush Tool]을 이용해 양쪽 끝을 자연스럽게 처리합니다.

7 [Pen Tool]을 이용해 사진처럼 그려준 후 선택 영역으로 전환한 뒤 레이어를 복제 Ctrl + J 합니다.

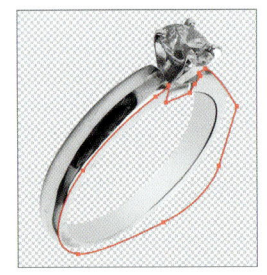

8 복제된 레이어에 'Lock Transparent Pixels'를 적용합니다.

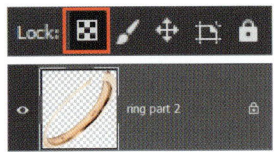

9 경계면을 부드럽게 처리하기 위해 [Mixer Brush Tool]을 선택한 후 [Wet : 20%❶, Load : 50%❷, Mix : 30%❸, Flow : 100%❹]로 설정합니다. 이어서 F5 키를 눌러 브러시 설정창을 띄운 후 [Spacing]값을 '1%'로 설정합니다.

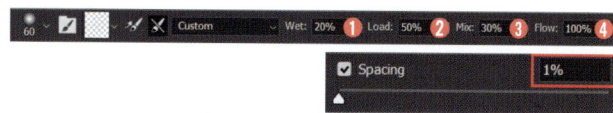

ESSENTIAL THEORY — Mixer Brush Tool (혼합 브러시 도구)

[Mixer Brush Tool]은 일반 브러시 도구와 다르게 색상을 혼합해 사용할 수 있는 브러시입니다. [Smudge Tool]과 비슷하지만 혼합되는 설정 범위가 크다는 점이 다릅니다. 홀로그래피나 디지털 페인팅을 연출하거나 유화, 아크릴과 같은 그림을 그릴 때 주로 사용하며, 장신구 보정에서도 많이 활용되고 있습니다. Alt 키를 눌러 원하는 색상을 추출한 후 브러시를 사용하듯 그려 나가며 사용할 수 있습니다.

Mixer Brush Tool 종류

- Clean Brush : 기존 이미지를 그대로 사용해서 색상을 혼합합니다.
- Load Brush : 전경색을 베이스로 색상을 혼합합니다. Alt 키를 눌러 원하는 색상을 추출한 후 혼합할 수 있습니다.

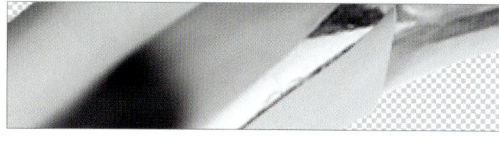

10 Alt 키를 눌러 밝은 회색 부분을 추출한 뒤 얼룩이 진 부분을 뭉개며 자연스럽게 처리합니다. 이때 반지의 안쪽으로 채색하면서 얼룩이 생기지 않도록 보정하면 좀 더 좋은 결과를 얻을 수 있습니다.

+plus 보정 작업을 할 때는 충분한 시간을 갖고 그림을 그리듯 천천히 작업해 보는 것을 추천합니다.

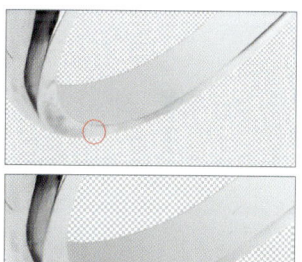

11 전경색을 흰색으로 지정한 후 [Brush Tool]을 이용해 하이라이트를 추가합니다. 과하게 표현할 필요는 없습니다.

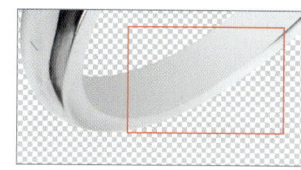

12 [Pen Tool]을 이용해 사진처럼 그린 후 선택 영역으로 전환한 뒤 레이어를 복제 Ctrl + J 합니다. 이어서 복제된 레이어에 'Lock Transparent Pixels'를 적용합니다.

13 [Mixer Brush Tool]을 이용해 전체적으로 자연스러운 색상 혼합을 이루어냅니다. 이번 작업은 라인이 반듯한 경계 처리에 신경을 좀 더 써주는 것이 좋습니다.

> **+plus** 해당 작업 이미지에서는 완전한 면 처리가 힘듭니다. 차후 다른 작업을 통해 마무리를 해주도록 합니다.

14 [Pen Tool]을 이용해 사진처럼 그린 후 선택 영역으로 전환한 뒤 레이어를 복제 Ctrl + J 합니다. 이어서 'Lock Transparent Pixels'를 적용합니다.

15 [Mixer Brush Tool]을 이용해 전체적으로 자연스럽게 색상 혼합을 이루어냅니다. 이때 다이아몬드는 건드리지 않도록 주의하며 작업합니다.

04 반지 보정하기 2

1 'DS13-2.png' 파일을 불러와 [Free Transform] Ctrl + T 을 실행하여 그림과 같이 배치합니다. 이때 자연스러운 합성을 위해 Ctrl 키를 눌러 [Distort] 기능을 적용해 변형합니다.

> **Tip**
> 레이어의 불투명도 수치를 낮게 설정한 상태에서 작업하면 조금 더 정확하게 아래 이미지와 배치할 수 있습니다.

2 [Layer Mask]를 적용한 후 [Brush Tool]을 이용해 다이아몬드를 자연스럽게 처리합니다.

3 [Pen Tool]을 이용해 사진처럼 그린 후 선택 영역으로 전환합니다.

4 새로운 레이어를 만들고 전경색을 검은색 〈#000000〉으로 지정한 후 색상을 채우고 Alt + Del [Layer Mask]를 적용합니다. 이어서 [Brush Tool]을 이용해 양쪽 끝을 자연스럽게 처리합니다.

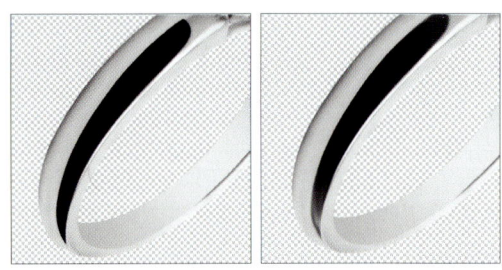

5 [Pen Tool]을 이용해 사진처럼 그린 후 선택 영역으로 전환합니다. 새로운 레이어를 만들고 전경색을 흰색 〈#FFFFFF〉으로 지정한 후 채웁니다. Alt + Del

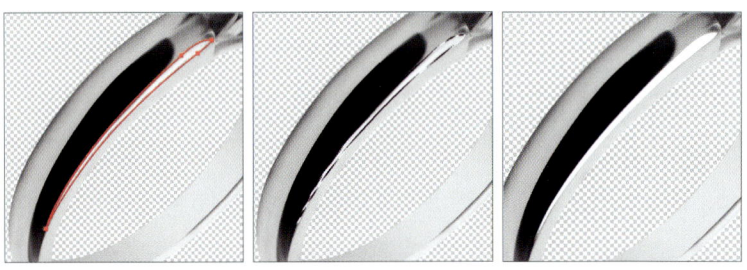

6 [Layer Mask]를 적용한 뒤 [Brush Tool]을 이용해 양쪽 끝을 자연스럽게 처리합니다.

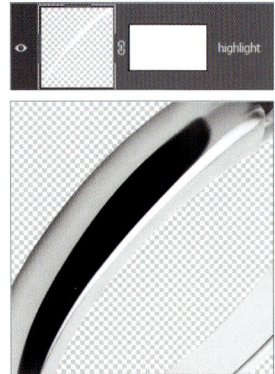

7 [Type Tool]로 '14k'라는 문구를 작성한 뒤 [Transform] - [Distort]를 실행하여 기울기를 변형합니다.

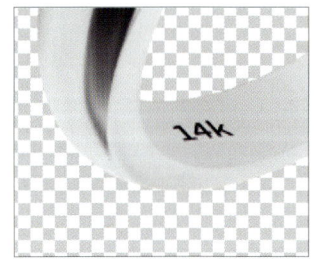

8 [Layer Style] 아이콘을 클릭하고 [Color Overlay]를 선택한 후 [Color : #bab4b4, Opacity : 100%]로 설정합니다. 이어서 [Bevel & Emboss]를 선택한 후 [Stlye : Outer Bevel ❶, Depth : 100% ❷, Size : 1px ❸, Angle : 131° ❹, Altitude : 16 ❺]으로 설정해 글을 자연스럽게 처리합니다.

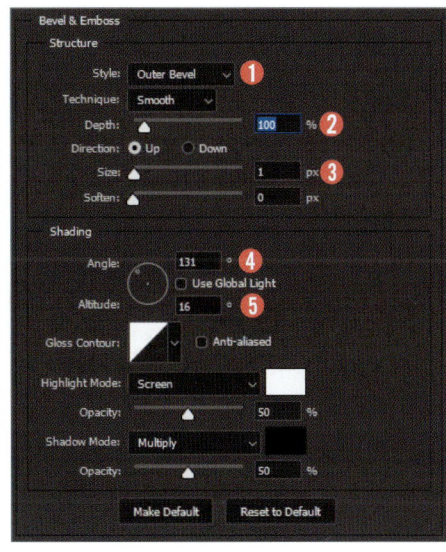

9 Ctrl + Alt + Shift + E 키를 눌러 새 레이어로 병합합니다.

10 빛 표현을 추가하기 위해 [Dodge Tool]을 이용해 작업합니다.

Design Style 13 - Jewelry Retouching

05 배경 만들고 추가 보정하여 완성하기

1 [File] - [New] 메뉴를 선택하고 [A4] 사이즈의 새로운 작업 화면을 만듭니다.

2 전경색을 티파니를 상징하는 컬러인 ⟨#57d2ce⟩로 지정한 뒤 Alt + Del 키를 눌러 배경을 채웁니다.

> ➕plus 해당 예제는 티파니를 상징하는 배경 컬러로 지정하였으나 여러분의 상상력을 자극하여 쥬얼리 하면 떠오르는 대표 색상으로 배경색을 채워보세요.

3 [Gradient Tool]을 선택한 후 옵션에서 [Foreground to Transparent]를 선택하고 ⟨#8ae5dd⟩ 색상을 이용해 화면 상단에서 아래로 투명 그레이디언트를 적용합니다.

4 작업한 반지 이미지를 불러와 [Transform] Ctrl + T 을 실행하여 '15%' 정도로 사이즈를 확대한 후 화면 가운데 배치합니다.

5 그림자를 표현하기 위해 반지 레이어를 복제 Ctrl + J 하고 [Transform] - [Distort]를 실행하여 그림과 같이 반전해 기울기를 줍니다.

6 [Hue/Saturation] Ctrl+U 을 실행하고 [Lightness] 값을 '-100'
으로 설정해 검은색으로 변경합니다.

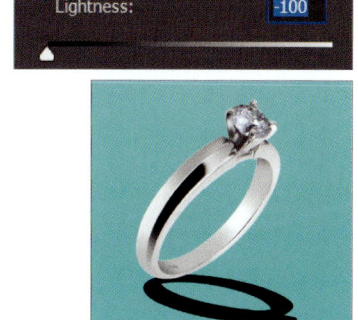

7 [Layer Mask]를 적용하고 [Brush Tool]을 이용해 그림자를 자연스럽게
처리합니다.

8 'DS13-3.jpg' 파일을 불러와 반지 이미지에 배치하고 블렌딩 모드를
'Screen'으로 적용해 반짝이는 빛을 연출합니다.

9 [Pen Tool]을 선택한 후 배경 모서리에 면 디자인을 만들어 줍니다.

10 [Type Tool]을 선택한 후 문구를 입력해 이미지를 완성합니다.

> **＋plus** 해당 예제에서는 'MonoSpatial.ttf' 폰트를 사용했습니다. 쥬얼리 디자인에 어울리는 다른 폰트를 찾아 작업하는 것을 추천합니다.

꼭 살펴보아야 할 WORKING-LEVEL

제품 이미지 보정

제품 이미지 보정에는 다양한 방법이 존재합니다. 이번 시간에 배운 인위적인 느낌을 강조하는 방법도 있지만 실제 제품 사진에서 손상 부위만 제거하여 보정하는 방법, 여러 사진을 교차 편집하여 합성하는 보정 방법도 있습니다.

세밀한 작업

제품 보정은 그림을 그리듯 세밀한 작업을 기반으로 하므로 태블릿으로 작업하면 보다 높은 퀄리티의 결과물을 얻을 수 있습니다.

툴 사용

[Mixer Brush Tool]의 사용이 어렵다면 [Smudge Tool]을 활용해도 좋습니다.

| 기능 다시 한번 익히기 | **예제 파일** Exercise > DS13-E1.jpg, DS13-E2.jpg, DS13-E3.jpg |

Exercise

Design Style 13.에서 학습한 장신구 보정 효과를 활용해 새로운 쥬얼리 제품 포스터를 만들어 봅니다.

'DS13-E1.jpg' 파일을 열고 [Pen Tool]로 이미지를 추출합니다. 이어서 레이어를 복제하고 선택 영역을 만든 후 흰색으로 채웁니다.

블렌딩 모드를 'Screen'으로 적용해 화이트 골드 느낌의 목걸이를 만들고 [Pen Tool]로 [Mixer Brush Tool]을 활용해 리터칭 작업을 할 이미지를 추출합니다.

[Mixer Brush Tool]로 색상을 혼합해 리터칭을 하고 새로운 영역을 더해 명암을 추가합니다. 이어서 'DS13-E2.jpg' 파일을 불러와 합성합니다.

A4 사이즈의 새로운 작업 화면을 만들어 배경을 꾸미고 목걸이를 배치합니다. 문구를 입력하여 작품을 완성합니다.

결과 파일 Exercise > DesignStyle_13-2.psd

Design Style 14.

Package Label

패키지 라벨 디자인

Skill Point

패키지 디자인은 제품의 성격과 정보를 정확하게 전달해 소비자가 구매 의욕을 불러 일으키도록 디자인 되어야 합니다.

Keyword

PenTool # Shape # Data # Mockup
YouTube keyword : Package Design

디자인의 개념 및 효과

패키지 디자인(Package Design)은 상품의 보호 / 적재 / 이동 / 전시 / 판매까지 모두 고려해 제작되어야 합니다. 단지 외적으로 보이는 디자인 형태뿐만 아니라 상품을 보호, 보관하기 편리한 용기의 선택부터 진열대에서 소비자에게 상품을 효과적으로 알리고 구매욕구를 불러일으킬 수 있도록 고민해야 합니다. 또한 제작 회사의 브랜드 전략 및 정보, 제품에 따른 법적 기준치에 대한 설명 등을 모두 염두해 디자인을 해야 하므로 일반적인 페이지 디자인보다 더 많은 노력과 전략이 필요합니다.

패키지 라벨 (Package Label)
디자인의 특징 및 표현법

· 포장 용기에 대한 작업 틀의 이해
· 전시와 보관에 맞는 형태에 대한 고려
· 상품의 정보와 디자인을 함께 고려

< Package Label >

패키지 라벨 디자인

Package Label

Production Concept.
주스 로고

Purpose of production.
패키지 라벨에 사용할 로고 디자인하기

Main function.
[Shape], [Path], [Threshold]

Key shortcuts.
반복하여 적용
`Ctrl` + `Alt` + `Shift` + `T`
레이어 병합
`Ctrl` + `E`

Production Stage.
① 로고 디자인하기
② 라벨 배경 만들기
③ 제품 타이틀 디자인하기
④ 라벨 디자인 내용 채우기
⑤ 목업 만들기

예제 파일   Practice >   DS14-1.png, DS14-2.png, DS14-3.jpg, DS14-4.jpg, DS14-5.png, mockup_01.psd

결과 파일   Practice >   DesignStyle_14-1.psd

● 창의적이고 개성 있는 작품 완성을 위해 각 실습 단계에 수록된 주요 기능 이외의 추가 표현 기능을 반영해도 좋습니다.

01 로고 디자인하기

1 [File] - [New] 메뉴를 선택하여 [W : 1000px, H : 1000px, ppi : 72]의 새로운 작업 화면을 만듭니다. 이어서 가로, 세로 중심의 가이드라인 Ctrl + R 을 만듭니다.

2 [Ellipse Tool]로 작업 화면 중심에 타원을 그리고 레이어를 복제 Ctrl + J 한 후 [Transform] Ctrl + T 을 이용해 작은 원을 만듭니다.

➕plus   크기 변형 시 Alt 키를 누르면 변형 오브젝트의 중앙을 기준으로 변형할 수 있습니다.

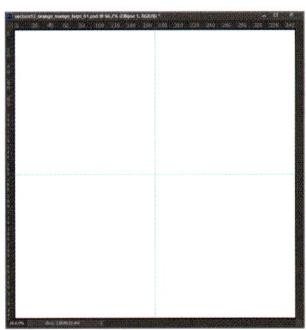

3 두 개의 레이어를 모두 선택한 후 패스를 병합 Ctrl + E 합니다. 이어서 [Path Selection Tool]로 작은 원을 선택하고 옵션 바의 [Path Operations]에서 [Subtract Front Shape]를 선택합니다.

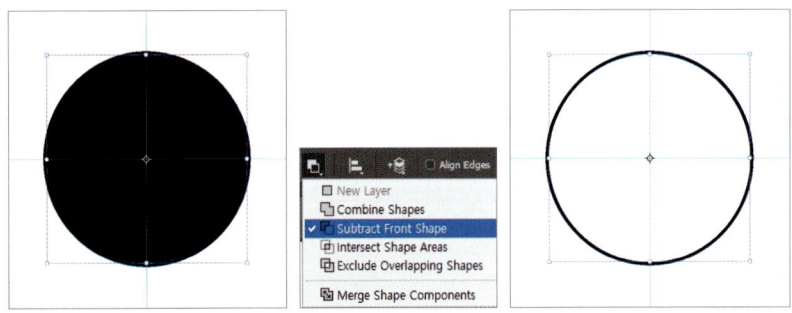

4 [Ellipse Tool]로 중앙에 원을 추가로 그려줍니다.

➕plus 기존에 선택된 패스 때문에 새로운 [Shape]를 그릴 수 없다면 `ESC` 키를 한 번 누른 후 작업합니다.

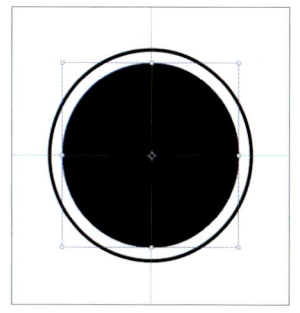

5 [Polygon Tool] 을 선택하고 옵션 바에서 [Sides : 5❶], [Star Ratio : 60%❷]로 설정합니다. 이어서 그림과 같이 별을 그려줍니다.

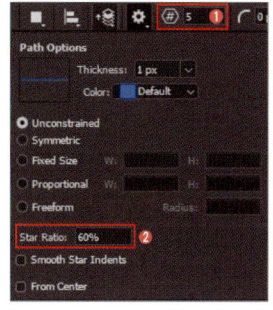 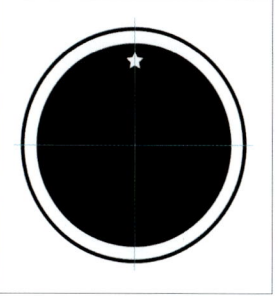

6 별 레이어를 선택한 후 `Ctrl` + `Alt` + `T` 키를 누르고 변형의 중심점을 화면 가운데로 이동합니다. 이어서 옵션의 각도를 20°로 설정하여 복사합니다.

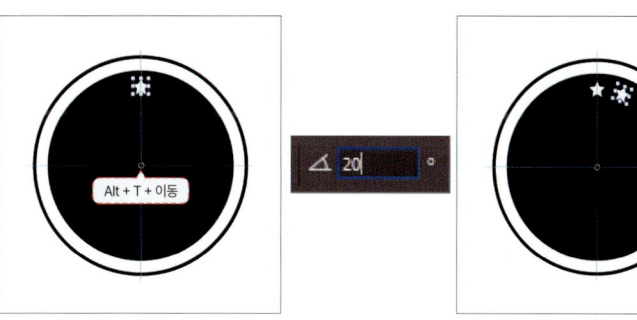

7 `Ctrl` + `Alt` + `Shift` + `T` 키를 눌러 반복 적용해 원형 주변을 별 모양으로 채워줍니다.

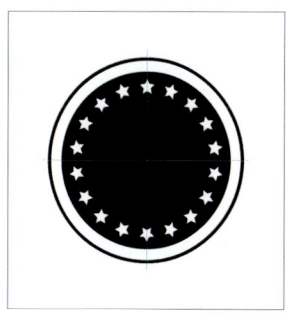

8 별 레이어와 원 레이어를 모두 병합 Ctrl + E 합니다.

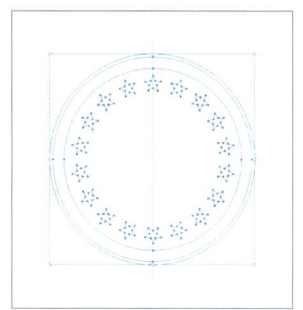

9 [Path Selection Tool]을 이용해 모든 패스를 선택한 후 Shift 키를 누른 상태에서 원 도형만 선택 해제합니다. 이어서 옵션에서 [Path Operation]의 [Subtract Front Shape]를 선택해 별 도형을 원형 도형에서 빼 줍니다.

　plus 패스 선택 시 선택된 패스는 앵커포인트가 활성화 됩니다.

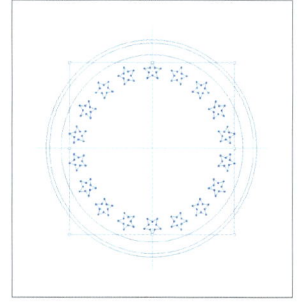

10 적용된 내용을 확인하기 위해 [Shape]의 색상을 검은색으로 채웁니다.

　plus 배경 레이어의 눈 아이콘을 끄고 확인하는 것도 하나의 방법입니다.

11 [Rectangle Tool]을 이용해 사각형을 그리고 만들어진 도형과 병합합니다.

12 사각 도형을 [Path Selection Tool]로 선택한 후 옵션에서 [Path Operation]의 [Subtract Front Shape]를 선택해 사각 도형을 만들어진 도형에서 빼 줍니다.

13 [Rectangle Tool]을 이용해 선처럼 보이도록 긴 박스를 그려준 후 기존 레이어와 병합합니다.

14 [Type Tool]을 이용해 "ORANGE & MANGO" 문구를 입력합니다.
   ➕plus 해당 작업에서는 '아시아 고딕' 폰트를 사용했습니다. [Support] 폴더를 참고합니다.

15 사각형을 그려준 후 "PRIMIUM JUICE" 문구를 입력합니다.

16 리본 모양을 표현하기 위해 사각형을 그리고 레이어를 복제 Ctrl + J 한 후 [Transform]으로 회전시킵니다. 이어서 두개의 사각형 레이어를 병합 Ctrl + E 합니다.

17 [Path Selection Tool]을 이용해 왼쪽 사각 도형을 선택한 뒤 옵션에서 [Path Operation]의 [Subtract Front Shape]를 선택해 사각 도형에서 빼 줍니다.

18 [Path Operation]에서 [Merge Shape Components]를 선택해 해당 패스 모양을 고정합니다.

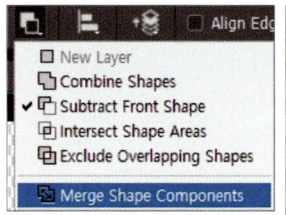

+plus 해당 작업을 하게 되면 패스를 현재 보이는 모양으로 바꿔줄 수 있습니다. 단, 적용 후에는 분리가 불가능합니다.

19 [Pen Tool]을 이용해 사진에 해당하는 위치에 두 개의 앵커포인트를 추가하고, [Convert Point Tool]을 이용해 생성한 앵커의 핸들을 제거합니다.

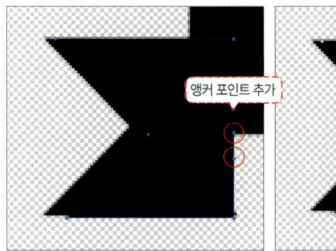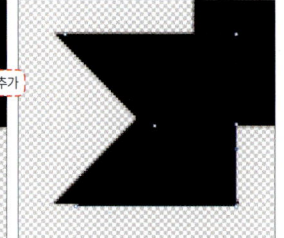

20 [Direct Selection Tool]을 이용해 아래 그림처럼 모양을 변형합니다.

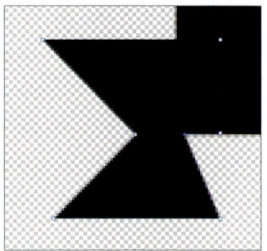

21 레이어를 복제 Ctrl + J 하고 [Transform] - [Flip Horizontal]을 이용해 좌우 반전을 한 뒤 반대편에 배치합니다.

22 'DS14-1.png' 파일을 열고 [Image] - [Adjustments] - [Threshold] 메뉴를 선택한 후 [Threshold Level : 190]으로 설정합니다.

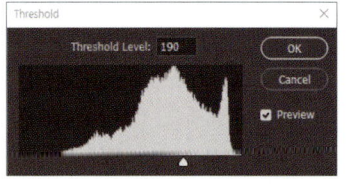

+plus [Threshold]는 고대비를 통해 흰색과 검은색만 남기는 기능으로 대비값을 조절하여 판화나 만화 효과를 연출할 때 주로 사용합니다.

23 만들어진 이미지를 작업중이던 로고 작업 창으로 이동한 후 로고 레이어에 [Clipping Mask]를 적용합니다.

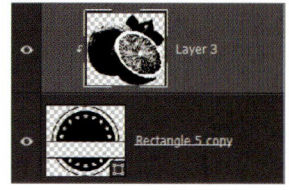

24 과일 레이어에서 [Layer Style] 아이콘을 클릭하고 [Stroke]를 선택하여 [Size : 5❶, Position : Outside❷, Color : White❸]로 설정한 후 모든 레이어를 병합 Ctrl + E 합니다.

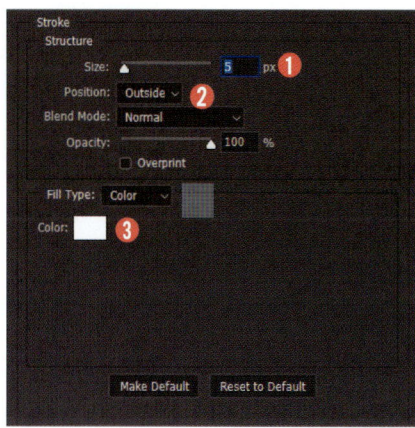

25 [Magic Wand Tool]을 이용해 흰색 부분을 선택한 뒤 Del 키를 눌러 삭제합니다.

 plus 면이 들어가는 부분을 제외한 나머지 부분을 삭제해 두어야 배경색 변경 시 자연스러운 배치를 할 수 있습니다.

Tip
영역 지정 시 떨어져 있는 색상 공간을 선택할 때 옵션에서 [Contiguous]를 끈 상태로 선택하면 전체 화면에서 같은 색을 선택해 줍니다.

02 라벨 배경 만들기

1 [File] - [New] 메뉴를 선택하여 [W : 144mm, H : 115mm, ppi : 300]의 새로운 작업 화면을 만듭니다.

   ➕plus 인쇄물 작업 시 단위는 밀리미터(mm)를, 해상도는 300ppi를 주로 사용합니다.

2 [View] - [New Guide] 메뉴를 선택하여 화면의 가장자리에 각각 2mm씩 여백을 위한 가이드를 만들고 가운데 공간을 만들기 위해 좌우 양측에 42mm의 가이드를 만듭니다.

   ➕plus 가장자리의 가이드는 인쇄 시 재단이 되는 표시 영역으로 실제 결과물에는 반영되지 않습니다. 가운데 사용되는 가이드는 좌측 42mm, 우측 114mm를 사용합니다.

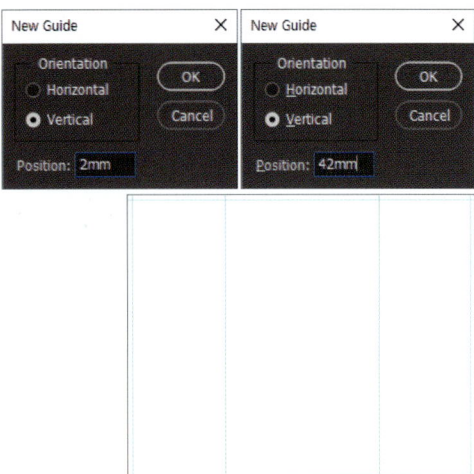

3 [Pen Tool]을 이용해 상단에 물결 모양의 [Shape]를 그려줍니다.

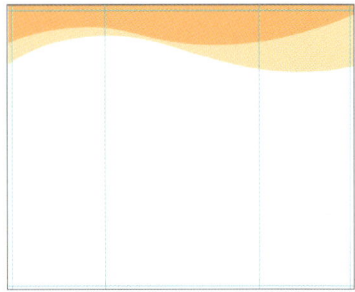

4 로고 이미지를 불러와 배치하고 [Layer Style] 아이콘을 클릭하여 'Color Overlay'를 선택한 후 색상을 〈#d52c29〉로 설정하여 로고의 색상을 변경합니다.

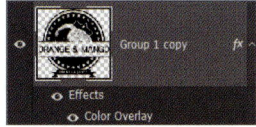

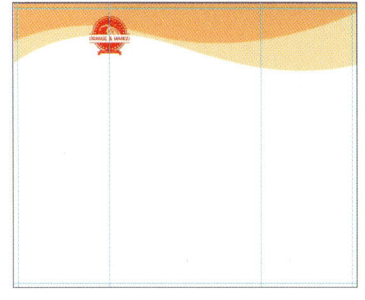

5 'DS14-2.png' 파일을 불러와 하단에 배치합니다.

03 제품 타이틀 디자인하기

1 [Type Tool]을 이용해 "MANGO ORANGE" 문구를 작성하고 어울리는 폰트를 찾아 적용합니다.

+plus 해당 작업에서 사용된 폰트는 <Helvetica Neue Bold>입니다. [Support] 폴더를 참고합니다.

2 [Layer Style] 아이콘을 클릭하고 [Stroke]를 선택한 후 [Size : 4①, Position : Outside②, Color : White③]로 적용합니다.

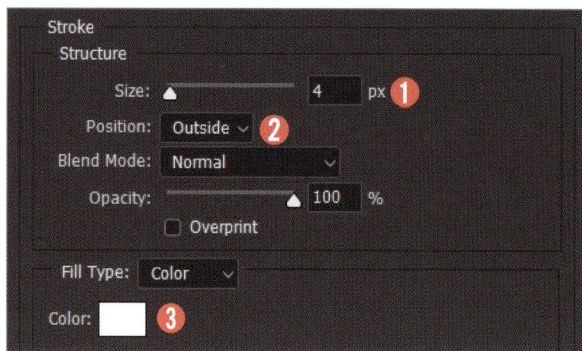

3 [Layer Style] 옵션 창이 활성화된 상태에서 하단의 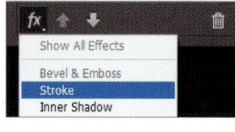 단추를 누르고 [Stroke]를 선택하여 추가합니다. 추가된 [Stroke]의 옵션값을 [Size : 8①, Position : Outside②, Color : Orange〈#f4821f〉③]로 설정합니다.

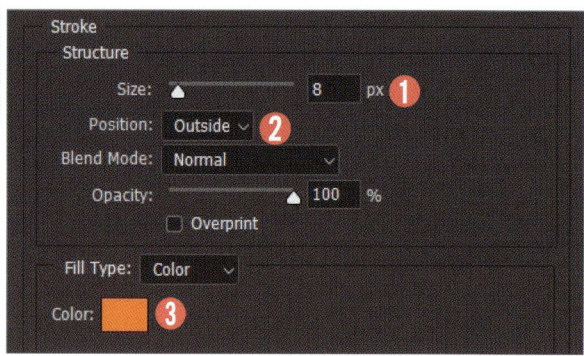

4 [Pen Tool]을 이용해 물방울 모양을 그려 텍스트를 디자인합니다.

5 문장 하단에 "Premium Fruit Juice" 문장을 추가하여 완성합니다.

04 라벨 디자인 내용 채우기

1 제품 라벨 하단에는 주로 내용물과 용량, 원산지 등이 기재됩니다. [Type Tool]을 이용해 그림과 같이 텍스트를 입력하고 폰트 및 크기를 지정합니다.

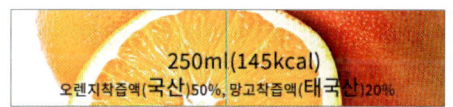

2 오른쪽 레이아웃에 제품 유형 및 정보를 입력합니다. 이때 [Type Tool]을 선택한 상태에서 클릭 - 드래그로 영역을 설정한 후 문자를 입력하는 것이 좋습니다.

 [support] 폴더에 해당 내용의 텍스트가 있습니다.

Tip
패키지 디자인의 경우 제품에 대한 많은 정보를 작은 공간에 담아야 하는 경우가 많아 주로 문자 입력 시 자간과 행간, 장평을 조절합니다. 장평은 글자의 폭을 말하며 주로 90% 내외로 적용합니다.

3 'DS14-3.jpg' 파일을 불러와 배치합니다.

+plus 식품 의약품의 경우 법적으로 반드시 영양 성분에 대한 정보를 기재하게 되어 있습니다. 다양한 형태의 서식이 존재해 제품에 맞게 찾아 사용하면 됩니다. [Support] 폴더에 더 많은 서식 샘플이 있습니다.

4 'DS14-4.jpg' 바코드 이미지와 'DS14-5.png' 분리수거 이미지를 불러와 배치합니다.

+plus 분리수거 및 다양한 인증 마크의 경우 최소 사이즈가 정해져 있어 작업 시 참고해 두어야 합니다.

5 유통기한을 표기해 라벨 디자인을 완성합니다.

ESSENTIAL THEORY   Package Label (패키지 라벨)

패키지 디자인에서 제품을 포장하는 대표적인 형태는 'Box(박스)'입니다. 가격이 저렴하고 적재 및 이동이 편리한 장점이 있으며 특히 사각형의 구조를 지니고 있어 디자인 작업에 용이합니다. 박스와 같은 형태를 제작할 수 있는 인쇄 구조를 지기구조라고 하는데 대부분의 패키지 디자인이 지기구조를 통해 제작됩니다. 이러한 지기구조보다 좀 더 쉽고 빠르게 제작할 수 있는 구조 형태가 있는데 흔히 '띠지'라고도 불리는 라벨(Label) 구조입니다. 라벨의 형태는 단일 사각형의 구조로 이루어져 있어 복잡한 형태의 디자인 작업 시 배치 문제에 따른 고민 없이 쉽게 디자인할 수 있습니다. 이로 인해 패키지 디자인에서는 비교적 난이도가 쉬운 작업에 속합니다. 라벨 디자인은 상품을 보호하거나 보관하는 목적보다는 상품의 기본정보를 전달하고 나타내는 데 의미가 있습니다. 라벨 디자인 작업 시 출력물을 대비해 재단선을 만들어 주어야 하는데, 보통 라벨 사이즈에 상하좌우 2mm씩을 더해 작업선을 추가합니다. 예를 들어, 100mm*100mm 사이즈의 라벨이 필요할 경우 작업 사이즈는 104mm*104mm가 되어야 합니다.

05 목업 만들기

목업(Mock Up)이란 제품이 완성되어 생산되기 전에 가품을 만들어 결과물을 미리 확인하는 작업을 말합니다. 일반적으로 나무나 플라스틱을 이용해 디자인을 미리 확인하는데, 편집디자인 분야에서는 가상의 그래픽 이미지를 만들어 수정 사항들을 체크합니다. 클라이언트 또한 목업 작업물을 통해 최종 디자인을 결정하는 데 많은 도움을 받고 있습니다. 이러한 이유로 목업은 디자인 결과물을 확인하고 결정하는데 빠짐없이 등장하는 작업 중 하나로 여겨지고 있습니다.

1 Ctrl + Alt + Shift + E 키를 눌러 만들어 둔 라벨 디자인의 레이어를 새로운 레이어로 병합합니다.

2 'mockup_01.psd' 파일을 불러와 [Label design here] 레이어의 섬네일을 더블클릭해 연결된 파일을 열어줍니다.

3 앞에서 만든 라벨 디자인의 이미지를 현재 작업 창으로 가져옵니다. 이어서 [File] - [Save]를 눌러 저장하면 자동으로 목업의 이미지가 변환됩니다.

➕plus [Mock UP] 작업 시 참고사항
- 목업은 보통 유/무료로 제공되는 PSD 파일을 활용해 작업합니다.
- 포토샵 합성을 통해 직접 디자인할 수 있습니다.
- [Adobe Dimension] 프로그램을 이용하면 더 좋은 결과를 얻을 수 있습니다.

➕plus [Package] 디자인 시 참고사항
- 용기로 사용하는 재질은 보통 종이 / 유리 / 철 / 비닐 / 플라스틱이 있습니다.
- 용기 종류에 따라 인쇄 방식이 달라집니다.
- 식품의약품의 경우 다른 제품들보다 많은 정보를 요구합니다.
- 법적으로 정해진 기준치의 폰트 크기가 있습니다.
- 법적 효력을 가진 인증마크의 경우 노출해야 하는 최소 크기가 있습니다.

기능 다시 한번 익히기 | **예제 파일** > Exercise > structure_01.psd, mockup_02.psd, DS14-E1.png, DS14-E2.png, DS14-E3.png, DS14-E4.png, infor.txt

Exercise

Design Style 14.에서 학습한 내용을 이용해 새로운 패키지 디자인을 만들어 봅니다.

'structure_01.psd' 파일을 열어 지기구조를 확인합니다.

+plus 라벨 디자인과 다르게 박스 디자인은 지기구조라는 설계도를 활용해주어야 합니다. 다방면의 위치를 입체적으로 확인해야 하므로 좀 더 높은 난이도를 요구합니다.

[Rectangle Tool]로 지기구조에 면을 채워줍니다. [Type Tool]로 로고 문구를 입력한 후 [Layer Style - Stroke]를 적용하여 그래픽 로고 디자인을 만듭니다.

'DS14-E1.png', 'DS14-E2.png' 파일을 열어 이미지를 꾸미고 오른쪽의 커피콩 잎은 [Clipping Mask]를 활용해 박스 안으로 넣어줍니다.

커피 오케스트라 내용 문구를 확인 한 후 이를 이용해 레이아웃을 꾸며줍니다.
영양정보, 바코드, 유통기한, 분리수거의 이미지들을 활용해 나머지 레이아웃을 채워줍니다.

타이틀 문구 로고를 복사한 뒤 회전시켜 상단 뚜껑에 배치합니다. 완성된 모든 이미지를 Ctrl + Alt + Shift + E 키를 눌러 하나의 레이어로 병합합니다. 'mockup_02.psd' 파일 내용에 맞추어 앞과 윗면의 이미지를 연결시켜 저장한 뒤 완성합니다.

결과 파일 > Exercise > DesignStyle_14-2.psd

Design Style 15.

Fantasy Production

판타지 연출 (히어로 포스터) 만들기

Skill Point

판타지 연출을 통한 아트웍을 만들 때 주제를 쉽게 파악할 수 있도록 사용하는 이미지 요소들의 구도와 색감, 분위기 등 컨셉을 결정합니다.

Keyword

Blend # Warp # Filter # Lighting
 YouTube keyword : Hero Poster

Before you Design

판타지 연출 (Fantasy Production)
디자인의 개념 및 효과

SF영화는 과거부터 현재에 이르기까지 많은 사람들에게 관심을 받고 있는 분야입니다. 현재도 마블이라는 히어로 영화가 한 주류를 이루고 있습니다. 이러한 **공상과학적인 영화를 만들고 홍보하기 위해서는 화려한 그래픽 기술이 필요합니다.** 포토샵에서는 이와같은 효과를 다양한 텍스쳐와 이펙트를 활용해 합성하여 작업을 진행합니다.

판타지 연출 (Fantasy Production)
디자인의 특징 및 표현법

· 화려한 그래픽 효과
· 움직임이 있는 생동감 연출

Designer Gallery

< Fantasy Production >

< Fantasy Production >

판타지 연출 (히어로 포스터) 만들기

Fantasy Production

Production Concept.
영화 포스터

Purpose of production.
판타지, SF물에 사용되는 히어로 포스터 만들기

Production Stage.
① 배경에 비네팅 효과주기
② 인물의 잡티를 제거하여 보정하기
③ 인물에 빛 효과 연출하기
④ 네온 효과 만들기
⑤ 번개 합성하기
⑥ 추가 요소 배치하고 마무리하기

Main function.
[Layer Style], [Smart Blur], [Blend], [Adjustment], [Smart Object]

Key shortcuts.

New (새 파일)
Ctrl + N

Hue/Saturation (색조/채도)
Ctrl + U

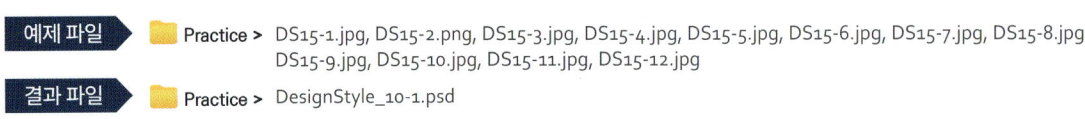

- 창의적이고 개성 있는 작품 완성을 위해 각 실습 단계에 수록된 주요 기능 이외의 추가 표현 기능을 반영해도 좋습니다.

01 배경에 비네팅 효과주기

1 [File] - [New] Ctrl+N 메뉴를 선택하고 [Print – A4, ppi : 150]의 새로운 작업 화면을 만듭니다.

2 'DS15-1.jpg' 파일을 열고, [Filter] - [Blur Gallery] - [Field Blur] 메뉴를 선택하고 [Blur] 를 '25px'❶ 로 설정하여 배경 이미지에 흐림 효과를 연출합니다.

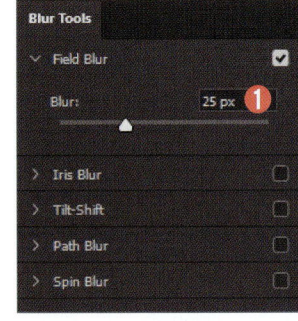

3 전경색을 검은색〈#000000〉으로 지정하고 레이어 패널에서 [Adjustment Layer] 아이콘을 클릭하여 [Gradient Fill]을 선택하고 [Gradient : Foreground to Transparent❶, Style : Radial❷, Scale : 122%❸, Reverse❹]로 설정해 비네팅 효과를 줍니다.

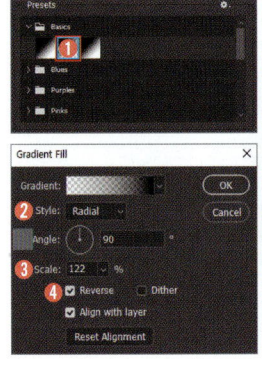

02 인물의 잡티를 제거하여 보정하기

1 'DS15-2.png' 파일을 열고 [Clone Stamp Tool] , [Healing Brush Tool] 을 이용해 피부의 잡티를 보정합니다.

   ➕plus [Clone Stamp Tool], [Healing Brush Tool] 사용 시 Alt 키를 누른 상태에서 이미지를 추출한 후 사용합니다.

   Tip
   인물 사진에서 잡티 제거와 함께 주름을 지워 보정하는 경우가 많습니다. 이때 굵은 주름을 억지로 지워낼 경우 인위적인 피부 표현이 될 수 있으므로 눈가나 입가 주변의 잔주름 위주로 제거하는 것이 좋으며, 얼굴뿐만 아니라 목 주름을 함께 제거해 주는 것도 중요합니다.

2 인물 레이어에서 마우스 오른쪽 버튼을 클릭하여 [Convert to Smart Object]를 적용합니다. 이어서 [Filter] – [Blur] – [Smart Blur] 메뉴를 선택하고 [Radius : 15❶, Threshold : 56❷]으로 설정합니다.

   ➕plus [Smart Object]가 적용된 레이어에 필터를 적용하면 추가 수정이 가능한 상태로 유지됩니다.

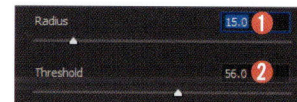

3 필터 효과가 적용된 [Smart Filters] 영역을 선택한 후 검은색으로 채웁니다. 이어서 [Brush Tool]을 선택하고 전경색을 흰색⟨#FFFFFF⟩으로 지정한 후 피부에서 부드럽게 처리할 부분을 보정합니다.

   ➕plus 피부 보정 시 경계 부분을 피해 작업하는 것이 중요하며 너무 과한 보정은 인위적인 느낌을 주므로 주의합니다.

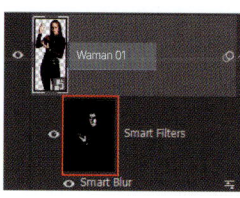

4 보정된 인물 이미지를 기존 작업 창으로 가져와 크기를 알맞게 조절하고 배치합니다.

03 인물에 빛 효과 연출하기

1 레이어 패널에서 [Adjustment Layer] 아이콘을 클릭하여 [Gradient Map]을 선택하고 [왼쪽 색상 : 〈#000000〉❶, 오른쪽 색상 : 〈#0024ff〉❷, Location : 20%❸]로 설정합니다. 이어서 인물 레이어에 [Clipping Mask]를 적용하고 레이어 블렌딩 모드를 'Color'로 지정합니다.

 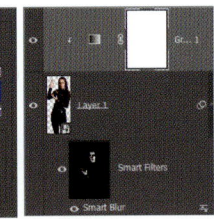  

2 [Gradient Map] 레이어의 [Layer Mask]에 검은색을 채우고 [Brush Tool]로 빛을 표현할 부분을 드래그합니다.

➕plus 해당 작업은 빛이 번질 때 머무는 빛을 표현하기 위한 작업으로 빛의 영역을 미리 파악하기 어렵다면 주 된 빛이 되는 이펙트 작업을 먼저 적용한 후 작업해도 좋습니다.

WORKING-LEVEL 꼭 살펴보아야 할

도형 툴

인쇄물 작업 시 사진은 포토샵에서 나머지는 일러스트에서 작업하면 좋습니다. 다만 이번 작업물을 통해 포토샵에서도 도형을 다룰 수 있는 툴이 있다는 것을 알 수 있습니다. 로고 및 패키지는 포토샵 보다는 주로 일러스트레이터에서 작업을 하므로 일러스트 툴을 다룰 수 있다면 일러스트에서 작업하는 것이 작업 능률 향상에 도움이 됩니다.

재단선

재단선의 사이즈는 인쇄되는 작업물의 형태에 따라 달라질 수 있습니다. 0~4mm의 여백을 사용합니다.

패키지 디자인 분야

패키지 디자인은 크게 설계하는 제작 분야와 비주얼 작업을 하는 그래픽 분야로 나눌 수 있습니다. 보통은 하나의 방향으로 진행을 하며 모든 과정을 같이 진행하기는 난이도가 높아질 수 있습니다.

인쇄용 재질

인쇄 시 출력되는 용지 또는 재질에 따라 인쇄 방식이나 결과물이 달라질 수 있어 참고하는 것이 좋습니다. 가장 많이 사용하는 재질은 종이입니다.

지기 구조 인쇄물

지기 구조를 만들어 실제 제품을 출력하는 것은 금형을 만들기 위한 비용 부담으로 인해 현실적으로 어려운 일입니다. 대부분의 지기 구조 인쇄물은 기존에 존재하는 형태에 비주얼 디자인만 변경해 작업하는 편입니다.

목업 사이트

목업 다운로드 참고 사이트
https://www.pixeden.com/

3 새로운 레이어를 만들고 블렌딩 모드를 'Color'로 지정한 후 인물 레이어에 [Clipping Mask]를 적용합니다. 이어서 [Brush Tool]을 이용해 푸른 빛을 채워 빛 효과를 강조합니다.

Tip
한층 더 강한 빛 효과를 표현하고 싶으면 블렌딩 모드를
[Linear Dodge(Add)]로 적용합니다.

4 새로운 레이어를 만들고 블렌딩 모드를 'Linear Dodge(Add)'로 지정한 후 인물 레이어에 [Clipping Mask]를 적용합니다. 이어서 전경색을 〈#c05a0c〉 색상으로 지정하고 [Brush Tool]을 이용해 인물 가장자리에 색을 그려 넣어 역광을 표현합니다.

5 새로운 레이어를 만들고 전경색을 〈#0072ff〉 색상으로 지정한 후 [Brush Tool]을 이용해 눈동자와 입술 부위에 칠합니다. 이어서 블렌딩 모드를 'Color'로 지정하고 [Eraser Tool]로 입술 주변을 자연스럽게 수정합니다.

➕plus 칠을 한 뒤 지우개를 이용해 잘 지워주는 것이 중요합니다.

04 네온 효과 만들기

1 [Pen Tool]을 선택하고 옵션에서 [Shape❶, Stroke Color : White❷, Stroke : 5px❸, 〈Stroke Option〉❹의 Align : Outline❺, Corners : Round❻]로 설정한 후 그림과 같이 패스를 그려줍니다.

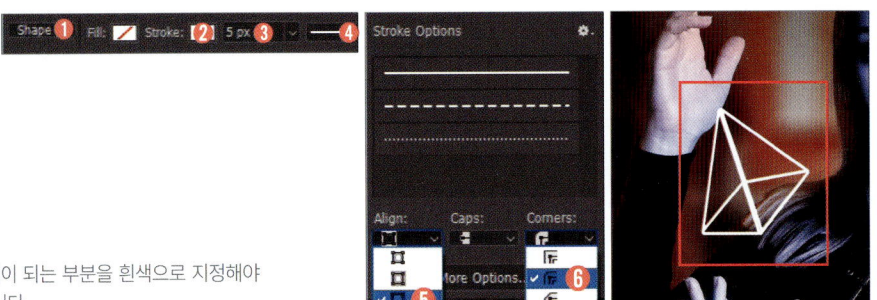

> **Tip**
> 빛 효과를 만들 때 중심이 되는 부분을 흰색으로 지정해야 더 강한 빛으로 표현됩니다.

2 만든 패스 레이어를 모두 그룹 Ctrl + G 으로 지정하고 [Layer Style] 아이콘을 클릭하여 [Inner Glow]를 선택하고 [Blend Mode : Normal❶, Opacity : 15%❷, Color : 〈#0072ff〉❸, Size : 1px❹]로 적용하고 [Outer Glow]를 선택해 [Blend Mode : Screen❺, Opacity : 100%❻, Color : 〈#0072ff〉❼, Size : 9px❽] 로 설정하여 네온을 완성합니다.

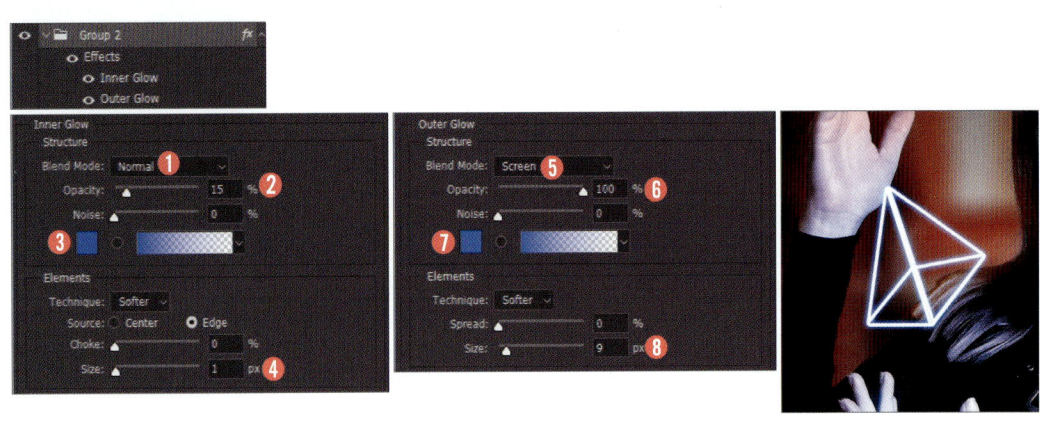

05 번개 합성하기

1 'DS15-3.jpg' 파일을 불러와 배치하고 블렌딩 모드를 'Screen'으로 지정합니다.

2 빛 번짐을 표현하기 위해 새로운 레이어를 만들고 〈#0072ff〉 색상으로 지정한 후 [Gradient Tool]을 이용해 원형 그레이디언트를 만듭니다. 이어서, 블렌딩 모드를 'Linear Dodge(Add)'로 지정하고, Opacity를 '50%'로 설정합니다.

3 'DS15-4.jpg' 파일을 불러와 배치하고 블렌딩 모드를 'Screen'으로 지정합니다. 이어서 [Image] - [Adjustments] - [Hue/Saturation] Ctrl + U 메뉴에서 [Hue : -180]으로 설정합니다.

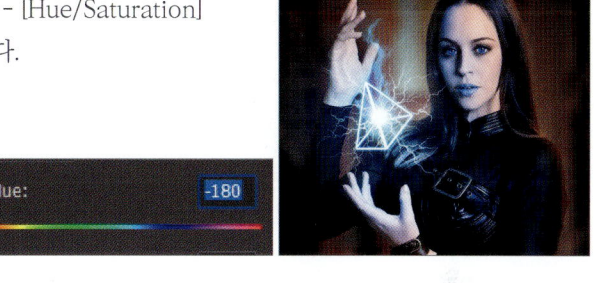

4 'DS15-5.jpg' 파일을 불러와 [Transform]으로 회전시켜 배치한 후 블렌딩 모드를 'Screen'으로 지정합니다.

5 'DS15-6.jpg' 파일을 불러와 [Transform]으로 회전시켜 배치한 후 [Image] - [Adjustments] - [Hue/Saturation] Ctrl + U 메뉴에서 [Hue : -145]로 설정합니다. 이어서 블렌딩 모드를 'Screen'으로 지정합니다.

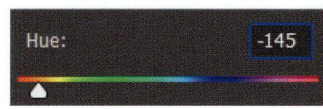

6 'DS15-7.jpg' 파일을 열고 원하는 번개 모양을 추출하고 손 주위를 추가로 꾸며줍니다. 이어서 블렌딩 모드를 'Screen'으로 지정합니다.

7 'DS15-8.jpg' 파일을 불러와 앞에서 작업한 번개 모양 주위에 어우러지게 배치하고 블렌딩 모드를 'Screen'으로 지정합니다. 이어서 복제한 후 인물의 오른쪽 팔에 해당하는 위치에 [Transform]을 이용해 사이즈를 축소해 배치합니다.

8 'DS15-9.jpg' 파일을 불러 [Transform] - [Warp] 기능을 활용해 인물의 왼쪽 팔에 맞춰줍니다. 이어서 블렌딩 모드를 'Screen'으로 지정하여 동일한 효과를 추가해 이미 만들어진 라인에 가지를 치듯 연출합니다.

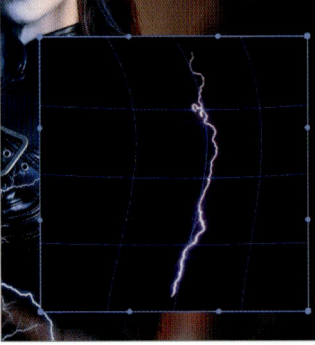

9 'DS15-10.jpg' 파일을 불러와 눈 주위에 배치하고 블렌딩 모드를 'Screen'으로 지정합니다. 이어서 [Layer Mask]를 적용해 눈 주변을 자연스럽게 연출합니다.

10 'DS15-11.jpg' 파일과 'DS15-12.jpg' 파일을 불러와 배치하고 블렌딩 모드를 'Screen'으로 지정하여 연기 효과를 연출합니다.

11 새로운 레이어를 만들고 〈#0072ff〉 색상을 선택 한 뒤 [Gradient Tool]을 이용해 왼쪽 하단에 원형으로 색을 채워줍니다. 이어서 블렌딩 모드를 'Overlay'로 지정합니다.

06 추가 요소 배치하고 마무리하기

1 [Pen Tool]을 이용해 번개 모양의 마크를 그려줍니다.

2 [Type Tool]을 이용해 "ELECTRONIC" 문구를 입력한 후 [Layer Style] 아이콘을 클릭하여 [Stroke]를 선택하고 [Size : 5px❶, Position : Outside❷, Color : White❸]로 설정합니다.

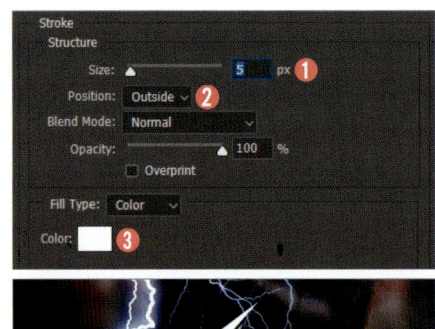

3 레이어 패널에서 [Fill] 값을 '0%'로 설정해 폰트의 가운데를 비워내고 "WOMAN HERO" 문구를 입력해 히어로 포스터를 완성합니다.

4 나머지 글 내용을 채워 완성합니다.

빛 표현하는 방법

빛을 표현하는 방법은 다양하게 존재합니다. 그중에서 이펙트 텍스쳐를 활용해 빛을 표현하는 방법이 가장 일반적이며, 원하는 모양을 얻기 위해서 직접 디자인해 사용해도 좋습니다.

빛 효과 만들기

직접 빛 효과를 만들 경우 [빛 번짐 : 오버레이, 빛 : 스크린, 빛 강조 : 컬러 닷지, 빛 머뭄 : 리니어 닷지]로 생각하고 작업하면 좋습니다.

빛 효과 배경

빛 이펙트를 사용하는 텍스쳐의 배경은 주로 검은색으로 채워져 있습니다. 검은색과 같은 어두운 계열의 배경이 아닌 경우 빛의 효과를 극대화 시키기 어렵습니다.

빛 그림자 표현

빛을 다룰 때는 중요한 빛 부분만 표현하는 것이 아니라 빛이 퍼질 때의 모습을 최대한 표현해 주어야 공간이 자연스럽게 형성됩니다. 또한 빛의 그림자도 함께 표현해 주는 것이 좋습니다.

기능 다시 한번 익히기　　　예제파일　Exercise >　DS15-E1.jpg, DS15-E2.png, DS15-E3.jpg, DS15-E4.jpg, DS15-E5.jpg, DS15-E6.jpg, DS15-E7.jpg

Exercise

Design Style 15.에서 학습한 내용을 이용해 불꽃 효과를 나타내는 새로운 히어로 포스터를 만듭니다.

[File – New] 메뉴를 선택하고 [Print – A4, ppi : 150, Orientation : Horizontal] 의 새로운 작업 화면을 만듭니다. 'DS15-E1.jpg' 파일을 불러와 [Filter] – [Blur Gallery] – [Field Blur : 15%] 를 적용합니다. 이어서 [Adjustment] – [Gradient Fill]을 이용해 비네팅 효과를 적용합니다.

'DS15-E2.png' 파일을 불러와 배치하고 새로운 레이어를 만든 후 인물 레이어에 [Clipping Mask] 를 적용하고 [Blend : Linear Dodge(Add)]를 적용합니다. 이어서 [Brush Tool]을 활용해 역광과 빛 머금음을 표현합니다.

'DS15-E3.jpg' 파일을 불러와 인물 레이어에 [Clipping Mask]를 적용한 후 팔뚝 위치에 배치하고 [Blend : Screen]을 적용해 합성합니다. 작업한 레이어를 복제하고 [Blend : Soft Light]로 지정하여 이미지를 더 강조합니다.

[Pen Tool]로 어깨 부분에 삼각 도형을 그려준 뒤 [Layer Style]의 [Out Glow, Inner Glow]효과를 이용해 네온 효과를 줍니다. 이어서 [Transform – Warp]로 자연스럽게 왜곡합니다. 'DS15-E4.jpg' 파일을 불러와 [Transform – Warp]으로 왜곡한 후 어깨 위에 배치하고 블렌딩 모드를 'Screen'으로 적용하고 일부분을 지워 자연스럽게 합성해 줍니다.

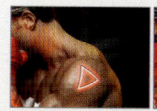 

새로운 레이어를 만들고 [Blend : Overlay]를 적용한 뒤 [Gradient Tool]로 어깨 주변에 빛 번짐을 더해 줍니다. 'DS15-E5.jpg', 'DS15-E6.jpg'파일을 이용해 원하는 위치에 배치하고 [Blend : Screen]을 적용해 꾸며줍니다.

새로운 레이어를 만들고 [Blend : Color]를 적용한 뒤 [Grandient Tool]로 화면 왼쪽 아래에 빛 번짐을 표현해 줍니다. 'DS15-E7.jpg' 파일을 불러와 [Blend : Screen]을 적용해 불꽃 효과를 강조합니다.

새로운 레이어를 만들고 검은색을 채운 뒤 [Blend : Color Dodge]를 적용합니다. 이어서 흰색 브러시를 이용해 빛을 강조해야 하는 부분을 그린 후 로고와 문구를 입력합니다.

[Adjustment – Color Lookup : Crisp_Winter.look]을 적용해 이미지를 완성합니다.

결과 파일　Exercise > DesignStyle_15-2.psd

Design Style 16.

Matte Painting 1

매트 페인팅 기법을 활용한 가상세계 만들기 -1

Skill Point

가상세계는 우리가 눈으로 볼 수 없는 상상 속의 세계입니다. 직접 눈으로 보고 경험하지 못한 세계를 작품으로 표현하기 전, 아이디어 스케치 작업을 통해 다양한 소스들을 배합해 보는 것이 좋습니다.

Keyword

Blend # Channel # Filter # Manipulation

YouTube keyword : Matte painting

Before you Design

매트 페인팅 (Matte Painting)
디자인의 개념 및 효과

CG 기술이 널리 사용되기 이전의 과거에는 영화 속의 웅장한 장면을 연출하기 위해 직접 그림을 그려 보여주는 방법을 선택하게 됩니다. 이때 필름에 빛이 투과되지 않도록 칠을 했던 색상이 무광택 검은색으로 이를 매트 블랙이라고 합니다. 매트 페인팅의 매트는 여기에서 나온 이름입니다. 현재는 CG 기술이 많이 발전되어 과거처럼 작업을 하지 않지만 합성 포스터를 만들거나 아트적인 요소를 그려 내기 위해 현재도 널리 사용되고 있습니다. 단, 작업 방식이 그림을 그리기만 했던 부분에서 사진을 이용해 작업하는 형태로 바뀌었습니다. 존재하지 않는 세상을 자유롭게 표현할 수 있어 재미 요소가 강하고 포스터나 작품으로써 다양하게 활용이 가능해 현재까지도 만족도가 높은 작업 중 하나입니다.

매트 페인팅 (Matte Painting)
디자인의 특징 및 표현법

· 여러 사진을 활용한 합성
· 겹겹이 쌓아 올려 만드는 원근감

Designer Gallery

< Matte Painting >

< Matte Painting >

매트 페인팅 기법을 활용한 가상세계 만들기 -1

Matte Painting -1

Production Concept.

매트페인팅

Purpose of production.

퀄리티 높은 합성 작업을 위한 매트페인팅 기법 활용하기

Main function.

[Layer Style], [Channels], [Blend], [Adjustment], [Smart Object]

Key shortcuts.

선택 영역 반전
Ctrl + Shift + I

New Layer (새 레이어 옵션 창)
Ctrl + Shift + N

Production Stage.

① 두 장의 이미지를 합성해 배경 만들기
② 나무숲 연출하기
③ 나루터와 배를 배치하여 전경 채우기
④ 산과 집을 배치해 후경 채우기
⑤ 마무리 하기

- 창의적이고 개성 있는 작품 완성을 위해 각 실습 단계에 수록된 주요 기능 이외의 추가 표현 기능을 반영해도 좋습니다.

01 두 장의 이미지를 합성해 배경 만들기

1 [File] – [New] 메뉴를 선택하고 [W : 1920px, H : 1080px, ppi : 72]의 새로운 작업 화면을 만듭니다.

2 'DS16-1.jpg' 파일을 준비된 작업 창으로 불러옵니다.

3 'DS16-2.jpg' 파일을 열고 [Marquee Tool]을 선택한 후 옵션 바에서 [Style : Fixed Size, W : 1920px, H : 270px]로 설정하고 수면의 경계선 가운데 부분을 선택해 기존 작업 창으로 이동합니다.

4 새로운 레이어를 만들고 전경색을 〈#ff9000〉 색상으로 설정한 후 [Gradient Tool]을 선택합니다. [Gradient Editor]에서 [Preset : Foreground to Transparent❶]를 선택하고 그림과 같이 그레이디언트를 적용한 후 [Clipping Mask]를 적용합니다. 이어서 블렌딩 모드를 'Soft Light'로 지정합니다.

5 새로운 레이어를 만들고 수면 레이어에 [Clipping Mask]를
   적용합니다. 이어서 [Brush Tool]을 선택하고
   [Hard Round, Opacity :100%, Fill : 100%]로 설정한 후
   〈#ff9000〉 색상으로 물 수면에 노을빛이 반사되어야 하는
   부분을 그려줍니다.

6 [Filter] – [Blur] – [Gaussian Blur] 메뉴를 선택하고
   [Radius : 170px]로 설정합니다.

7 새로운 레이어를 만들고 검은색으로 채운 후 블렌딩 모드를 'Screen'로 지정합니다. 이어서 하위 레이어에
   [Clipping Mask]를 적용한 뒤 태양의 반사 빛을 표현해야 하는 부분을 [Brush Tool]로 그립니다.

   ✚plus 밝은 빛을 표현하려면 주로 흰색을 사용합니다.

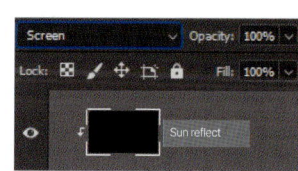 

8 [Filter] – [Blur] – [Gaussian Blur] 메뉴를 선택하고
   [Radius : 30px]로 설정합니다.

9 새로운 레이어를 만들고 하위 레이어에 [Clipping Mask]
   를 적용합니다. 전경색을 검은색으로 설정한 후
   [Gradient Tool]을 이용해 아래서 위로 그레이디언트를
   적용합니다. 이어서 [Opacity]를 '50%'로 설정합니다.

10 지금까지 작업한 레이어를 모두 선택하고 그룹 `Ctrl`+`G` 으로 지정한 후 이름을 'water'로 변경합니다.

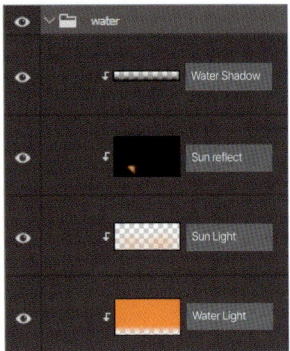

02 나무숲 연출하기

1 'DS16-3.jpg' 파일을 열고 [Channels]를 이용해 선택 영역을 만든 후 [Layer Mask]를 적용합니다.

➕plus **[Channels]을 이용해 추출하는 방법**
- RGB 컬러 레이어 중 가장 대비가 큰 레이어를 선택해 복사합니다.
- 복사된 채널 레이어를 선택한 상태에서 [Levels]를 이용해 대비를 키워줍니다.
- 부족한 대비는 [Dodge Tool, Burn Tool]을 이용해 추가 보정합니다.
- 흰색 부분이 선택되는 영역이 필요하다면 [Invert] `Ctrl`+`I` 를 적용해 반전합니다.
- RGB 메인 채널을 선택 후 복사한 뒤 보정했던 레이어를 선택 영역으로 바꿔 사용합니다.

Tip
합성을 목적으로 이미지를 추출하는 경우, 레이어 마스크를 적용한 상태에서 작업 창으로 가져오는 것이 작업에 더 편리합니다.

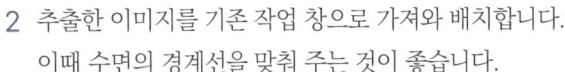

2 추출한 이미지를 기존 작업 창으로 가져와 배치합니다. 이때 수면의 경계선을 맞춰 주는 것이 좋습니다.

3 [Brush Tool]로 나무 아래 수면 이미지를 자연스럽게 정리합니다.

4 나무숲 레이어에서 [Adjustment Layer] 아이콘을 클릭하고 [Curves]를 적용한 후 [Clipping Mask]를 적용하여 명암을 보정합니다.

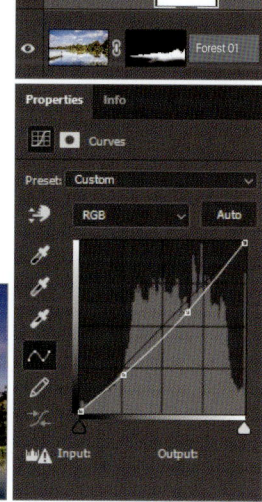

5 [Adjustment Layer] 아이콘을 클릭하고 [Color Balance]를 선택한 후 [Red : +23, Green : +6, Blue : +6] 으로 설정합니다. 이어서 [Clipping Mask]를 적용합니다.

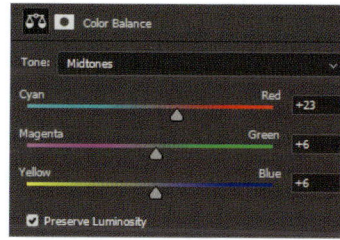 

6 Ctrl + Shift + N 키를 눌러 [New Layer] 옵션 창을 열고 [Mode : Overlay, Fill with Overlay-neutral color (50% gray) 체크]로 설정하여 회색 레이어를 만듭니다. 이어서 [Clipping Mask]를 적용하고 [Dodge Tool]과 [Burn Tool]로 나무의 명암을 보정합니다.

Design Style 16 - Matte Painting 1   255

7 'DS16-4.jpg' 파일을 열고 [Channels]을 통해 선택 영역을 만듭니다. 이어서 [Layer Mask]를 적용한 후 기존 작업 창으로 이동해 배치합니다.

8 [Brush Tool]로 수면의 경계를 자연스럽게 정리합니다.

9 [Adjustment Layer] 아이콘을 클릭하고 [Color Balance]를 선택하여 [Red : +27]로 설정합니다.

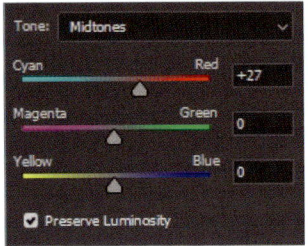 

10 Ctrl + Shift + N 키를 눌러 [New Layer] 옵션 창을 열고 [Mode : Overlay, Fill with Overlay-neutral color(50% gray) 체크]로 설정하여 회색 레이어를 만듭니다. 이어서 [Clipping Mask]를 적용하고 [Dodge Tool]과 [Burn Tool]로 나무의 명암을 보정합니다.

11 나무 숲 작업과 관련된 레이어를 모두 선택하고 그룹으로 지정합니다.

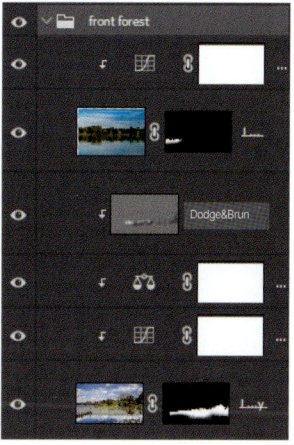

03 나루터와 배를 배치하여 전경 채우기

1 'DS16-5.jpg' 파일을 열고 [Pen Tool]로 이미지를 추출합니다.

2 추출한 이미지를 기존 작업 창으로 이동하여 배치합니다.

3 Ctrl + Shift + N 키를 눌러 [New Layer] 옵션 창을 열고 [Mode : Overlay, Fill with Overlay-neutral color (50% gray) 체크]로 설정하여 회색 레이어를 만듭니다. 이어서 [Clipping Mask]를 적용하고 [Dodge Tool]과 [Burn Tool]로 나루터의 명암을 보정합니다.

4 'DS16-6.jpg' 파일을 열고 [Channels]를 이용해 선택 영역을 만든 후 [Layer Mask]를 적용한 뒤 기존 작업 창으로 이동해 배치합니다.

5 속성 창에서 [Select and Mask]를 적용하고 [Output Settings – Decontaminate Colors]를 체크한 뒤 [Amount : 50%]로 설정합니다.

➕plus 해당 기능은 채널로 추출한 이미지의 가장자리를 배경과 좀 더 자연스럽게 어우러지도록 도와주는 기능입니다.

6 [Adjustment Layer] 아이콘을 클릭하고 [Curves]를 선택하여 사진을 참고해 조정하고 [Clipping Mask]를 적용하여 명암을 보정합니다.

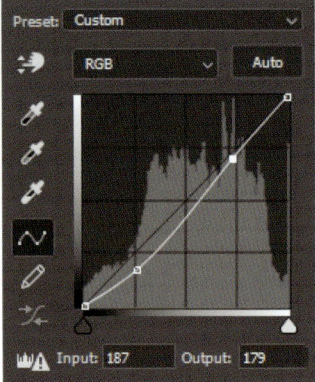

7 같은 방법으로 오른쪽 영역에도 나무 이미지를 추가합니다.

8 'DS16-7.jpg' 파일을 열고 [Pen Tool]로 이미지를 추출한 후 [Layer Mask]를 적용합니다.

9 추출한 배 이미지를 기존 작업 창으로 가져와 나루터 옆에 배치한 뒤 배경과 자연스럽게 합성해 줍니다.

10 지금까지 작업한 레이어를 모두 선택한 후 그룹으로 지정합니다.

04 산과 집을 배치해 후경 채우기

1 'DS16-8.png' 파일을 불러와 물과 나무숲 레이어 사이에 배치합니다. 이어서 [Adjustment Layer] 아이콘을 클릭하고 [Hue/Saturation]과 [Curves]를 적용하고 [Clipping Mask]를 적용하여 채도와 명암을 보정한 후 그룹으로 지정합니다.

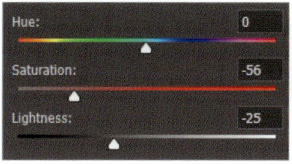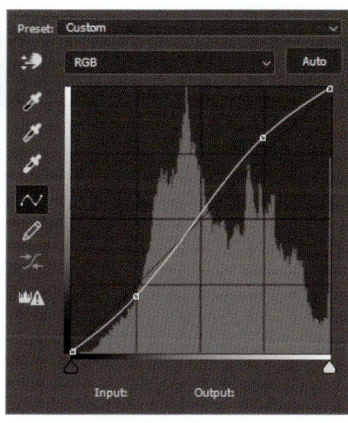

2 'DS16-9.jpg' 파일을 열고 [Magic Wand Tool]로 배경을 선택한 후 영역 반전 Ctrl + Shift + I 하여 산 이미지를 추출합니다.

3 추출한 산 이미지를 기존 작업창으로 가져와 물 레이어 아래 배치합니다.

4 Ctrl + Shift + N 키를 눌러 새 레이어 만들기 옵션 창을 열고 [Mode : Overlay, Fill with Overlay-neutral color(50% gray) 체크]로 설정하여 회색 레이어를 만듭니다. 이어서 [Clipping Mask]를 적용하고 [Dodge Tool]과 [Burn Tool]로 산 이미지의 명암을 보정합니다.

5 [Adjustment Layer] 아이콘을 클릭하고 [Curves]를 선택하여 사진과 같이 그래프를 조정하고 [Clipping Mask]를 선택한 후 명암을 보정합니다.

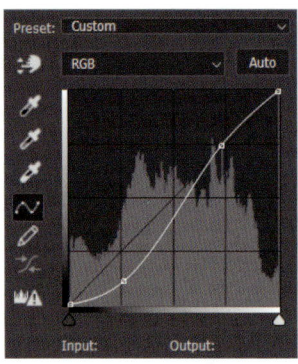 

6 [Adjustment] – [Hue/Saturation]을 적용하고 [Clipping Mask]를 선택한 후 채도를 보정합니다. [Hue : -3, Saturation : -38]로 설정합니다.

➕plus 합성 시 외부에서 가져온 이미지의 경우 원본의 이미지 색상이 작업 내용과 맞지 않는 경우가 많습니다. 이때 [Hue/Saturation]으로 채도를 조정하면 쉽게 색을 맞춰낼 수 있습니다.

7 새로운 레이어를 만들고 [Clipping Mask]를 적용합니다. 이어서 전경색을 흰색으로 지정한 뒤 [Brush Tool]을 선택하여 [Soft Round Brush, Opacity : 20%, Flow : 100%]로 설정한 후 산 아래쪽에 색을 넣어줍니다. 해당 레이어를 모두 그룹으로 지정합니다.

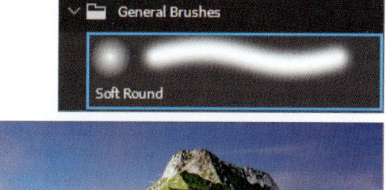

8 'DS16-10.jpg' 파일을 열고 [Pen Tool]로 집 이미지를 추출한 후 기존 작업 창으로 가져와 [Layer Mask]를 적용해 자연스럽게 어우러지도록 정리합니다.

9 새로운 레이어를 만들고 [Clipping Mask]를 적용한 뒤 전경색을 검은색으로 지정하고 [Brush Tool]로 집 이미지에 그림자를 만듭니다.

10 [Adjustment] - [Curves]를 적용하고 [Hue/Saturation]을 선택하여 [Hue : -9, Saturation : -30]으로 설정한 후 [Clipping Mask]를 적용하여 명암과 채도를 보정합니다.

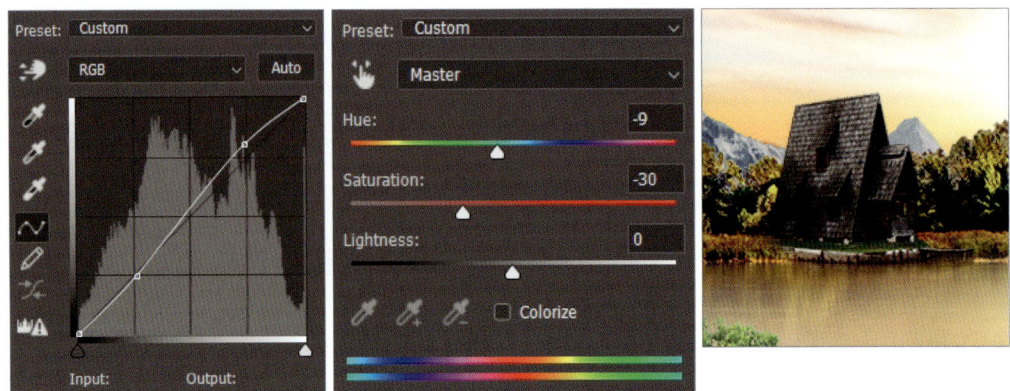

11 수면에 비치는 상을 만들기 위해 집 레이어를 복제 Ctrl + J 하고 [Transform] - [Flip Vertical]을 적용해 상하 반전합니다. 이어서 [Layer Mask]를 적용한 뒤 [Brush Tool]로 자연스럽게 지워내 상을 만듭니다.

12 해당 작업 레이어를 모두 그룹으로 지정합니다.

05 마무리 하기

1 새로운 레이어를 만들고 블렌딩 모드를 'Screen'으로 적용한 후 [Brush Tool]로 수면에 빛이 번지는 상을 그려줍니다.

Design Style 17.

Matte Painting 2

매트 페인팅 기법을 활용한 가상세계 만들기 -2

 **Skill Point**

가상세계는 우리가 눈으로 볼 수 없는 상상 속의 세계입니다. 직접 눈으로 보고 경험하지 못한 세계를 작품으로 표현하기 전, 아이디어 스케치 작업을 통해 다양한 소스들을 배합해 보는 것이 좋습니다.

 Keyword

Blend # Channel # Filter # Manipulation
YouTube keyword : Matte painting

Before you Design

매트 페인팅 (Matte Painting)
디자인의 개념 및 효과

CG 기술이 널리 사용되기 이전의 과거에는 영화 속의 웅장한 장면을 연출하기 위해 직접 그림을 그려 보여주는 방법을 선택하게 됩니다. 이때 **필름에 빛이 투과되지 않도록 칠을 했던 색상이 무광택 검은색으로 이를 매트 블랙이라고 합니다. 매트 페인팅의 매트는 여기에서 나온 이름**입니다. 현재는 CG 기술이 많이 발전되어 과거처럼 작업을 하지 않지만 합성 포스터를 만들거나 아트적인 요소를 그려내기 위해 현재도 널리 사용되고 있습니다. 단, 작업 방식이 그림을 그리기만 했던 부분에서 사진을 이용해 작업하는 형태로 바뀌었습니다. 존재하지 않는 세상을 자유롭게 표현할 수 있어 재미 요소가 강하고 포스터나 작품으로써 다양하게 활용이 가능해 현재까지도 만족도가 높은 작업 중 하나입니다.

매트 페인팅 (Matte Painting)
디자인의 특징 및 표현법

· 여러 사진을 활용한 합성
· 겹겹이 쌓아 올려 만드는 원근감

Designer Gallery

< 이태하/그래픽디자이너 >

< Matte Painting >

매트 페인팅 기법을 활용한 가상세계 만들기 -2

Matte Painting -2

Production Concept.

매트페인팅

Purpose of production.

퀄리티 높은 합성 작업을 위한 매트 페인팅 기법 활용하기

Main function.

[Layer Style], [Channels], [Blend], [Adjustment], [Smart Object]

Key shortcuts.

Merge Visible (보이는 레이어 병합)
`Ctrl` + `Shift` + `E`

New Layer (새 레이어 옵션 창)
`Ctrl` + `Shift` + `N`

Production Stage.

① 분화하는 화산 연출하기
② 번개 구름 표현하기
③ 화산 파편 표현하기
④ 공룡 만들기
⑤ 구름과 안개 연출하기
⑥ 낚싯대를 든 아이
⑦ 마무리하기

- 창의적이고 개성 있는 작품 완성을 위해 각 실습 단계에 수록된 주요 기능 이외의 추가 표현 기능을 반영해도 좋습니다.

01 분화하는 화산 연출하기

1 'DesignStyle_16-1.psd' 파일 또는 'Design Style 16'에서 작업한 파일을 준비합니다.

2 'DS17-1.jpg' 파일을 불러와 하늘에 배치하고 [Layer Mask]를 적용해 기존 하늘 이미지와 어우러지도록 합성합니다.

3 'DS17-2.jpg' 파일을 불러와 산 위에 배치하고 블렌딩 모드를 'Screen'으로 지정한 후 [Layer Mask]를 적용하고 산과 자연스럽게 어울리도록 합성합니다.

4 'DS17-3.jpg' 파일을 불러와 산 위에 배치하고 [Layer Mask]를 적용한 뒤 활화산 느낌이 나도록 연출합니다.

+plus 이후 작업에서 이미지를 덮어 나갈 것이므로 경계만 정확하게 지워도 좋습니다.

5 'DS17-4.png' 파일을 불러와 산 위에 배치하고 [Layer Mask]를 이용해 가장자리를 정리하여 화산 폭발이 일어나는 장면을 연출합니다.

02 번개 구름 표현하기

1 'DS17-5.jpg' 파일을 불러와 화산 위에 배치하고 [Layer Mask]를 적용한 뒤 활화산 위로 번개가 내리치는 느낌을 표현합니다.

2 [Adjustment Layer]를 클릭하고 [Hue/Saturation]을 적용한 뒤 [Clipping Mask] 효과를 적용하고 [Saturation : -70]으로 설정해 채도를 낮춰줍니다.

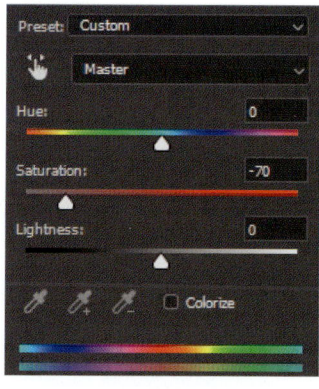 

3 'DS17-6.jpg' 파일을 불러와 화산 위치에 배치하고 블렌딩 모드를 'Screen'으로 지정합니다. 이어서 원하는 만큼 번개 표현을 해줍니다.

03 화산 파편 표현하기

1 'DS17-7.jpg' 파일을 불러와 배치하고 블렌딩 모드를 'Screen'으로 지정합니다.

2 [Edit] - [Purppet Warp] 메뉴를 선택하고 [Pin]을 만들어 곡선으로 왜곡시켜 줍니다.

3 'DS17-8.jpg' 파일을 불러와 원하는 위치에 배치하고 같은 방법으로 화산 파편을 추가합니다.

4 새로운 레이어를 만들고 전경색을 〈#005aff〉 색상으로 지정한 후 [Gradient Tool] - [Preset : Foreground to Transparent, Style : Radial]로 광원을 그려줍니다. 이어서 블렌딩 모드를 'Linear Dodge(Add)'로 지정한 후 [Opacity]를 '20%'로 설정하여 색감을 보정하고 작업을 마무리합니다.

04 공룡 만들기

1 'DS17-9.png' 파일을 열고 아래 그림처럼 상반신과 하반신을 나누어 이미지를 추출합니다. 이어서 상반신의 이미지만 작업창으로 가져와 약간의 회전 후 배치합니다.

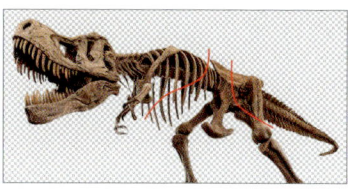 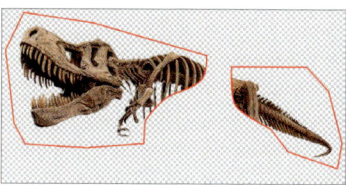 

2 공룡 상반신 레이어에 [Layer Mask]를 적용한 뒤 산과 뼈 사이의 경계를 자연스럽게 처리합니다. 너무 과하게 지우는 것이 아닌 가장자리를 가볍게 지워낸다고 생각하는 것이 좋습니다.

3 'DS17-10.jpg' 파일을 불러와 공룡 상반신 레이어에 [Clipping Mask]를 적용하고 블렌딩 모드를 'Hard Light'로 지정합니다. 이어서 Alt 키를 누른 상태에서 [Layer Mask] 아이콘을 클릭해 검은 마스크를 생성하고 흰색을 선택한 뒤 [Brush Tool]로 공룡 몸체에 이끼를 표현해 줍니다.

4 [Adjustment] - [Hue/Saturation]을 선택한 후 [Hue : -2, Saturation : -59]로 설정합니다. 이어서 [Clipping Mask]를 적용합니다.

 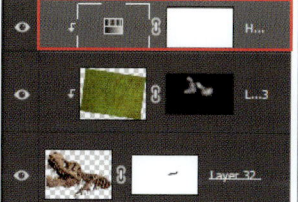 

5 `Ctrl`+`Shift`+`N` 키를 눌러 [New Layer] 옵션 창을 열고 [Mode : Overlay, Fill with Overlay-neutral color (50% gray) 체크]로 설정하여 회색 레이어를 만듭니다. 이어서 [Clipping Mask]를 적용하고 [Dodge Tool]과 [Burn Tool]로 공룡 상반신의 명암을 보정합니다.

6 새로운 레이어를 만들고 [Clipping Mask]를 적용한 뒤 블렌딩 모드를 'Linear Dodge(Add)'로 지정합니다. 전경색을 〈#ff4200〉 색상으로 지정하고 [Brush Tool]로 공룡 상반신 가장자리에 역광을 표현합니다.

7 공룡 상반신 레이어를 복제 `Ctrl`+`J` 한 후 [Image] - [Adjustments] - [Hue/Saturation] `Ctrl`+`U` 메뉴를 선택하고 [Lightness : -100]으로 설정해 검은색으로 만듭니다.

8 [Transform] - [Flip Horizontal]을 적용해 좌우 반전한 후 [Transform] - [Distort]로 그림자 위치를 잡아줍니다. 이어서 [Layer Mask]와 [Opacity]를 이용해서 그림자를 자연스럽게 합성합니다.

9 'DS17-11.png' 파일을 불러와 공룡 턱뼈 아래 배치합니다.

10 [Adjustment] - [Hue/Saturation]을 선택하고 [Hue : 43, Saturation : 31, Lightness : -48, Colorize 체크]로 설정한 후 [Clipping Mask]를 적용합니다.

11 [Adjustment] - [Curves]를 적용한 뒤 [Clipping Mask]를 적용하고 명암을 보정합니다.

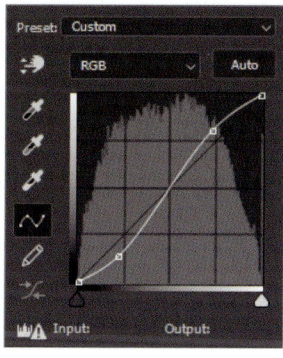 

12 해당 레이어를 모두 그룹으로 지정합니다.

13 준비한 공룡 하반신을 가져와 산에 배치하고 위와 같은 방법으로 작업합니다. 그림자 효과는 적용하지 않아도 좋습니다. 이어서 해당 레이어를 모두 그룹으로 지정합니다.

　+plus 이끼 레이어 합성 → Hue/Saturation → Curves → Dodge Tool & Burn Tool 순서로 작업합니다.

05 구름과 안개 연출하기

1 'DS17-12.jpg' 파일을 열고 원하는 구름을 선택해 작업 창으로 이동시킨 후 블렌딩 모드를 'Screen'으로 지정해 합성합니다.

2 새로운 레이어를 만들고 산과 물의 경계에 흰색 [Brush Tool]을 이용해 안개를 표현합니다. 일반 [Hard Brush]로 그려낸 뒤 [Gaussian Blur]를 선택하고 [Radius : 80px]로 설정합니다.

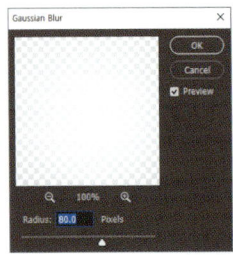  

3 새로운 레이어를 만들고 블렌딩 모드를 'Screen'으로 지정하고 흰색 [Gradient - Preset : Foreground to Transparent, Style : Radial]을 이용해 태양이 있는 위치부터 태양 빛이 번지도록 표현해 줍니다. 이어서 [Opacity]를 '30%'로 설정하고 해당 레이어를 모두 그룹으로 지정합니다.

06 낚싯대를 든 아이

1 'DS17-13.png' 파일을 불러와 나루터에 배치합니다. 이어서 [Adjustment] - [Curves]를 적용한 뒤 [Clipping Mask]를 적용하고 명암을 보정합니다.

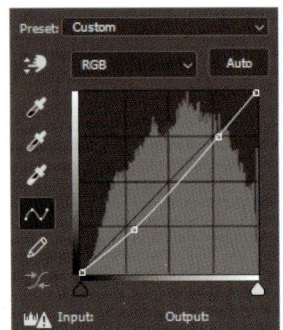 

2   [Adjustment Layer]를 클릭하고 [Hue/Saturation]을 적용한 뒤 [Clipping Mask]를 선택한 후 [Hue : -12, Saturation : -50, Lightness : +4]로 설정해 아이 이미지의 색감을 보정합니다.

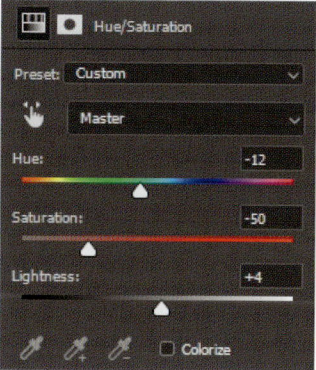 

3   Ctrl + Shift + N 키를 눌러 새 레이어 만들기 옵션 창을 열고 [Mode : Overlay, Fill with Overlay-neutral color (50% gray) 체크]로 설정하여 회색 레이어를 만듭니다. 이어서 [Clipping Mask]를 적용하고 [Dodge Tool]과 [Burn Tool]로 아이의 명암을 보정합니다.

4   새로운 레이어를 만들고 [Clipping Mask]를 적용한 후 블렌딩 모드를 'Linear Dodge(Add)'로 지정합니다. 이어서 전경색을 〈#ff4200〉 색상으로 선택하고 [Brush Tool]로 역광을 표현합니다.

5   레이어를 복제 Ctrl + J 하고 공룡 상반신의 그림자를 만드는 방법과 동일하게 그림자를 만들어 줍니다.

6 'DS17-14.jpg' 파일을 불러와 화면 하단에 배치하고 블렌딩 모드를 'Screen'으로 지정하여 합성합니다. 이어서 해당 레이어를 모두 그룹으로 지정합니다.

07 마무리하기

1 'DS17-15.jpg' 파일을 불러와 왼쪽 산 위에 배치한 뒤 블렌딩 모드를 'Multiply'로 지정합니다.

2 새로운 레이어를 만들고 검은색으로 채운 후 블렌딩 모드를 'Color Dodge'로 지정합니다. 전경색을 〈#0096ff〉색상으로 선택한 뒤 [Gradient]를 이용해 번개 위치에 푸른 광원을 만들고 [Opacity]를 '50%'로 설정합니다.

3 새로운 레이어를 만들고 검은색으로 채운 후 [Filter] - [Render] - [Lens Flare]를 선택하여 조정합니다. 이어서 블렌딩 모드를 'Screen'으로 지정하여 광원을 표현하고 태양에 맞추어 위치를 조정합니다. 경계선 처리는 [Layer Mask]를 이용해 처리합니다.

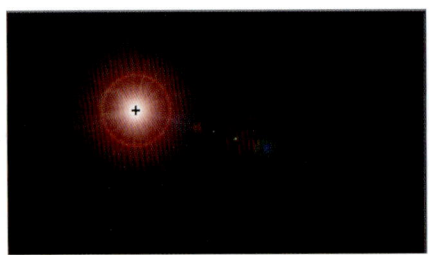 

4 Ctrl + Shift + E 키를 눌러 전체 레이어를 합친 이미지 레이어를 만들어 줍니다.

5 [Filter] - [Camera Raw Filter]를 적용해 다양하게 색상을 보정합니다.

+plus 원하는 수준의 색상 효과를 얻기 위해 다양한 보정 기능을 사용해 보는 것을 권장합니다.

매트 페인팅 방법

매트 페인팅은 실제 그림을 그려서 작업하는 형태를 사용했지만, 현재는 사진을 이용해 이미지를 조작해 만들어내는 방법을 사용합니다. 또한 3D 툴을 활용해서도 작업을 진행해 볼 수 있습니다.

원근감

매트 페인팅을 보다 쉽게 진행하는 방법은 정면만 바라보는 이미지를 겹겹이 쌓아 원근감을 표현하는 것입니다. 투시가 들어갈 경우 난이도가 올라가는 점이 있어 주의합니다.

매트 페인팅 공유 사이트

매트 페인팅은 난이도가 높은 작업의 디자인입니다. 특히 어울리는 사진을 찾기가 어려우므로 다양한 사진 공유 사이트를 검색해 보는 것이 좋습니다. 필자가 사용하는 사이트로는 구글(https://www.google.co.kr), 픽사베이(https://pixabay.com), 프리픽(https://www.freepik.com), 핀터레스트(https://www.pinterest.co.kr), 데비안트아트(https://www.deviantart.com), 셔터스톡(https://www.shutterstock.com) 등이 있습니다.

저작권

학습을 위한 목적의 이미지 사용은 저작권에 위배되지 않습니다. 하지만 해당 이미지를 판매하거나 영리 목적을 취할 경우 작은 이미지라도 저작권에 위배되니 사용 시 주의를 하는 것이 좋습니다. 필요하다면 사진을 직접 찍어 활용해 보는 것도 좋은 경험이 될 것입니다.

기능 다시 한번 익히기 　　예제파일 　Exercise > DS17-E1.jpg, DS17-E2.jpg, DS17-E3.png, DS17-E4.png, DS17-E5.png, DS17-E6.jpg, DS17-E7.png, DS17-E8.jpg, DS17-E9.jpg, DS17-E10.jpg, DS17-E11.png, DS17-E12.jpg, DS17-E13.jpg, DS17-E14.jpg, DS17-E15.png, DS17-E16.jpg, DS17-E17.jpg, DS17-E18.jpg, DS17-E19.jpg, DS17-E20.jpg

Exercise

Design Style 17.에서 학습한 내용을 이용해 새로운 매트페인팅 이미지를 만들어 봅니다.

[File] – [New] 메뉴를 선택하고 [W : 1920px, H : 1080px, ppi : 72]의 새로운 작업 화면을 만듭니다. 'DS17-E1.jpg' 파일을 불러와 배치한 후 [Layer Mask]를 이용해 하늘과 자연스럽게 합성합니다.

'DS17-E2.jpg' 파일을 불러와 지평선에 맞추어 배치하고 [Layer Mask]를 활용해 자연스럽게 합성합니다. 이어서 [Adjustment] – [Color Balance]를 이용해 바다를 푸르게 만듭니다.

'DS17-E3.png' 파일을 불러와 물 위에 배치하고 [Layer Mask]를 이용해 자연스럽게 합성합니다. 이어서 레이어를 복제하고 수면에 그림자를 만들어 줍니다. [Adjustment] – [Curves]를 활용해 명도를 보정합니다.

'DS17-E4.png', 'DS17-E5.png' 파일을 불러와 하늘에 배치하고 'DS17-E6.jpg' 파일을 불러와 하늘 위치에 덮어준 후 [Layer Mask]를 이용해 자연스럽게 합성합니다.

+plus 처음 진행한 하늘 위치와 같은 위치로 맞춰줍니다.

'DS17-E7.png' 파일을 불러와 오른쪽 하단에 배치하고 깨진 부분을 표현하기 위해 [Pen Tool]로 깨진 부분을 그려냅니다. 이어서 'DS17-E8.jpg' 파일을 만들어 둔 [Shape] 영역에 [Clipping Mask]를 적용합니다. [Layer Mask]를 이용해 가장자리를 지워 자연스럽게 합성합니다.

'DS17-E9.jpg', 'DS17-E10.jpg' 파일을 불러와 원하는 위치에 배치하고 [Blend : Hard Light]로 지정한 후 [Layer Mask]를 이용해 합성합니다.

'DS17-E11.png' 파일을 불러와 오른쪽 아래에 배치합니다. 이때 레이어의 위치는 우주선의 아래쪽에 배치합니다. 이어서 [Curves], [Hue/Saturation]을 적용하고 [Clipping Mask]를 적용한 후 보정합니다.

새로운 레이어를 만든 후 [Blend : Linear Dodge(add)]로 지정하고 [Brush Tool]로 역광을 표현합니다. 다시 새로운 레이어를 만든 후 [Blend : Screen]으로 지정하고 [Brush Tool]로 빛나는 광원을 표현합니다.

+plus 빛의 색상을 먼저 그린 뒤 가운데 부분을 흰색으로 채워주면 광원을 표현할 수 있습니다.

부서진 우주선 레이어 상위에 새로운 레이어를 만든 후 [Blend : Screen]으로 지정하고 우주선에 광원을 추가합니다. 'DS17-E12.jpg', 'DS17-E13.jpg', 'DS17-E14.jpg' 파일을 활용해 우주선에 불과 연기를 합성합니다.

'DS17-E15.png' 파일을 불러와 배치하고 복사를 통해 여러 대의 우주선을 만듭니다. 비행선 레이어에 [Layer Style – Outer Glow] 효과를 적용해 빛 번짐 효과를 더합니다.

새로운 레이어를 만들어 흰색으로 채운 후 비행선에 [Clipping Mask]를 적용합니다. 이어서 [Opacity]를 조정해 원근감을 표현합니다. 'DS17-E16.jpg' 파일을 불러와 건물 위쪽에 배치하고 [Blend : Screen]으로 적용한 뒤 [Layer Mask]를 적용해 일부분을 정리합니다.

'DS17-E17.jpg' 파일을 불러와 [Blend : Screen]으로 지정하여 레이저가 도달한 지점을 표현합니다. 'DS17-E18.jpg' 파일을 불러와 땅 위에 배치하고 [Blend : Multiply]로 지정한 후 'DS17-E19.jpg' 파일을 불러와 연기를 연출합니다.

'DS17-E20.jpg' 파일을 불러와 오른쪽 아래에 맞춰 배치하고 [Blend : Screen]으로 지정한 후 Ctrl + Alt + Shift + E 키를 눌러 병합하고 [Filter – Camera Raw Filter] 메뉴를 적용하여 색상을 보정하고 마무리합니다.

결과 파일 Exercise > DesignStyle_17-2.psd

Design Style 18.

Model Retouching

인물 리터칭

 **Skill Point**

피부의 잡티를 제거하면서 기존의 피부 톤을 유지해 주는 주파수 분리 기법이라는 기술을 이용해 인물 사진의 질감을 유지하며 피부 보정을 합니다. 주름이나 잡티를 완전히 지우는 것이 아니라 자연스럽게 감소 시킵니다.

 Keyword

\# Frequency Separation \# Layer Style
\# Filter \# Retouching
\# YouTube keyword : Frequency Separation

Before you Design

인물 보정 (Model Retouching)
디자인의 개념 및 효과

최근 인물 사진은 자신을 표현하기 위한 다양한 수단으로 사용되고 있습니다. 단순히 추억을 남기기 위한 용도로 사용되기도 하지만 프로필 사진처럼 특별한 사진을 남겨야 할 때도 있습니다. 현대의 사진 촬영 기술은 매우 발전되어 휴대폰의 어플리케이션을 활용해 가벼운 촬영도 가능하지만 **실무에서 사용하는 높은 퀄리티의 이미지는 여전히 포토샵을 통해 직접 보정을 합니다.** 포토샵을 이용한 전문 보정 기능을 이해한다면 취미의 영역만 아니라 실무에서도 단연 도움이 될 것입니다.

인물 보정 (Model Retouching)
디자인의 특징 및 표현법

· 화보 수준의 피부 보정
· 돋보일 수 있는 색감 보정

Designer Gallery

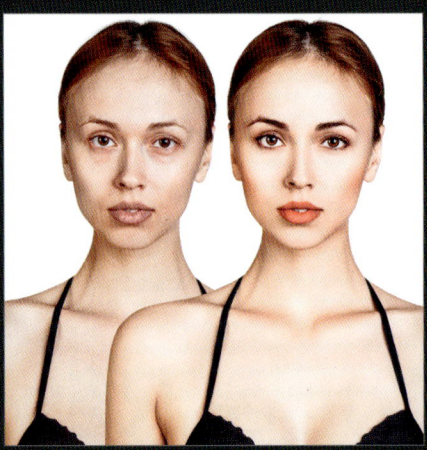

< Model Retouching >

< Model Retouching >

인물 리터칭
(화보 속 모델 이미지 만들기)

Production Concept.
자연스러운 피부 표현, 아름다움

Purpose of production.
실무용으로 사용될 수 있는 높은 수준의 인물 화보 만들기

Main function.
[Layer Style], [Apply Image], [Blend], [Stamp], [Smart Object], [Layer Mask], [Filter]

Key shortcuts.
Stamp Visible (새 레이어로 병합)
Ctrl + Shift + Alt + E
Layer Via Copy (레이어 복제)
Ctrl + J

Production Stage.
① 주파수 분리 기법 사용하기
② 피부 보정하기
③ 외형 보정하기
④ 입술 보정하기
⑤ 명암 추가하기
⑥ 마무리 보정하기

예제 파일 Practice > DS18-1.jpg, DS18-2.jpg
결과 파일 Practice > DesignStyle_18-1.psd

● 창의적이고 개성 있는 작품 완성을 위해 각 실습 단계에 수록된 주요 기능 이외의 추가 표현 기능을 반영해도 좋습니다.

01 주파수 분리 기법 사용하기

1 'DS18-1.jpg' 파일을 열고 레이어를 복제 Ctrl + J 합니다.

> **Tip**
> 인물 사진 보정 시, 원본 레이어를 복제하여 원본 이미지와
> 비교하며 보정하는 것이 좋습니다.

2 복제된 레이어의 이름을 'low'로 지정하고 다시 레이어를 복제 Ctrl + J 한 후 'high'로 레이어 이름을 지정합니다.

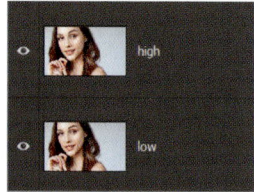

3 'high' 레이어의 블렌딩 모드를 'Subtract'로 지정합니다. 화면이 검은색으로 변경되면 제대로 적용된 것입니다.

4 'low' 레이어에서 마우스 오른쪽 버튼을 클릭한 후 [Convert to Smart Object]를 적용합니다.

5 [Filter] – [Blur] – [Gaussian Blur] 메뉴를 선택하고 [Radius]를 '0.6px'로 설정합니다.

➕plus 육안으로 확인 시 라인이나 피부 표면이 거의 보이지 않는 수준으로 적용이 되어야 과한 보정을 피할 수 있습니다.

> **Tip**
> 해당 사진에서는 '0.6px'값을 사용하지만 사진마다 환경이 다르기 때문에 상황에 맞춰 수정 작업이 필요합니다. 이를 위해 [Smart Object]를 적용한 뒤 필터 효과를 적용한 것으로 추가 작업 시 이미지를 되돌리거나 손상시키지 않아도 됩니다.

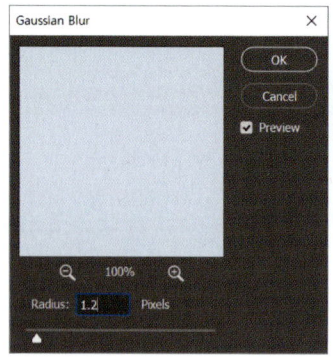

| ESSENTIAL THEORY | 주파수 분리 기법의 원리 |

빛으로 이루어진 색상은 '장파, 단파'라고 말하는 가시거리가 먼 색과 짧은 색이 있습니다. 이를 주파수 분리 기법에서는 저주파와 고주파라고 하며 블렌딩 모드의 'Subtract'는 작업 시 이 두 주파수의 교차점을 찾아내 표현해 주는 성격을 가집니다. 겹쳐진 레이어 중 하위에 해당하는 레이어가 흐려지게 되면서 상위 레이어와의 차이점을 찾아내 이를 선으로 강화해 내는 역할을 합니다. 이를 이용해 피부 텍스처를 만들어냅니다.

6 확인 작업이 완료되면 'high' 레이어의 블렌딩 모드를 'Normal'로 다시 변경합니다.

7 'high' 레이어가 선택된 상태에서 [Image] - [Apply Image] 메뉴를 선택하고 [Layer : low❶, Blending : Subtract❷, Scale : 2❸, Offset : 128❹]로 설정합니다.

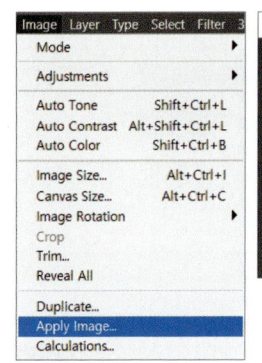
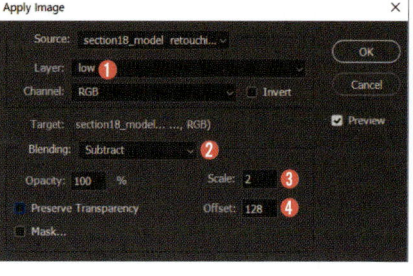

8 블렌딩 모드를 'Linear Light'로 지정합니다. 큰 차이가 없어 보일 수 있지만 레이어의 눈 아이콘을 끄고 다시 켜보면 차이점을 느낄 수 있습니다.

02 피부 보정하기

1 'low' 레이어에 적용된 'Gaussian Blur'를 더블클릭한 뒤 [Radius]를 '12px'로 설정합니다.

2 [Smart Filters]의 [Layer Mask]에 검은색을 채웁니다.

3 [Brush Tool]로 피부 전반을 정리합니다. 이 작업을 통해 피부의 잡티나 모공을 부드럽게 처리할 수 있습니다.

➕plus 브러시의 크기나 불투명도 값을 조정해가며 사용해 주어야 자연스러운 변화가 가능합니다. 해당 작업시에는 눈, 코, 입, 머리카락 같은 부위는 피해 작업하는 것이 좋습니다.

4 'high' 레이어를 선택한 후 [Clone Stamp Tool]을 이용해 남아있는 잡티들을 제거합니다.

 Tip

[Clone Stamp Tool]과 [Healing BrushTool]은 비슷하지만 다른 툴입니다. 좀 더 경계가 명확한 부분을 표현해야 할 때는 복제의 성격을 가진 [Clone Stamp Tool]을 사용하는 것이 좋습니다. 만약 'high' 레이어의 보정만으로 해결이 어려운 경우 이미지를 병합한 뒤 병합된 이미지에서 직접 보정을 해주는 것이 좋습니다.

5 새로운 레이어를 만들고 [Eyedropper Tool]로 피부 중 가장 밝은 색을 선택한 후 채워줍니다. 이어서 [Opacity]를 '10%'로 설정하고 [Layer Mask]를 적용한 후 검은색으로 채웁니다.

6 [Brush Tool]로 피부 전반의 톤을 정리해 줍니다.

 Tip

해당 작업으로 피부 전체의 톤을 맞춰 낼 수 있으며 착색된 피부 톤을 정리할 수 있습니다.

7 `Ctrl` + `Alt` + `Shift` + `E` 키를 눌러 새 레이어로 병합합니다.

03 외형 보정하기

1 [Filter] - [Liquify] 메뉴를 선택하고 원하는 정도의 왜곡을 통해 인물의 외형을 보정합니다. 가능하다면 머리카락도 볼륨감을 주기 위해 사용하는 것을 추천합니다.

> **Tip**
> 인물 보정 시 Liquify를 이용한 외형 보정은 자주 사용되는 기능입니다. 너무 과하게 보정하는 것보다 인물의 작은 변화를 잘 이용하는 것이 중요합니다.

04 입술 보정하기

1 작업된 레이어를 복제하고 레이어 이름을 'Lip'으로 지정합니다.

2 'Lip' 레이어를 더블클릭하여 나타나는 [Layer Style] 창에서 블렌딩 모드를 'Color Burn'으로 선택합니다.

3 [Blend If] 항목에서 [This Layer] 슬라이더의 흰색 화살표를 사진과 같이 이동합니다. 이어서 Alt 키를 누른 상태에서 화살표를 클릭-드래그하여 스펙트럼을 확장합니다. 해당 이미지에서의 값은 '195/220' 입니다.

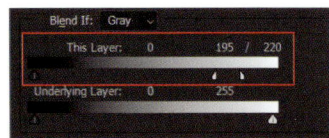

+plus 해당 작업은 하위의 레이어와 현재 레이어의 블렌드 정도를 세밀하게 조정해 주는 작업으로 이를 이용해 특정 부분만 블렌드가 가능하도록 해줍니다.

4 Alt 키를 누른 상태에서 [Layer Mask] 아이콘을 클릭하여 검은 레이어 마스크를 생성합니다.

5 [Brush Tool]을 이용해 입술 부분만 나타냅니다.

6 블렌딩 모드를 'Soft Light'로 지정합니다.

+plus 해당 작업은 입술의 톤을 높여주며 화장품 모델의 입술을 표현할 때도 사용합니다. 하지만 과한 느낌이 있을 경우 해당 작업은 진행하지 않아도 되며 [Hue/Saturation]을 이용해 입술색을 조정해도 좋습니다.

7 Ctrl + Alt + Shift + E 키를 눌러 새 레이어로 병합합니다.

8 [Hue/Saturation] Ctrl + U 메뉴를 실행하고 [Color Modify : Yellows❶, Saturation : -75❷, Lightness : +50❸]으로 설정합니다. 이어서 아래 그림처럼 컬러 슬라이더❹를 왼쪽으로 이동해 이의 색상을 확인해 봅니다.

> ➕plus 해당 작업은 이의 색상을 하얗게 만들어주는 효과로 노란색 계열의 색상을 밝게 만들어주는 작업입니다. 다른 부분보다는 이의 색상만 집중적으로 살펴보며 작업하는 것이 좋습니다.

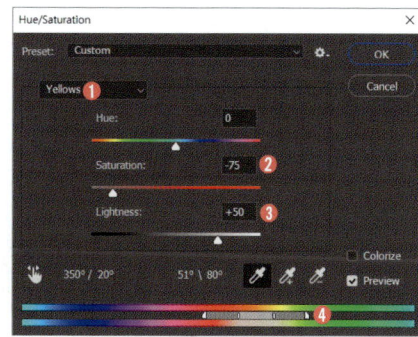

9 Alt 키를 누른 상태에서 [Layer Mask] 아이콘을 클릭해 검은 레이어 마스크를 생성합니다. 이어서 [Brush Tool]로 이 부분을 정리합니다.

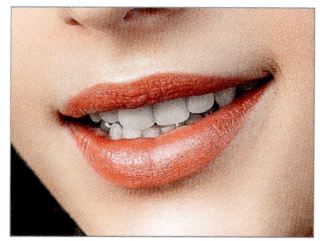

05 명암 추가하기

1 Ctrl + Alt + Shift + E 키를 눌러 새 레이어로 병합합니다.

2 레이어를 복제 Ctrl + J 하고 레이어 이름을 'screen'으로 입력합니다. 다시 레이어를 복제한 뒤 레이어 이름을 'multiply'로 입력합니다.

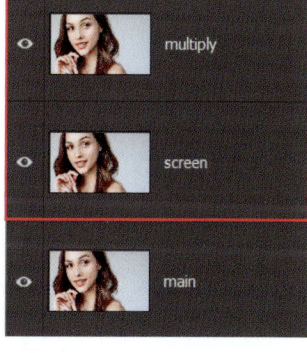

3 'multiply' 레이어의 눈 아이콘을 끄고 'screen' 레이어를 더블클릭해 'Layer Style'을 적용합니다. 블렌딩 모드를 'Screen'으로 지정하고 [Blend If] 항목에서 [This Layer] 슬라이더의 검은색 화살표를 아래 그림처럼 이동합니다. 이어서 Alt 키를 누른 상태에서 화살표를 클릭-드래그하여 스펙트럼을 확장한 후 적용합니다. 해당 이미지에서의 값은 '218/237'입니다.

 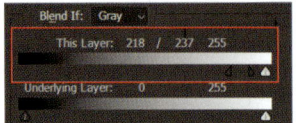 

4 'multiply' 레이어의 눈 아이콘을 켜고 레이어를 더블클릭해 [Layer Style]을 적용합니다. 블렌딩 모드를 'Mutiply'로 지정하고 [Blend If] 항목에서 [This Layer] 슬라이더의 흰색 화살표를 아래 그림처럼 이동합니다. 이어서 Alt 키를 누른 상태에서 화살표를 클릭-드래그하여 스펙트럼을 확장한 후 적용합니다. 해당 이미지에서의 값은 '108/168'입니다.

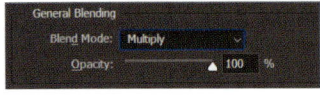 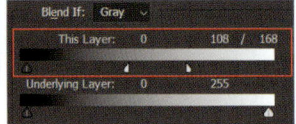 

5 'screen'과 'multiply' 레이어를 그룹으로 지정하고 [Layer Mask]를 적용합니다.

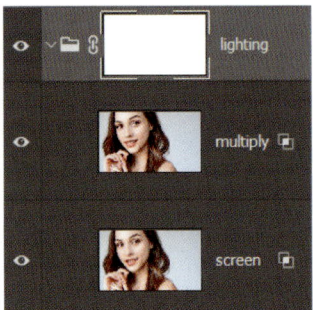

6 [Image] – [Apply Image] 메뉴를 선택하고 [Layer : Merged❶, Blending : Multiply❷]로 설정합니다. 이어서 [Opacity]를 '70%'로 설정합니다.

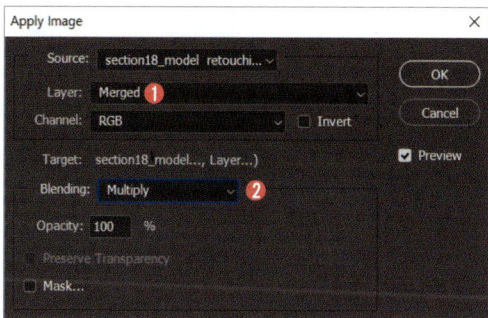

06 마무리 보정하기

1 Ctrl + Alt + Shift + E 키를 눌러 새 레이어로 병합한 후 [Sharpen Tool]을 선택하고 옵션 바에서 [Strength] 값을 '30%'로 설정합니다.

2 눈썹, 눈, 머리카락 등 선이 강해져야 하는 부분을 두세 번 정도 터치해 선명도를 높여 줍니다.

➕plus [Sharpen Tool]은 강도가 센 편에 속하기 때문에 너무 과한 터치를 하게 될 경우 이미지가 깨져 보일 수 있습니다. 따라서 수치를 작게 하고 터치를 최소화하여 작업하는 것이 좋습니다.

3 레이어를 복제 Ctrl + J 한 후 [Filter] – [Camera Raw Filter] 메뉴를 선택하고 원하는 수준으로 필터 보정을 해줍니다. 다른 보정 효과를 원한다면 [Adjustment] – Color Lookup]을 활용해도 좋습니다.

4 'DS18-2.jpg' 파일을 불러와 블렌딩 모드를 'Screen'으로 지정합니다.

5 문구를 입력하고 이미지 보정을 마무리합니다.

꼭 살펴보아야 할
WORKING -LEVEL

주파수 분리 기법 보정

주파수 분리 기법은 인물 보정 기법 중 높은 난이도의 보정 효과에 속합니다. 피부의 질감을 그대로 가져갈 수 있는 이 기법은 매우 좋은 결과를 만들어 낼 수 있지만 모든 인물 보정 작업에서 사용되는 것은 아닙니다. 대표적으로 증명사진의 경우에는 좀 더 피부를 뭉개는 형태의 보정 기법을 사용합니다.

인물 보정

인물 보정 작업은 다양한 기법을 통해 이루어집니다. 피부 보정을 시작으로 부위별 보정 방법이 존재합니다. 예를 들어 눈동자, 머리카락, 손톱 등의 보정 작업이 따로 있으며, 유튜브를 통해 해당 부위 명칭과 'Photoshop Retouching'이라는 키워드를 함께 검색하면 다양한 영상을 통해 학습할 수 있습니다.

사진 보정

최근에는 휴대폰에 내장되어 있는 카메라 성능이 뛰어나 휴대폰을 이용한 사진 촬영이 일반화되어 있습니다. 또한 다양한 애플리케이션의 등장으로 사진 보정도 손쉽게 이뤄낼 수 있습니다. 하지만 전문적인 사진 보정은 DSLR을 통한 사진 촬영 후 포토샵과 같은 전문 보정 프로그램을 사용합니다.

저작권 및 초상권

인물 사진은 일반적인 이미지의 저작권과 달리 초상권이라는 형태의 저작권도 함께 적용됩니다. 이에 따라 인물 사진을 사용해야 할 경우에는 라이센스를 주의 깊게 확인해 볼 필요가 있습니다.

기능 다시 한번 익히기 | 예제 파일 📁 Exercise > DS18-E1.jpg, DS18-E2.jpg

Exercise

Design Style 18.에서 학습한 주파수 분리 기법을 이용해 인물을 보정해 봅니다.

'DS18-E1.jpg' 파일을 열고 주파수 분리 기법을 활용해 피부의 질감을 표현하고 [Clone Stamp Tool]을 이용해 피부를 보정합니다.

[Filter] - [Liquify] 메뉴를 활용해 외형을 보정하고 입술 부위를 [Layer Style]을 활용해 추가 보정합니다.

[Layer Style]의 블렌드를 활용한 명암 보정 후 [Filter] - [Camera Raw Filter] 메뉴를 활용해 색상을 보정합니다. 이어서 'DS18-E2.jpg' 파일을 불러와 텍스쳐를 입히고 문구를 입력하여 완성합니다.

결과 파일 📁 Exercise > DesignStyle_18-2.psd

Design Style 19.

Water Text 1

상상 가득 물속 표현으로 워터 텍스트 만들기 -1

 Skill Point

일러스트레이터에서 3D 오브젝트를 만들고 포토샵으로 가져와 보정 작업을 하면서 각 프로그램의 장점들을 이해합니다.

 Keyword

Manipulation # Blend
Filter # Lighting
YouTube keyword : water cube design

Before you Design

워터 텍스트 (Water Text)
디자인의 개념 및 효과

입체적으로 만들어진 워터 큐브 형태의 디자인은 사람들에게 신비로운 분위기를 느낄 수 있게 해줍니다. 워터 큐브를 만드는 다양한 방식을 이용해 원하는 문자를 제대로 만들어 낼 수만 있다면 광고효과를 가져올 뿐 아니라 작품으로서의 가치도 가지게 될 것입니다. 높은 난이도를 가지지만 완성 후 만족감은 매우 높습니다.

워터 텍스트 (Water Text)
디자인의 특징 및 표현법

· 다양한 자연 요소의 어울림
· 입체 효과 연출

Designer Gallery

< Water Cube >

< Water Cube >

상상 가득 물속 표현으로
워터 텍스트 만들기 -1

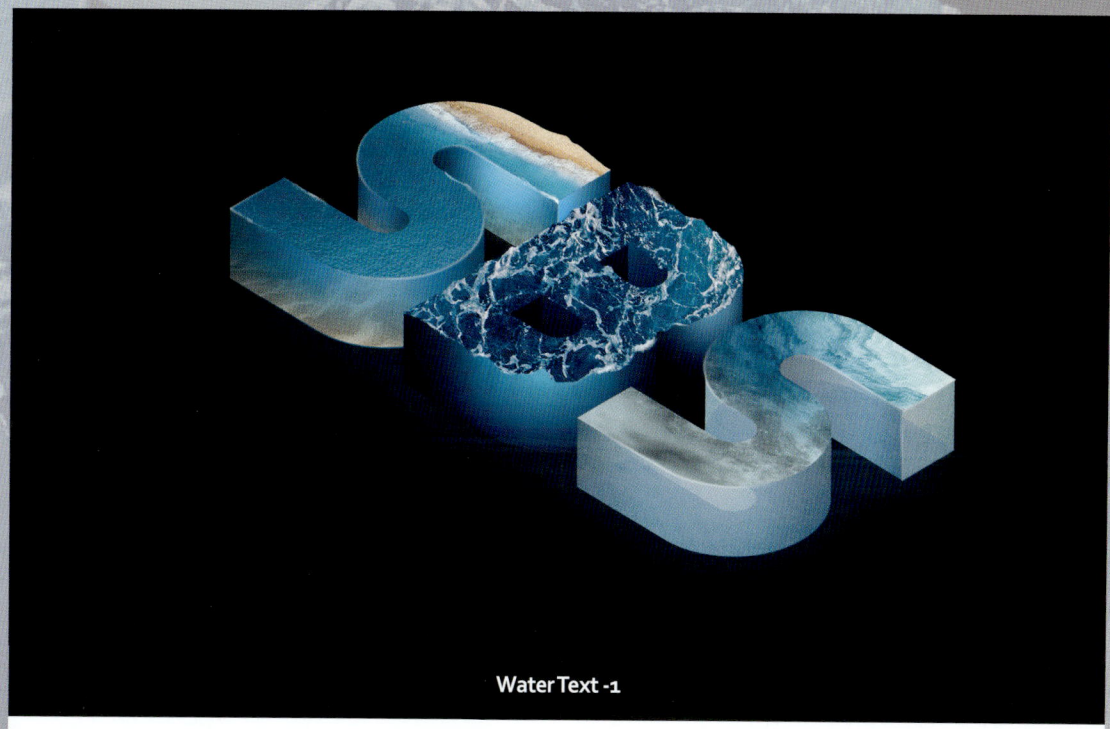

Water Text -1

Production Concept.
물속 세상, 아기자기

Purpose of production.
흥미를 유발할 수 있는 신비로운 물 속 세상 타이포그래피

Main function.
[Layer Style], [Pen Tool], [Blend], [Adjustment], [Clipping Mask], [Layer Mask]

Key shortcuts.
Copy (복사)   Paste (붙여넣기)
Ctrl + C   Ctrl + V

레이어 병합
Ctrl + E

Production Stage.
① 그레이디언트를 이용해 배경 만들기
② ILLUSTRATOR에서 텍스트 작업하여 가져오기
③ 첫 번째 'S' 문자 하단 디자인하기
④ 첫 번째 'S' 문자 상단 디자인하기
⑤ 두 번째 'B' 문자 디자인하기
⑥ 세 번째 'S' 문자 디자인하기
⑦ 문자에 빛 연출하기

예제 파일 Practice > SBS_Logo.ai, DS19-1.jpg, DS19-2.jpg, DS19-3.jpg, DS19-4.jpg, DS19-5.jpg, DS19-6.jpg, DS19-7.jpg, DS19-8.jpg, DS19-9.jpg, water wave Brushes.abr

결과 파일 Practice > DesignStyle_01-1.psd

● 창의적이고 개성 있는 작품 완성을 위해 각 실습 단계에 수록된 주요 기능 이외의 추가 표현 기능을 반영해도 좋습니다.

01 그레이디언트를 이용해 배경 만들기

1 [File] – [New] 메뉴를 선택하고 [W : 1920px, H : 1080px, ppi : 72]의 새로운 작업 화면을 만든 후 검은색으로 채웁니다.

2 새로운 레이어를 만들고 전경색을 〈#141414〉로 지정한 후 [Gradient Tool] – [Preset – Foreground to Transparent]로 설정해 오른쪽 모서리부터 대각선으로 그레이디언트를 적용합니다.

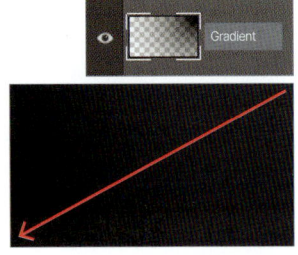

02 ILLUSTRATOR에서 텍스트 작업하여 가져오기

1 [Adobe Illustrator] 프로그램을 실행한 뒤 'SBS_Logo.ai' 파일을 불러옵니다.

ESSENTIAL THEORY — Adobe Illustrator (일러스트레이터)

[Adobe Illustrator]와 [Adobe Photoshop]은 서로 상호 관리가 가능합니다. 일러스트레이터 프로그램을 이용해 포토샵에서 만들어 내기 어려운 부분을 손쉽게 만들어 포토샵에서 사용할 수도 있습니다.

Adobe Illustrator 응용

✓ 포토샵에서는 벡터 작업이 힘든 편입니다. 따라서 일러스트레이터에서 벡터 작업을 완료한 뒤 포토샵으로 가져와 활용한다면 폭넓은 작업이 가능해 집니다.

✓ 주로 일러스트레이터 프로그램을 활용해 아이콘이나 캐릭터, 로고 등의 작업을 합니다.

✓ 일러스트레이터에서 작업한 파일을 저장한 후 포토샵에서 불러와 사용하는 방법보다 오브젝트를 복사한 후 포토샵 작업 화면에서 붙여넣기하여 사용하는 방법이 빠르고 편리합니다.

✓ 붙여넣기할 때 다양한 파일 형식을 지정할 수 있습니다.

2 'SBS' 문자를 선택한 뒤 [Effect] - [3D] - [Extrude & Bevel] 메뉴를 선택하고 [Position : Isometric Top[1], Extrude Depth : 140pt[2], Surface : No Shading[3]]으로 설정합니다.

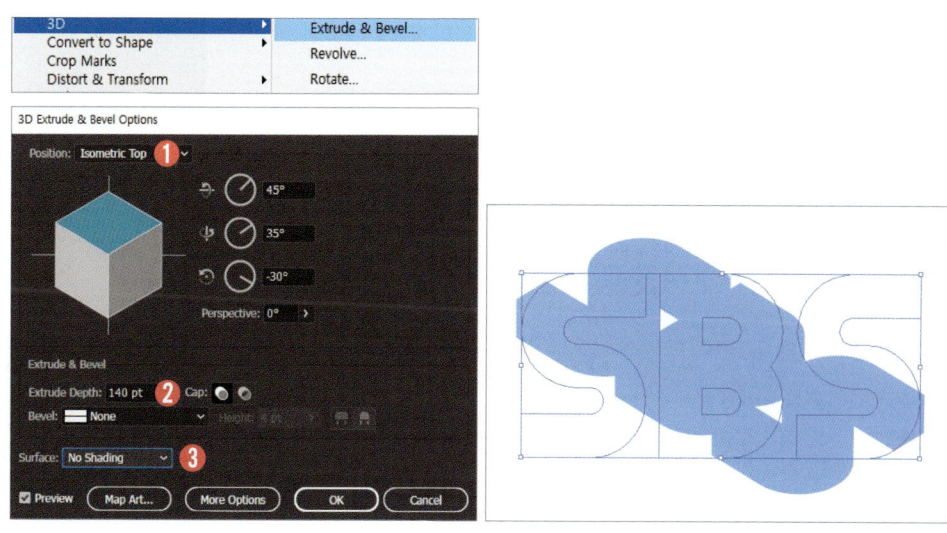

3 [Object] - [Expand Appearance] 메뉴를 선택하여 오브젝트를 확장한 후 마우스 오른쪽 버튼을 눌러 [Ungroup]을 적용해 그룹을 해제합니다.

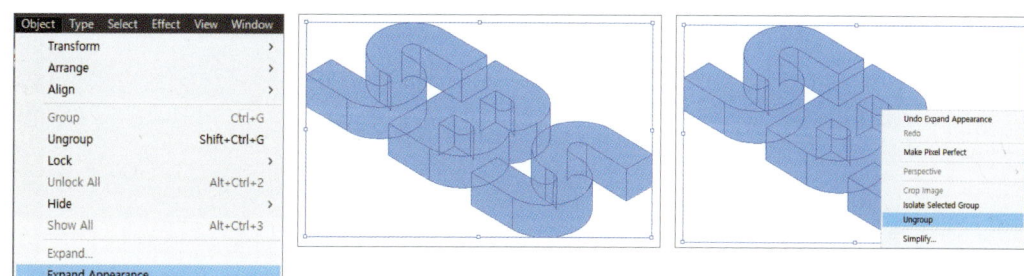

4 해제된 대상의 왼쪽과 오른쪽 면을 각각 선택해 [Pathfinder] - [Unite]를 이용해 합쳐줍니다. 한 번에 모든 면을 선택하는 것이 아니라 각각의 면을 따로 합쳐야 합니다.

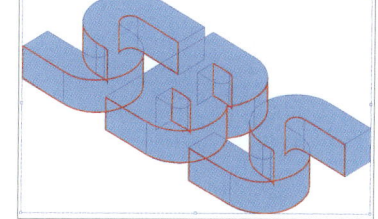

Tip
Isometric의 방향은 Top, Left, Right 총 3면으로 이루어져 있습니다.

5 각 면을 하나씩 선택해 복사 Ctrl + C 하고 [Photoshop] 프로그램에서 작업해 둔 배경에 붙여넣기 Ctrl + V 합니다. 이때 [Paste As : Shape Layer]로 지정합니다.

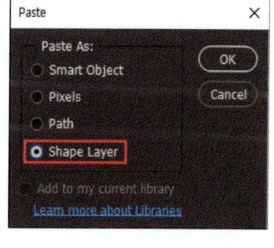

6 같은 방법으로 모든 면을 '복사 - 붙여넣기'를 이용해 포토샵 작업창으로 가져옵니다.

   ➕plus 해당 오브젝트가 일러스트레이터에서 복사되어 포토샵으로 가져올 때 전경색의 색상이 입혀집니다. 미리 전경색을 설정하는 것이 좋습니다.

03 첫 번째 'S' 문자 하단 디자인하기

1 첫 번째 'S' 글자에 해당하는 레이어를 제외하고 나머지 레이어의 눈 아이콘을 끄고 작업합니다.

   ➕plus 그룹 관리가 가능하다면 그룹을 지정하는 것도 좋습니다.

2 'DS19-1.jpg' 파일을 불러와 [Transform] - [Warp]를 이용해 왜곡하여 배치합니다.

   ➕plus 레이어의 투명도를 조정해 관리하면 조금 더 수월하게 작업할 수 있습니다.

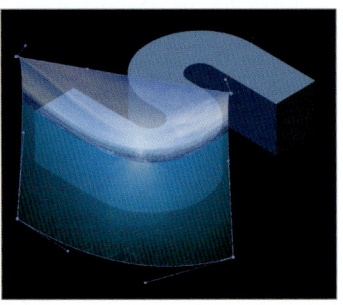

3 Ctrl 키를 누른 상태에서 레이어의 섬네일을 클릭해 선택 영역으로 전환합니다.

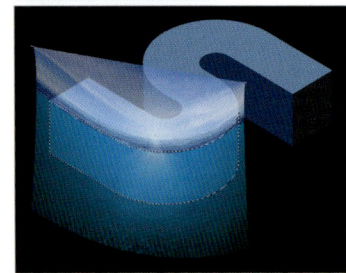

4 왜곡한 바다 이미지의 레이어에 [Layer Mask]를 적용합니다.
   ➕plus 선택 영역이 유지된 상태에서 [Layer Mask]를 적용하면 해당 영역만큼 자동으로 마스킹이 됩니다.

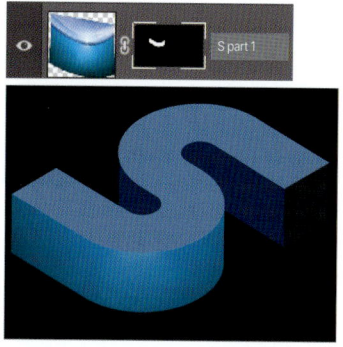

5 새로운 레이어를 만들고 전경색을 검은색으로 지정합니다. [Gradient Tool] - [Preset - Foreground to Transparent]로 지정한 후 좌측과 우측에 그림자를 추가하고 바다 이미지에 [Clipping Mask]를 적용합니다. 이어서 [Opacity]를 '50%'로 설정합니다.

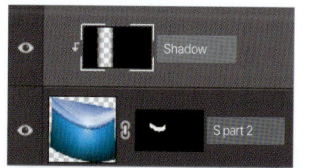

6 새로운 레이어를 만들고 [Clipping Mask]를 적용합니다. 전경색을 〈#79bada〉로 지정하고 [Gradient Preset - Foreground to Transparent]를 선택한 후 [Gradient Style : Radial]로 지정하고 해당 위치에 빛을 더해 줍니다. 이어서 블렌딩 모드를 'Screen'으로 적용하고 [Opacity]를 '50%'로 설정합니다.

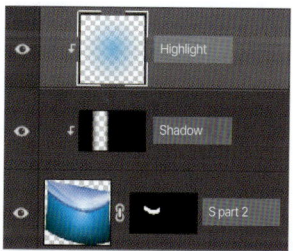

7 'DS19-2.jpg' 파일을 불러와 배치하고 하단 면의 레이어를 Ctrl 키를 누른 상태에서 섬네일을 클릭해 선택 영역으로 전환한 뒤 [Layer Mask]를 적용합니다.

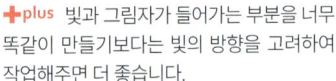

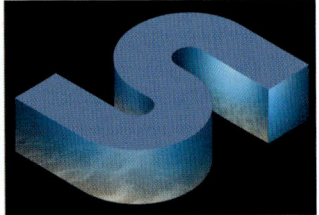

8 [Brush Tool]을 이용해 [Layer Mask]를 다듬어 바다와 조화롭게 합성하고 하단에 해당하는 나머지 면들도 같은 방법으로 합성합니다.

➕plus 빛과 그림자가 들어가는 부분을 너무 똑같이 만들기보다는 빛의 방향을 고려하여 작업해주면 더 좋습니다.

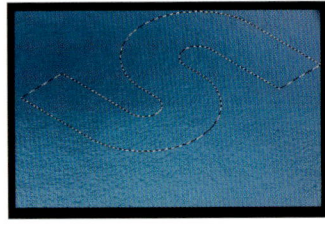
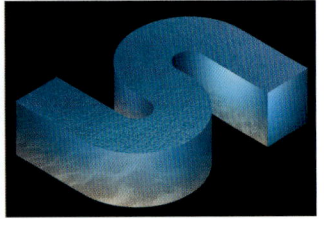

04 첫 번째 'S' 문자 상단 디자인하기

1 'DS19-3.jpg' 파일을 불러와 Ctrl 키를 누르고 'S' 문자 상단 면의 레이어 섬네일을 클릭해 선택 영역으로 전환하고 [Layer Mask]를 적용합니다.

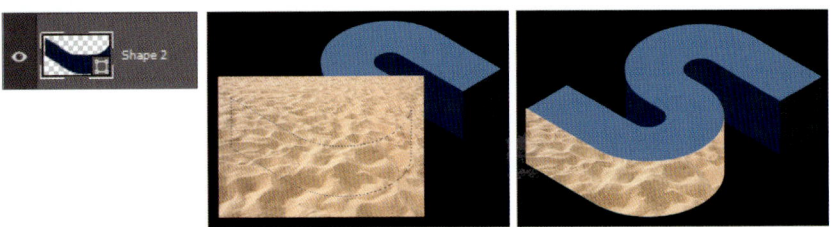

2 'DS19-4.jpg' 파일을 불러와 [Transform] – [Distort]를 적용하고 상단 면의 방향에 맞춰 왜곡합니다. [Transform] – [Warp]를 활용해 해변을 자연스럽게 왜곡합니다.

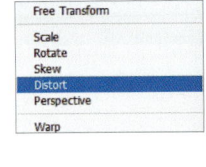

3 Ctrl 키를 누르고 'S' 문자 상단 면의 레이어 섬네일을 클릭해 선택 영역으로 전환하고 [Layer Mask]를 적용합니다.

4 [Brush Tool]을 이용해 [Layer Mask]를 다루어 자연스럽게 합성한 후 자연스러운 연출을 위해 해변의 모래 부분을 다듬어 입체적인 느낌을 표현합니다.

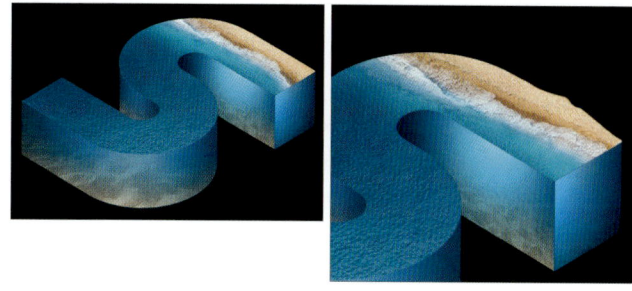

5 [Pen Tool]을 선택하고 옵션에서 [Stroke Color : White, 2px]로 지정한 뒤 해당 위치에 선을 그리고 그려진 선의 레이어를 모두 선택한 뒤 마우스 오른쪽 버튼을 눌러 [Rasterize Layers]를 적용합니다. 이어서 레이어를 병합 Ctrl + E 합니다.

6 [Filter] - [Blur] - [Gaussian Blur] 메뉴를 선택하고 [Radius : 1.5px]로 설정하여 모서리에 자연스러운 선을 연출합니다. 이어서 [Eraser Tool]로 선의 끝부분을 자연스럽게 정리합니다.

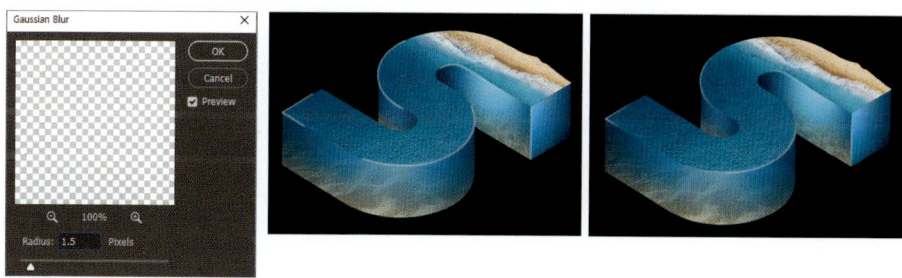

7 새로운 레이어를 만들고 'water wave Brushes.abr'을 브러시로 등록한 뒤 추가로 파도를 연출합니다. 이어서 작업한 모든 레이어를 그룹으로 지정합니다.

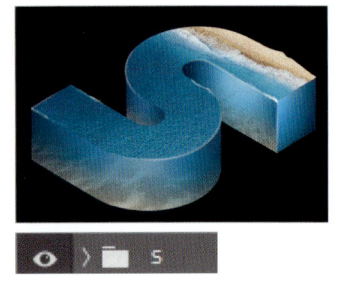

05 두 번째 'B' 문자 디자인하기

1 'DS19-5.jpg' 파일을 이용해 'B' 문자 하단 면을 위의 'S' 문자를 만드는 방법과 동일한 방법으로 작업합니다.

+plus 1. 바다 사진을 원하는 위치에 배치
2. 적용하고자 하는 면의 레이어 섬네일을 Ctrl 키를 누르고 클릭
3. 선택 영역이 적용된 레이어에 [Layer Mask] 적용

2 상단 면을 작업하기 위해 'DS19-6.jpg' 파일을 불러와 배치하고 'B' 문자 레이어의 섬네일을 Ctrl 키를 누른 상태에서 클릭해 선택 영역으로 만든 후 이미지 레이어에 [Layer Mask]를 적용합니다.

3 'B' 레이어의 눈 아이콘을 끄고 [Brush Tool]을 이용해 [Layer Mask]를 다루어 물결을 생동감 있게 연출합니다.

4 하단 면에 해당하는 이미지의 [Layer Mask]도 [Brush Tool]을 이용해
   비어 있는 면을 채웁니다.

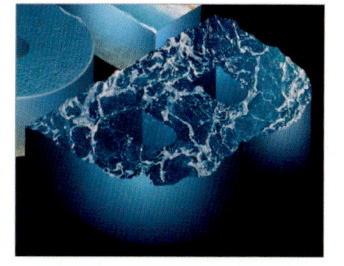

5 새로운 레이어를 만들고 파도 브러시를 이용해 바다 가장자리를 꾸미고
   작업한 모든 레이어를 그룹으로 지정합니다.

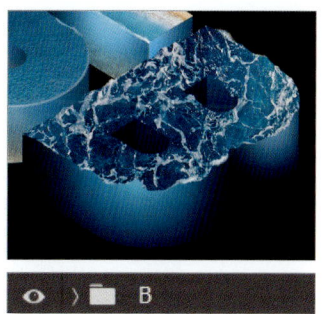

06 세 번째 'S' 문자 디자인하기

1 'DS19-7.jpg' 파일을 이용해 'S' 문자 하단 면을 위와 같은 방법으로
   작업합니다. 이때 하단 면을 모두 [Opacity]를 '70%'로 설정합니다.

2 'S' 문자 상단 면에 해당하는 레이어를 선택한 뒤 레이어를 복제 Ctrl + J 하고 원본 레이어를 선택하여 위치
   를 이동한 후 [Opacity]를 '30%'로 설정합니다.

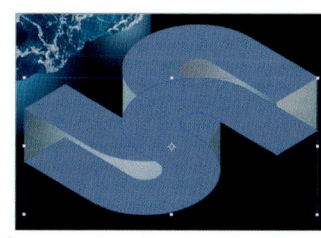

3 'DS19-8.jpg' 파일을 불러와 [Transform] - [Distort]를 활용해 왜곡하여 배치하고 'S' 문자 레이어에 [Clipping Mask]를 적용합니다.

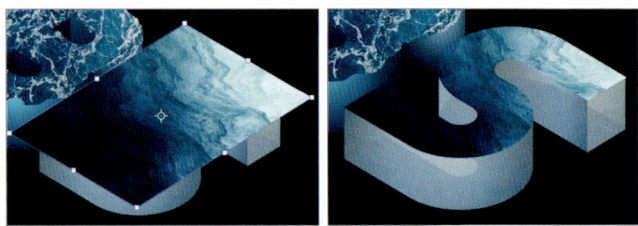

4 'DS19-9.jpg' 파일을 불러와 [Transform] - [Distort]를 활용해 왜곡하여 배치하고 하위 레이어에 [Clipping Mask]를 적용한 뒤 [Layer Mask]를 적용해 자연스럽게 합성합니다.

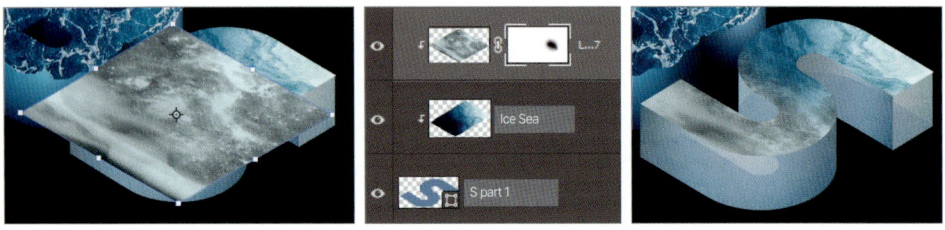

5 [Pen Tool]로 선을 추가한 뒤 [Rasterize]를 적용하고 레이어를 병합 Ctrl + E 합니다. [Filter] - [Blur] - [Gaussian Blur] 메뉴를 선택하고 [Radius : 1.5px]로 설정한 후 [Eraser Tool]을 이용해 가장자리를 정리합니다. 이어서 작업한 모든 레이어를 그룹으로 지정합니다.

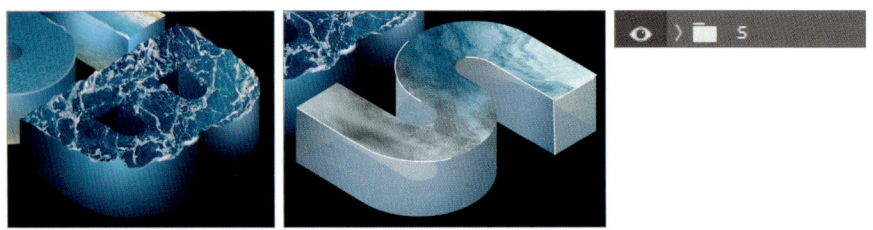

07 문자에 빛 연출하기

1 새로운 레이어를 만들고 레이어 위치를 'SBS' 문자 그룹 아래로 이동합니다. [Brush Tool]을 선택한 뒤 전경색을 〈#1a96ea〉색상으로 지정하고 글자 아래 경계를 따라 푸른색 선을 그려줍니다.

2 [Filter] - [Blur] - [Gaussian Blur]를 선택하고 [Radius]를 '50px'로 설정하여 은은한 빛을 표현합니다.

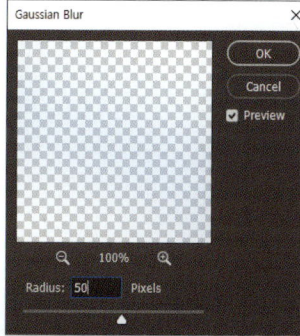

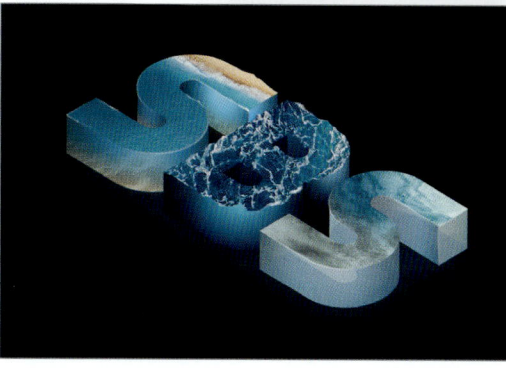

ISOMETRIC
WATER CUBE

PHOTOSHOP CC 2021

Design Style 20.

Water Text 2

상상 가득 물속 표현으로 워터 텍스트 만들기 -2

Skill Point

일러스트레이터에서 3D 오브젝트를 만들고 포토샵으로 가져와 보정 작업을 하면서 각 프로그램의 장점들을 이해합니다.

Keyword

\# Manipulation \# Blend
\# Filter \# Lighting
\# YouTube keyword : water cube design

Before you Design

워터 텍스트 (Water Text)
디자인의 개념 및 효과

입체적으로 만들어진 워터 큐브 형태의 디자인은 사람들에게 신비로운 분위기를 느낄 수 있게 해줍니다. 워터 큐브를 만드는 다양한 방식을 이용해 원하는 문자를 제대로 만들어 낼 수만 있다면 광고효과를 가져올 뿐 아니라 작품으로서의 가치도 가지게 될 것입니다. 높은 난이도를 가지지만 완성 후 만족감은 매우 높습니다.

워터 텍스트 (Water Text)
디자인의 특징 및 표현법

· 다양한 자연 요소의 어울림
· 입체 효과 연출

 ## Designer Gallery

< **이태하**/그래픽디자이너 >

< Water Cube >

상상 가득 물속 표현으로
워터 텍스트 만들기 -2

Production Concept.
물속 세상, 아기자기

Purpose of production.
흥미를 유발할 수 있는 신비로운 물 속 세상 타이포그래피

Main function.
[Layer Style], [Pen Tool], [Blend], [Adjustment], [Clipping Mask], [Layer Mask]

Key shortcuts.
Color Balance (색상 균형)
Ctrl + B

Hue/Saturation (색조/채도)
Ctrl + U

Layer Via Copy (레이어 복제)
Ctrl + J

Production Stage.
① 첫 번째 'S' 문자 수면 위에 추가 요소 배치하고 꾸미기
② 첫 번째 'S' 문자 수중에 추가 요소 배치하고 꾸미기
③ 'B' 글자 수면과 수중 꾸미기
④ 세 번째 'S' 문자 수면과 수중 꾸미기
⑤ 전체 색상 보정하고 마무리하기

예제 파일	📁 Practice >	DS20-1.jpg, DS20-2.jpg, DS20-3.png, DS20-4.jpg, DS20-5.png, DS20-6.jpg, DS20-7.jpg, DS20-8.jpg, DS20-9.png, DS20-10.jpg, DS20-11.png, DS20-12.png, DS20-13.png, DS20-14.jpg, DS20-15.jpg, DS20-16.jpg, DS20-17.jpg, DS20-18.png, DS20-19.jpg, DS20-20.jpg, DS20-21.jpg, DS20-22.png, DS20-23.jpg, DS20-24.png, DS20-25.jpg, DS20-26.png, DS20-27.png, DS20-28.jpg, DS20-29.jpg, DS20-30.jpg, DS20-31.jpg
	📁 Support >	DesignStyle_19-1.psd, Snow Brush.abr
결과 파일	📁 Practice >	DesignStyle_01-1.psd

● 창의적이고 개성 있는 작품 완성을 위해 각 실습 단계에 수록된 주요 기능 이외의 추가 표현 기능을 반영해도 좋습니다.

01 첫 번째 'S' 문자 수면 위에 추가 요소 배치하고 꾸미기

1. Design Style 19.에서 작업한 파일을 불러오거나 [Support] 폴더에서 'DesignStyle_19-1.psd' 예제 파일을 불러옵니다.

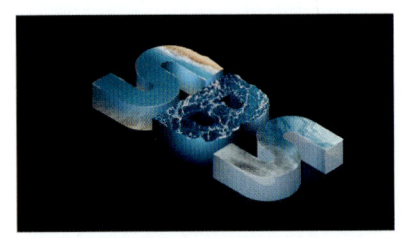

2. 'S' 그룹 레이어를 열고 'DS20-1.jpg'와 'DS20-2.jpg' 파일을 불러와 상단 해변의 모래사장 위에 배치하고 [Layer Mask]를 활용해 주변을 정리하며 자연스럽게 합성합니다.

3. 'DS20-3.png' 파일을 불러와 요트를 배치하고 [Layer Mask]를 활용해 바다와의 경계를 자연스럽게 합성합니다.

4 수면에 비치는 요트를 표현하기 위해 요트 레이어를 복제 Ctrl+J 하고 [Transform] - [Flip Vertical] Ctrl+T 로 상하 반전한 후 Ctrl 키를 누르고 크기 변형 박스를 조절해 그림처럼 비틀기 합니다.

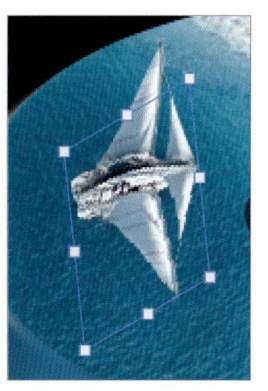

5 변형이 완료된 레이어는 요트 레이어 하단에 배치한 뒤 [Layer Mask]를 활용해 자연스럽게 수면에 비치는 상으로 표현합니다.

6 'DS20-4.jpg' 파일을 불러와 배치하고 [Layer Mask]를 활용해 바다 위에 작은 섬을 표현합니다. 이어서 레이어를 복제 Ctrl+J 한 후 [Transform]으로 크기를 줄여 또 다른 작은 섬을 연출합니다.

7 'DS20-5.png' 파일을 불러와 배치하고 [Layer Mask]를 활용해 바다와 섬의 경계를 자연스럽게 연출합니다.

8 'DS20-6.jpg'와 'DS20-7.jpg' 파일을 불러와 섬 위에 배치하고 블렌딩 모드를 'Screen'으로 지정합니다.

9 'DS20-8.jpg' 파일을 불러와 색상을 반전하고 Ctrl + I 블렌딩 모드를 'Screen'으로 지정합니다. 'DS20-9.png' 파일을 불러와 공중에 떠 있는 비행기처럼 위치를 확인하여 배치합니다.

10 태양을 표현하기 위해 새로운 레이어를 만들고 검은색으로 전체 화면을 채웁니다.

11 [Filter] - [Render] - [Lens Flare] 메뉴를 선택하고 [Brightness]를 '70%'로 설정합니다. 이어서 블렌딩 모드를 'Screen'으로 지정한 후 [Transform]을 이용해 크기를 줄이고 배치합니다.

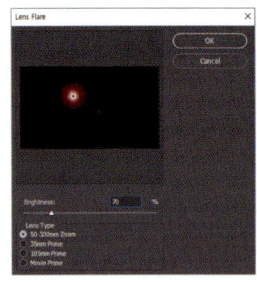  

12 [Image] - [Adjustments] - [Hue/Saturation] `Ctrl`+`U` 메뉴를
선택하고 [Hue : 30]으로 설정합니다.

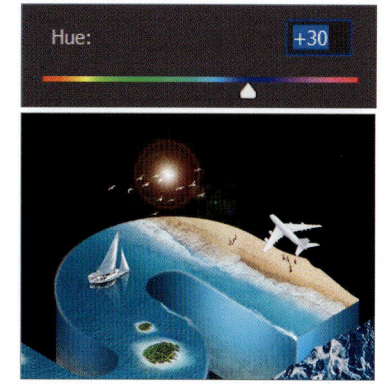

Tip
[Lens Flare] 효과는 태양광을 표현할 때 주로 사용합니다. 인위적인 느낌이 강해
자주 사용하지는 않지만, 합성에서 좋은 효과를 기대할 수 있는 부분이 분명히 존재
하므로 학습해 보시기를 추천합니다.

02 첫 번째 'S' 문자 수중에 추가 요소 배치하고 꾸미기

1 'DS20-10.jpg' 파일을 불러와 배치한 후
[Transform] - [Distort]로 기울여 변형하고
[Layer Mask]를 활용해 경계를 자연스럽게
연출합니다.

2 'DS20-11.png' 파일을 불러와 배치하고 블렌딩 모드를 'Multiply'로
지정한 후 [Transform]을 이용해 크기를 축소합니다.

3 레이어를 복제 `Ctrl`+`J` 한 후 [Transform]으로 물고기 크기를 다시 한번
축소하여 주변에 배치합니다.

4 'DS20-12.png' 파일을 불러와 배치하고 [Opacity]를 '50%'로 설정합니다.

03 'B' 글자 수면과 수중 꾸미기

1 'B' 그룹 레이어를 열고 'DS20-13.png' 파일을 불러와 해당 위치에 배치한 후 [Layer Mask]를 활용해 바다와의 경계를 자연스럽게 연출합니다.

2 새로운 레이어를 만들고 '파도' 브러시를 선택해 바다와 섬의 경계에 그립니다.

➕plus 이전에 사용하던 파도 브러시가 없으면 [Practice] 폴더에 [water wave Brushes.abr] 파일을 불러와 사용합니다.

3 'DS20-14.jpg' 파일을 불러와 섬 위에 구름 이미지를 배치하고 블렌딩 모드를 'Screen'으로 지정합니다.

4 'DS20-15.jpg' 파일을 불러와 구름 위치에 번개를 배치하고 블렌딩 모드를 'Screen'으로 지정합니다. 이어서 번개 레이어를 복사해 다른 곳에 배치한 후 [Transform]을 이용해 변형합니다.

5 'DS20-16.jpg' 파일을 불러와 상어를 배치합니다. 이어서 [Image] - [Adjustments] - [Color Balance] Ctrl + B 메뉴를 선택하고 [Color Levels : -55, 0, +44]로 설정하여 바다 색상과 비슷하게 조절한 후 [Layer Mask]를 활용해 바다와의 경계를 자연스럽게 작업합니다.

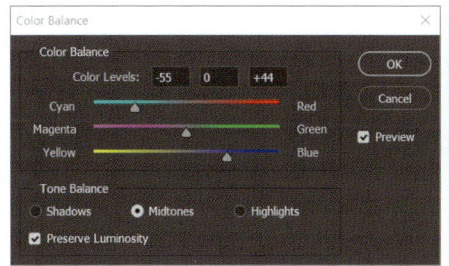  

6 'DS20-17.jpg' 파일을 불러와 배치하고 [Transform] - [Distort]를 활용해 기울기를 적용합니다. 이어서 [Layer Mask]를 활용해 자연스럽게 합성합니다.

7 'DS20-18.png' 파일을 불러와 배치한 뒤 [Transform] - [Distort]를 활용해 기울기를 조절합니다.

8 [Lasso Tool]로 돌의 단면을 그림처럼 선택해 잘라내고 [Layer Mask]를 활용해 바다와의 경계 면을 자연스럽게 합성합니다.

9 'DS20-19.jpg' 파일을 불러와 돌 섬 레이어 아래 배치하고 [Transform] – [Distort]를 적용해 이미지를 기울입니다.

10 [Layer Mask]를 활용해 돌의 단면을 바닷속 지형과 함께 표현하고 [Opacity]를 '80%'로 설정합니다.

➕plus [Lasso Tool]로 이미지 경계를 뚜렷하게 처리한 후 브러시를 이용해 부드럽게 처리하는 것이 좋습니다.

11 'DS20-20.jpg' 파일을 불러와 돌 섬에 배치하고 블렌딩 모드를 'Screen'으로 지정합니다. 이어서 [Layer Mask]를 적용해 바다와의 경계를 자연스럽게 파도가 이는 듯한 느낌으로 연출합니다.

12 'DS20-21.jpg' 파일을 불러와 배치하고 [Transform] - [Distort]로 기울입니다. 이어서 [Layer Mask]를 활용해 자연스럽게 합성합니다.

13 합성된 레이어를 복사해 그림처럼 추가 배치합니다.

04 세 번째 'S' 문자 수면과 수중 꾸미기

1 'S' 그룹을 열고 'DS20-22.png' 파일을 불러와 수면 상단에 배치한 후 [Lasso Tool]로 빙하의 옆 단면을 선택하고 삭제합니다.

2 [Image] - [Adjustments] - [Hue/Saturation] Ctrl + U 메뉴를 선택하고 [Hue : 0, Saturation : -40, Lightness : 10]으로 설정합니다. [Layer Mask]를 활용해 바다의 경계면을 자연스럽게 작업합니다.

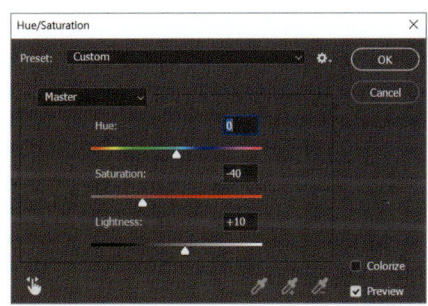  

3 'DS20-23.jpg' 파일을 불러와 빙하 레이어 아래 배치하고 [Layer Mask]를 활용해 단면을 표현합니다.

➕plus 브러시로 작업이 힘들다면 [Lasso Tool]로 색을 채워 효과를 적용합니다.

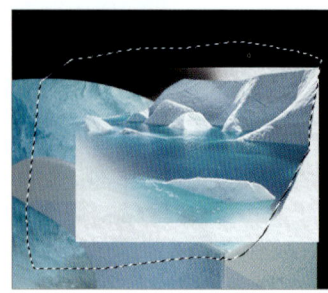 

4 'DS20-24.png' 파일을 불러와 빙하 위에 펭귄 이미지를 배치합니다.

5 'DS20-25.jpg' 파일을 불러와 고래 이미지를 배치하고 [Transform] – [Warp]로 왜곡해 줍니다. 이어서 [Layer Mask]를 활용해 바다 수면과 자연스럽게 합성합니다.

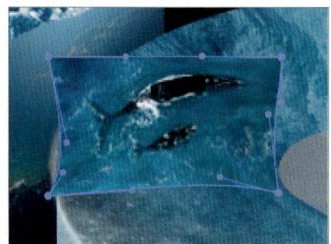 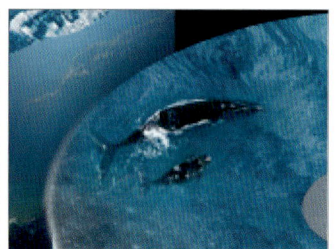

6 'DS20-26.png' 파일을 불러와 배치하고 [Layer Style] – [Inner Shadow]를 적용해 [Opacity : 30%❶, Angle : -45°❷, Distance : 12px❸, Size : 16px❹]로 설정하여 내부 그림자를 만듭니다.

7 'DS20-27.png' 파일을 불러와 빙하를 배치하고 [Layer Mask]를 활용해 자연스럽게 합성합니다.

8 'DS20-28.jpg' 파일을 불러와 [Transform] - [Distort]로 회전과 기울기를 조절하고 배치합니다. 이어서 [Layer Mask]를 활용해 자연스럽게 합성합니다.

 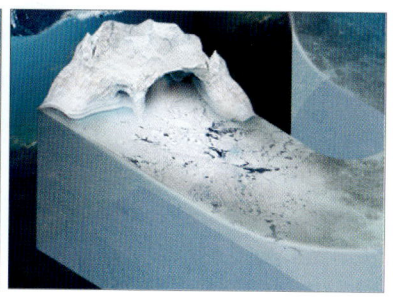

9 'DS20-29.jpg' 파일을 불러와 펭귄 이미지를 배치하고 [Layer Mask]를 활용해 자연스럽게 합성합니다.

 Tip

[Layer Mask]를 이용해 이미지를 처리할 때 브러시의 크기를 크게 사용하면 생각한 영역보다 더 많은 영역이 지워질 수 있습니다. 먼저, 큰 브러시로 주변 정리를 진행한 후 작은 브러시로 깨끗하게 보여야 할 부분을 흰색으로 칠해주면 좋습니다.

 Tip

브러시 크기 키우기 :]
브러시 크기 줄이기 : [

10 'DS20-30.jpg' 파일을 불러와 [Transform] - [Distort]로 기울이고 배치합니다.

11 [Image] - [Adjustments] - [Hue/Saturation] Ctrl + U 메뉴를 선택하고 [Saturation : -60, Lightness : +13]으로 설정합니다. 이어서 [Layer Mask]를 적용한 뒤 가장자리를 자연스럽게 합성합니다.

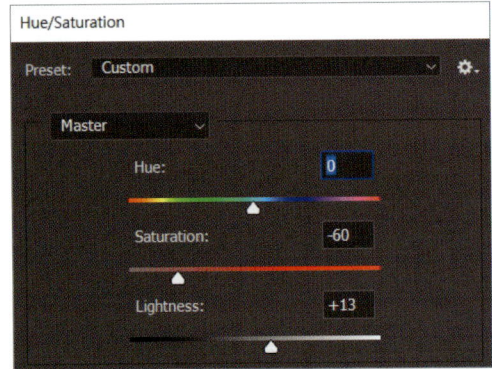 

12 'Snow Brush.abr' 브러시 파일을 등록한 후 새로운 레이어를 만들고 흰색으로 눈을 뿌립니다.

13 'DS20-31.jpg' 파일을 불러와 배치하고 블렌딩 모드를 'Screen'으로 지정합니다.

05 전체 색상 보정하고 마무리하기

1 [Type Tool]로 "ACADEMY" 문구를 작성하고 [Transform] - [Distort]로 기울기를 조절해 바닥에 배치합니다.

2 Ctrl + Alt + Shift + E 키를 눌러 모든 레이어를 병합하여 새로운 레이어를 만듭니다.

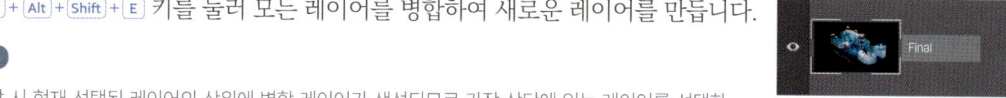

> **Tip**
> 병합 시 현재 선택된 레이어의 상위에 병합 레이어가 생성되므로 가장 상단에 있는 레이어를 선택한 후 병합하는 것이 좋습니다. 눈 아이콘이 꺼진 레이어를 선택하면 병합되지 않으니 주의합니다.

3 [Filter] - [Camera Raw Filter]로 사용자가 다양한 옵션을 설정해 보정하고 작품을 완성합니다.

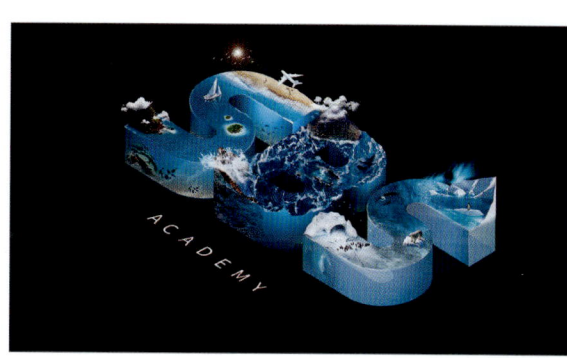

꼭 살펴보아야 할
WORKING-LEVEL

합성은 난이도가 높은 작업입니다.

합성은 난이도가 높은 작업입니다. 이를 좀 더 쉽게 해결해 나가기 위해서는 많은 상상력이 필요합니다. 따라서 그림에 대한 이해도를 높이는 것이 좋으며 항상 스케치하는 습관을 들이고 사진 검색에 많은 시간을 들여야 합니다.

합성 응용 소재

합성 이미지는 다양한 포스터나 영상의 시작을 장식하거나 또는 작품으로서의 가치가 높습니다. 한 가지 아쉬운 점은 국내에서 합성 디자이너가 명성이나 부를 누리기에는 다소 어려움이 있다는 것이 작가의 개인적인 생각입니다. 그런 이유로 합성만을 위한 직업보다는 합성을 응용한 소재를 찾아보는 것도 좋겠습니다.

자유로운 발상

합성 작업은 무한한 상상력을 키울 수 있도록 도와줍니다. 자유로운 발상은 디자인 작업에 언제나 도움이 됩니다.

합성 이미지

사진 합성 시에는 같은 장소에 존재하는 이미지를 찾아 작업하는 것이 도움 됩니다. 예를 들어 바다 위를 장식하고 싶다면 실제 바다 위의 물체 이미지를 찾아 합성하는 것이 쉬우며 다른 장소에 존재했던 대상을 합성하려면 많은 노력이 필요합니다.

과한 것은 오히려 독이 됩니다.

과한 것은 오히려 독이 된다는 말이 있습니다. 합성 작업 또한 욕심으로 너무 많은 요소를 넣게 되면 오히려 작업물을 망칠 수 있습니다. 항상 표현하고자 하는 대상을 명확히 하고 집중해서 표현하시기를 바랍니다.

기능 다시 한번 익히기 | 예제파일 Exercise > DS20-E1.png, DS20-E2.png, DS20-E3.png, DS20-E4.png, DS20-E5.jpg, DS20-E6.png, DS20-E7.jpg, DS20-E8.jpg, DS20-E9.jpg, DS20-E10.jpg, DS20-E11.jpg

Exercise

Design Style 20.에서 학습한 종합 합성 작업을 응용해 새로운 수중 세상을 만들어 봅니다.

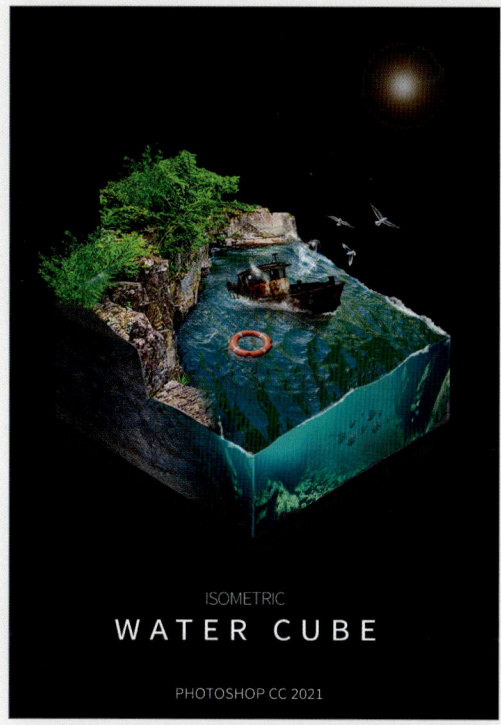

새 파일을 만들어 배경색을 채우고 [Illustrator]에서 입체 큐브를 만든 후 가져옵니다. 큐브 하단에 배치할 이미지를 [Transform]과 [Layer Mask]를 이용해 합성합니다. 색상 변경을 위한 [Adjustment] 활용도 잊지 않습니다.

큐브 상단을 꾸미기 위해 해당 이미지들을 불러와 [Lasso Tool]과 [Layer Mask]를 활용해 합성합니다. 단면을 표현하기 위해 일부분을 지우는 작업도 잊지 않습니다.

해당 이미지를 불러와 큐브 수면 위를 작업합니다. 이때 모서리 부분을 처리하기 위해 브러시를 잘 활용해 주는 것이 좋습니다.

[Lens Flare] 효과를 이용해 빛을 표현하고 문자를 입력합니다. 모든 이미지를 병합하고 [Camera Raw Filter]를 활용해 색감을 보정하여 완성합니다.

결과 파일 Exercise > DesignStyle_20-2.psd

부록

자주 사용하는 포토샵 명령어와 단축키를 소개합니다.

※ 포토샵 CC 2021 기준으로 작성되었기 때문에 버전에 따라 다를 수 있습니다.

포토샵 2021
명령어 / 단축키 모음

메뉴	영문 명령어	한글 명령어	윈도우 단축키	맥 단축키
File	New	새로 만들기	Ctrl + N	Command + N
	Open	열기	Ctrl + O	Command + O
	Save	저장	Ctrl + S	Command + S
	Close	닫기	Ctrl + W	Command + W
	Save As	다른 이름으로 저장	Shift + Ctrl + S	Shift + Command + S
	Exit	종료	Ctrl + Q	Command + Q
Edit	Undo	실행 취소	Ctrl + Z	Command + Z
	Redo	다시 실행	Shift + Ctrl + Z	Shift + Command + Z
	Cut	잘라내기	Ctrl + X	Command + X
	Copy	복사	Ctrl + C	Command + C
	Copy Merged	병합하여 복사	Shift + Ctrl + C	Shift + Command + C
	Paste	붙여넣기	Ctrl + V	Command + V
	Paste Into	안쪽에 붙여넣기	Alt + Shift + Ctrl + C	Alt + Shift + Command + C
	Free Transform	자유 변형	Ctrl + T	Command + T
Image	Levels	레벨	Ctrl + L	Command + L
	Curves	곡선	Ctrl + M	Command + M
	Color Balance	색상 균형	Ctrl + B	Command + B
	Hue/Saturation	색조/채도	Ctrl + U	Command + U
	Invert	반전	Ctrl + I	Command + I
	Desaturate	채도 감소	Shift + Ctrl + U	Shift + Command + U
	Image Size	이미지 크기	Alt + Ctrl + I	Alt + Command + I
	Canvas Size	캔버스 크기	Alt + Ctrl + C	Alt + Command + C

메뉴	🅰 영문 명령어	ㄱ 한글 명령어	⊞ 윈도우 단축키	🍎 맥 단축키
Layer	Layer Via Copy	복사한 레이어	Ctrl + J	Command + J
	Layer Via Cut	오린 레이어	Shift + Ctrl + J	Shift + Command + J
	Create Clipping Mask	클리핑 마스크 만들기	Alt + Ctrl + G	Alt + Command + G
	Group Layers	레이어 그룹화	Ctrl + G	Command + G
	Ungroup Layers	레이어 그룹 해제	Shift + Ctrl + G	Shift + Command + G
	Merge Layers	레이어 병합	Ctrl + E	Command + E
	Merge Visible	보이는 레이어 병합	Shift + Ctrl + E	Shift + Command + E
Select	All	모두	Ctrl + A	Command + A
	Deselect	선택 해제	Ctrl + D	Command + D
	Inverse	반전	Shift + Ctrl + I	Shift + Command + I
	All Layers	모든 레이어	Alt + Ctrl + A	Alt + Command + A
	Feather	페더	Ctrl + F6	Shift + F6
Filter	Liquify	픽셀유동화	Shift + Ctrl + X	Shift + Command + X
	Vanishing Point	소실점	Alt + Ctrl + V	Alt + Command + V
View	Fit On Screen	화면 크기에 맞게 조정	Ctrl + o (숫자)	Command + o (숫자)
	Grid	격자	Ctrl + '	Command + '
	Guides	안내선	Ctrl + ;	Command + ;
	Ruler	눈금자	Ctrl + R	Command + R
	Snap	스냅	Shift + Ctrl + ;	Shift + Command + ;
	Lock Guides	안내선 잠그기	Alt + Ctrl + ;	Alt + Command + ;